Rosemary Sutcliff

Der Ausgestoßene

Rosemary Sutcliff

Der Ausgestoßene

Aus dem Englischen von Birgitta Kicherer

Verlag Freies Geistesleben

Die englische Originalausgabe *Outcast* erschien 1955
bei Oxford University Press.

Ebenfalls von Rosemary Sutcliff im
Verlag Freies Geistesleben erschienen:
König Artus und die Abenteuer der Ritter von der Tafelrunde
Tristan und Iseult
Beowulf der Drachentöter
Robin Hood
Randal der Ritter
Das Hexenkind
Morgenwind
Der Schildwall
Simon der Kornett
Lied für eine dunkle Königin
Die Häuptlingstochter (Erzählungen)
Der Adler der Neunten Legion
Der silberne Zweig
Die Fackelträger
Troja und die Rückkehr des Odysseus
Schwarze Schiffe vor Troja (illustrierte Ausgabe)
Die Rückkehr des Odysseus (illustrierte Ausgabe)
Licht über fernen Hügeln (Erinnerungen)

ISBN 978-3-7725-2173-7

1. Auflage 2007

Verlag Freies Geistesleben
Landhausstraße 82, 70190 Stuttgart
Internet: www.geistesleben.com

Die Übersetzung von Birgitta Kicherer wurde erstmals 1986
im Verlag Urachhaus, Stuttgart, veröffentlicht
Mit freundlicher Genehmigung von Oxford University Press
Einband: John F. Martin
Gesamtherstellung: Clausen & Bosse, Leck

Für meinen Vater

ohne dessen Hilfe die *Alcestis* von der Rheinflotte niemals seetüchtig geworden wäre.

Außerdem möchte ich Harold Lawton vom Indian Service of Engineers danken, der mich beim Trockenlegen der Romney-Marsch beraten hat.

Römisches Britannien.
Das Gebiet der Romney-Marsch

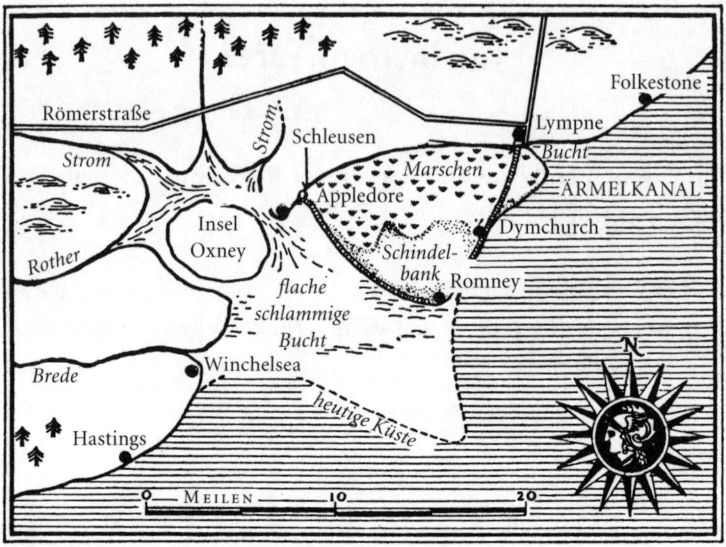

Kelten, Römer, Sachsen, Normannen und Engländer – alle haben sie einen Anteil daran gehabt, die Romney-Marsch dem Meer abzugewinnen und sie anschließend abzusichern. Aber mit großer Wahrscheinlichkeit waren es die Römer mit ihrem Talent für Technik, die als Erste in größerem Umfang Maßnahmen zur Trockenlegung einleiteten. Wenn es so war, dann könnte der Rhee-Wall, der alte Seeschutz, der sich streckenweise noch heute verfolgen lässt und der von Appledore nach New Romney führt, durchaus zunächst von solch einer Truppe von Legionären errichtet worden sein, die unter solch einem Zenturio-Bauingenieur arbeitete, wie ich ihn Beric dort habe antreffen lassen, als er im letzten Teil des Buches in die Marsch kommt.

Inhalt

Sturm an der Küste 9

Das Gesetz der Meute 23

Der Ausgestoßene 39

Die Männer vom Meer 55

Der Armreif 69

Ein Freund und ein Feind 82

Schwarze Tage 95

Das Maß läuft über 110

Die Flucht 123

Der Hof in den Bergen 139

Die *Alcestis* von der Rheinflotte 154

Sturm auf dem Meer 168

Jasons Insel 181

Das Haus über dem Nebel 195

Der Meister der Straßen und Deiche 207

Eine kleine Heimatlose 224

Sturm zieht auf 240

Der große Sturm 256

Über die Autorin 277

Sturm an der Küste

Der Sturm hatte kurz nachgelassen, nun kam er heulend und wie mit ungeheuren Flügelschlägen wieder über das Dorf angebraust, das sich Schutz suchend auf dem kahlen Hügelkamm zu ducken schien.

In der Hütte von Cunori, dem Bruder des Häuptlings, quoll der Herdrauch in beißenden Wolken von der Rauchöffnung im niedrigen Torfdach in den Raum zurück, oben unter den Dachbalken hüpfte und schaukelte die Robbentranlampe heftig hin und her, und ihre flackernde Flamme ließ die Schatten lang wachsen, sodass es einen Augenblick lang so wirkte, als wäre der Sturm in die kleine runde Festung aus Wärme und Geborgenheit, in Cunoris Zuhause eingedrungen. Doch auch diese Bö verebbte, die Lampe hing wieder ruhig unterm Dach, und die eben noch geduckten Flammen auf dem Herd begannen wieder munter zu prasseln.

Cunori saß neben dem Feuer. Er lauschte dem wilden Flügelschlag des Sturms und war froh, dass das Lammen zu Ende war und er in dieser Nacht nicht noch einmal ins Freie hinausmusste. Er beugte sich vor, um das Licht der Flammen auf die Speerspitze fallen zu lassen, die er an einen neuen Schaft fügte. Der alte schartige und gesplitterte Schaft lag neben ihm, er war im Laufe vieler Jahre schief und krumm geworden. Der neue aus Eschenholz dagegen war schön weiß und gerade; als Cunori ihn in die Halterung einpasste, fing die lange schlanke Metallspitze das Licht der tanzenden Flammen auf, und einen Augenblick lang sah es aus, als hielte er eine Feuerzunge in der Hand. Auf den Binsen lagen drei Hunde ausgestreckt, den Bauch der Wärme zugekehrt – kräftige gescheckte wolfsähnliche Tiere. Und jenseits des Feuers, auf der Frauenseite, saß Guinear und spann.

Cunori hob ab und zu den Blick von seiner Arbeit, um zu ihr hinüberzuschauen, doch sie hielt ihre Augen unentwegt auf die wirbelnde Spindel geheftet, deren Spule mit grauer Wolle immer dicker wurde. Wenn sie doch einmal aufschauen würde; wenn sie wenigstens einen Augenblick lang ihr Spinnen unterbrechen würde; wenn ihm nur etwas einfiele, womit er sie zum Lachen bringen könnte …

Cunori hörte Guinears Lachen gern. Das war auch einer der Gründe gewesen, warum er ihren Vater damals vor zwei Sommern gebeten hatte, sie ihm zur Frau zu geben: damit er ihr Lachen an seinem eigenen Herd hören könnte. Doch nun hatte sie schon seit einem halben Mond nicht mehr gelacht – seit ihr Neugeborenes gestorben war, nicht mehr.

Cunori trauerte ebenfalls um das Kind, doch bei einem Sohn wäre seine Trauer größer gewesen. Töchter konnten sich zwar auf den Feldern nützlich machen und ähnliche Dinge verrichten, aber kaum waren sie groß genug, um wirklich von Nutzen zu sein, musste man dafür sorgen, dass sie einen Mann bekamen, und waren sie erst einmal verheiratet, war es, als hätte man nie eine Tochter gehabt. Und obendrein musste man dem Schwiegersohn auch noch ein paar von den eigenen Waffen abgeben, um das Geschäft zu besiegeln. Söhne dagegen waren etwas ganz anderes. Sie begleiteten einen auf die Jagd, sie brachten ihre Frauen mit nach Hause, damit sie auf dem Feld der Familie mitarbeiteten, und wenn man selbst zu alt für die Jagd geworden war, konnten die Söhne für einen jagen. Hatte man erst einmal genügend Söhne, waren auch Töchter willkommen, aber eine Tochter, bevor ein einziger Sohn da war, das war schon ein wahres Missgeschick. Doch für Guinear zählten solche Überlegungen nicht, das wusste er; sie dachte nur daran, dass es ihr Kind gewesen war und dass es nur einen einzigen Tag gelebt hatte.

«Wenn die Ernte gut wird, schenke ich ihr ein paar Bernsteinnadeln für ihr Haar», dachte er und legte den Wolfsspeer hin, um einen anderen in die Hand zu nehmen, der geglättet werden musste. «Und dazu noch ein paar Kochgefäße, und wenn die Ernte sehr gut wird, schenke ich ihr ein Stück feines gestreiftes Tuch, wie es die Händler anbieten, dann kann sie sich daraus einen Umhang machen.»

Aber er wusste, dass weder Bernsteinnadeln noch Kochgefäße, ja, nicht einmal das feine gestreifte Tuch Guinear über den Verlust ihres Kindes hinwegtrösten konnten; und dieses Wissen rief in ihm ein Gefühl der Hilflosigkeit hervor, und wenn er sich hilflos fühlte, war er schon immer verdrossen geworden. Daher starrte er das Speerblatt jetzt mit finsterer Miene an und rieb es immer fester und härter, als wäre er von plötzlichem Hass auf die Speerspitze erfasst.

Das Brausen des Sturmes schien sich zur Raserei steigern zu wollen, und durch das Peitschen und Heulen schwoll nun ein neuer Ton an, der vom schrillen Pfeifen des Windes übertönt wurde, dann aber wieder klar und deutlich hervortrat: das tiefe, widerhallende Dröhnen und Krachen der See. Der Wind drehte nach Norden und schleuderte nun die Sturzseen Welle um Welle wie Hammerschläge gegen die schwarzen Felsen der Landzunge, als wollte er das feste Gestein zu Brei zermalmen.

Plötzlich hob Cunori erschrocken den Kopf, und selbst Guinear unterbrach ihre Arbeit, als eine Bö, die alle bisherigen an Heftigkeit übertraf, sich mit so wildem Trommeln gegen die Hütte warf, dass der Dachbalken bebte. Luath, der Leithund, öffnete die Augen, die wie zwei gelbe Lichter in dem heftig flackernden Helldunkel der Hütte aufleuchteten; ein leises Knurren drang aus seiner Kehle, dann sprang er auf. Die anderen Hunde folgten ihm mit gesträubtem Nackenfell, als der Ledervorhang vor dem niedrigen geschützten Eingang beiseite geschoben wurde und eine geduckte Gestalt aus dem Sturmgetöse hereingestürzt kam.

Cunori war ebenso rasch wie seine Hunde aufgesprungen. Mit der einen Hand hielt er den Jagdspeer gezückt, mit der anderen machte er das Zeichen gegen Unheil. Doch der Fremde war weder ein Feind noch ein vom Sturm hergetriebener Geist, obwohl er dem Aussehen nach beides hätte sein können. Als er in den tanzenden Feuerschein trat, verstummte das Knurren der Hunde, sie legten sich wieder hin, und Cunori warf seinen Speer beiseite.

«Flann», rief er aufgebracht. «Fast hättest du einen Speer zwischen die Rippen bekommen! Was führt dich in solch einer Nacht her?»

Flann blieb vor dem Eingang stehen und rang nach Atem, während er sich das wirre Haar aus den Augen schüttelte.

«Vor allem die rote Stute», keuchte er. «Sie ist wieder ausgebrochen, und ich bin bis an die Küstenfelsen hinter ihr hergerannt, und da habe ich es gesehen! In der Bucht ist ein Schiff gefangen, es versucht, die Landzunge zu umsegeln. Inzwischen wird es auf den Mörderfelsen aufgelaufen sein!»

Cunoris Zorn war augenblicklich verraucht. Ihm stand das letzte Mal, als ein Schiff auf den Mörderfelsen aufgelaufen war, noch deutlich vor Augen. Hinterher waren viele Sachen an Land geschwemmt worden. Er sagte nichts, er und Flann blickten sich nur an, und ein Funke wilder Aufregung sprang vom einen zum anderen über. Cunori fuhr zu Guinear herum, die ebenfalls aufgestanden war, und verlangte: «Meinen Mantel! Schnell! Bring mir meinen Mantel, Guinear!» Als sie ihn brachte, war Flann schon wieder verschwunden, um die Nachricht im Dorf zu verbreiten. Cunori hüllte sich in den Mantel, befestigte ihn mit der Bronzenadel und begab sich hinter Flann in die stürmische Finsternis hinaus. Die Hunde wollten ihm folgen, doch er scheuchte sie zurück. Als er sich durch die eng beieinander liegenden Hütten des Dorfes zum Tor des Pfahlwalles vorkämpfte, raubte ihm der Wind fast den Atem. Offensichtlich war Cunori nicht der Erste, dem Flann seine Nachricht zugerufen hatte; andere dunkle Gestalten strebten in die gleiche Richtung, und als sie am Tor ankamen, stellten sie fest, dass der Dornbusch, der sonst nachts die Öffnung versperrte, schon von anderen, die sich vor ihnen zur Küste aufgemacht hatten, beiseite gezerrt worden war. Sie ließen das Tor für die anderen, die nach ihnen kommen würden, offen, stemmten sich mit gesenkten Köpfen und hochgezogenen Schultern gegen den Wind und wandten sich der Brandung zu.

Der Mond, der fast voll war, schien über den nächtlichen Himmel zu sausen; kurz blieb er hinter zerfetzten Wolkenbänken verborgen, um dann wieder in scharf gezackte Buchten aus klarem Himmel hinauszusegeln; die Männer auf ihrem Weg zur Küste tauchten unversehens in Inseln aus schwärzester Finsternis, um im nächsten Moment plötzlich in wahren Silberfluten zu baden.

Sämtliche Männer des Dorfes waren zur Küste und zu dem verheißungsvollen Wrack unterwegs und strömten in Rotten über die Hügel, auf jedwede Ernte gespannt, die Camulus, der Herr der Stürme, ihnen gesandt hatte. Und mit den restlichen Leuten trat schließlich auch Cunori über den, wie es schien, äußersten Rand der Erde hinaus in den vollen Anprall des brüllenden Sturms, mit dem salzigen Geschmack der Gischt auf den Lippen. Gegen die Wucht des Windes gestemmt, der ihn wie ein loses Blatt zu packen und hinwegzuwirbeln drohte, blickte er hinab. Von hier stürzten die Klippen jäh ab; steile Grashänge und Granitblöcke fielen in wilden Kaskaden zu scharf gezackten Felsen hinunter, um die das Wasser in zischendem Aufruhr brodelte. Ganz außen lag der Mörderfelsen, der nur bei Ebbe aus dem Wasser schaute, sonst aber unsichtbar blieb. Und dort draußen auf dem Mörderfelsen hing das Schiff, das Flann gesichtet hatte – hoffnungslos gefangen, zerschellt und auseinanderbrechend.

In diesem Augenblick trat der Mond aus den Wolken und zeigte es deutlich: ein zersplittertes Wrack ohne Masten, das ein römisches Handelsschiff gewesen war. Die Männer oben auf ihrem Felsen hatten schon viele ähnliche Schiffe gesehen –

Transportschiffe und auch Galeeren, die regelmäßig zu dem großen Stützpunkt der Legion Isca Silurium fuhren. Mitunter kam es vor, dass ein Schiff bei Nordostwind irgendwo entlang der Küste in eine Bucht getrieben wurde und dort an den Felsen hängen blieb. Wenn das geschah, blieb nur selten einer von der Besatzung übrig, um davon zu berichten. Später trieben dann Ladung und Ausrüstung zusammen mit den Ertrunkenen an Land.

Cunori strich sich die Haare zurück, die ihm ins Gesicht peitschten, und starrte zu dem Wrack hinaus. Wie lange würde es wohl noch zusammenhalten? Nicht mehr lange, dachte er, bei diesem Seegang nicht. Kurz schoss ihm der Gedanke durch den Kopf, dass es wohl nicht sehr angenehm wäre, sich jetzt auf dem Schiff zu befinden, dann begann er den engen, gewundenen Felsenpfad zum Wasser hinunterzuklettern.

Auf halbem Weg wäre er fast über eine kauernde Gestalt gestolpert, in der er Merddyn, den Druiden, erkannte. Der alte wahnsinnige Merddyn, der einst so mächtig gewesen war. Der Greis hockte im Schutz eines vorspringenden Felsens und wiegte sich leise singend hin und her, während er das Schauspiel unter sich beobachtete. Als Cunori kurz neben ihm stehen blieb, sah er auf und stieß ein schrilles, unmenschlich klingendes Gelächter aus, das an das Kreischen eines Seevogels erinnerte. «Sieh nur!», übertönte er den Wind. «Sieh nur dort unten! Ein schöner Anblick – ein Anblick, um sich die Hände daran zu wärmen wie an einem Feuer! Aiee! Das war eine große Welle! Voll drauf! Noch so eine, und das Volk des Adlers wird eine Schiffsmannschaft weniger haben, die in der Sonne umherstolzieren kann! Noch eine Welle! O Welle, Königin der Wellen, du große Welle mit der weißen Mähne und dem Nacken eines Hengstes, komm schnell, stampfe mit deinen Hufen auf und mach ein Ende, damit das alte Herz von Merddyn, dem Druiden, sich erfreue!»

Geduckt kletterte Cunori den steilen Felspfad weiter hinunter.

Unter ihm donnerten die riesigen Wellen heran, krachten gegen die Felsen und gegen das dem Untergang geweihte Schiff, das jetzt schon kein Schiff mehr war, nur noch ein jammervoller Rest, der mit jeder Welle kleiner wurde. Auf einem Felsplateau etwas oberhalb des Fußes vom Mörderfelsen hatten sich die Männer versammelt. Von hier aus hätte man fast einen Speer in das Wrack schleudern können, doch der Mond verzog sich wieder hinter den Wolken, und durch die fliegende Gischt und den tobenden Sturm konnten sie weder irgendein Lebenszeichen an Bord erkennen, noch irgendwelche Schreie hören. Hier gab es keine Möglichkeit mehr, zu helfen, und selbst, wenn es sie gegeben hätte, so hätten die Männer kaum daran gedacht, es zu versuchen. Dem Meer seine Beute abzunehmen, brachte Unglück. Doch wenn jemand lebend das Ufer erreichte, war es etwas anderes. Dann gaben sie dem Schiffbrüchigen Nahrung und Unterkunft, pflegten seine Wunden und halfen ihm auf den Weg. Bei diesem Seegang würde allerdings kein Mann aus dem Wrack das Ufer lebend erreichen.

In erbarmungslosem Rhythmus rollten die großen Wellen heran und brachen sich mit einem dröhnendem Donnern an den Klippen, das den Boden unter Cunoris Füßen erzittern ließ. Cunori war von Gischt durchnässt, von dem schier überwältigenden Aufruhr des Meeres und des Sturmes benommen und betäubt. Der Mond schien wieder durch die Wolken und ließ Cunori durch den Vorhang aus fliegendem Schaum hindurch die dunklen Umrisse des Wracks erkennen. Im selben Augenblick bäumte sich eine ungeheure, weiß gekrönte Welle über dem Wrack auf – jene große Welle, die Merddyn herbeigefleht hatte. Mit einem Krachen, das Erde und Himmel zu erschüttern schien, brach sie zusammen, dann stürzte sie rauschend herab und verbarg das schwarze Riff und das dunkle Wrack in einem brodelnden Hexenkessel, aus dem die Gischt sprühend heraufschoss und vom Wind hinweggefegt wurde. Als die Welle sich zurückzog, strudelte weiß schäumendes Wasser die

Felsspalten hinab und flutete brodelnd über den verborgenen Mörderfelsen; das Wrack war jedoch nicht mehr zu sehen.

Eine Wolke mit silbernem Rand verhüllte den Mond und tauchte die Welt erneut in Dunkelheit.

Von diesem Augenblick an begann der Sturm abzuflauen, als hätte er seine Aufgabe erfüllt, und als die Männer sich hinter der Landzunge am Robbenstrand zwischen den Felsen auf die Suche nach den Hinterlassenschaften des Sturms machten, herrschte ein erschöpftes graues Dämmerlicht.

Ein hoher bleierner Himmel, von blauen und silbernen Streifen durchzogen, wölbte sich über einer vom Sturm zerfetzten Welt; der abflauende Wind hatte gedreht, sodass es auf der Leeseite der Felsen beinahe windstill war. Die hohen Sturzwellen rollten jedoch weiterhin in dichten weißen Reihen heran, um zwischen den Felsen und den kleinen Kiesstränden in Schaum und Gischt zu zerstäuben. Die Flut hatte sich zurückgezogen und die schmalen Strandstreifen mit den Dingen übersät zurückgelassen, die inzwischen schon vom Wrack an Land getrieben worden waren: Spanten, Balken und Taue, die alle noch gut zu gebrauchen waren, ein paar Schafkadaver, Weinschläuche, die hereingetrudelt kamen und von den Männern, die eine Kette bildeten und ihnen entgegenwateten, geborgen wurden; ertrunkene Seeleute, die so rasch wie möglich beerdigt werden mussten, um zu verhindern, dass ihre nassen Geister triefend an den dörflichen Feuerstellen erschienen. Die nächsten beiden Fluten würden noch mehr Brauchbares in die Bucht spülen, danach war aber nichts mehr zu erwarten.

Cunori, der mit einer tropfenden Taurolle unterm Arm unterhalb der Landzunge nach Strandgut suchte, entdeckte als Erster die zwei Leichen zwischen den Felsen. Die meisten Ertrunkenen, die sie bisher gefunden hatten, waren Seeleute gewesen, doch diese beiden sahen anders aus. Es waren ein Mann und eine Frau, die sich so fest umschlungen hielten, dass nicht einmal die Felsen ihre Umarmung zu lösen vermocht hatten. Beide waren jung. Der Mann schien ein Soldat gewesen zu sein. Cunori, selbst ein Krieger, erkannte das sofort. Vielleicht ein Soldat, der zu seiner Legion unterwegs gewesen war. Das lange nasse Haar der Frau hing über den Felsen in den grauen und olivgrünen Tang hinab. Es war von goldbrauner Farbe und musste sehr schön gewesen sein, als es trocken war, dachte Cunori. Er beugte sich vor, um die beiden genauer zu betrachten. Im selben Augenblick bewegte sich etwas zwischen ihnen.

Cunori stand vor einem Wunder, vor einem Geschöpf, das der tosenden See entkommen und am Leben geblieben war. Mit Streifen, die von einem Mantel zu stammen schienen, war ein winziger Säugling unter die Achsel des Mannes festgebunden. Nicht die See hat die Eltern des Kindes ums Leben gebracht, sondern die Felsen waren es, dachte Cunori, und ihre Körper haben dabei das Kind geschützt. Jetzt bewegte es sich und stieß einen schwachen krächzenden Laut aus, als es zu atmen versuchte. Das Kleine war halb ertrunken und schon bläulich verfärbt; wenn man es hier liegen ließe, würde es in kurzer Zeit ebenfalls tot sein. Cunori zögerte einen Augenblick. Es wäre viel einfacher, es hier zu lassen. Doch dann zog er, ohne recht zu wissen, warum, sein Jagdmesser aus dem Gürtel, durchschnitt die Streifen, die das Kind an den Vater banden, und hob es auf. Es war ein Junge, höchstens vier oder fünf Monate alt und völlig unversehrt.

«Ich muss das Wasser aus ihm herausschütteln, sonst stirbt es», dachte Cunori, nahm das Kind bei den Füßen und schüttelte es. Ein paar Tropfen Salzwasser drangen aus dem Mund des Kindes, doch Cunori schüttelte immer weiter. Plötzlich begann es zu schreien, ein dünner blökender Schrei wie von einem neugeborenen Lamm, aber verzweifelt schwach. Cunori drehte es wieder um und betrachtete es voller Staunen. In seinen Händen fühlte er, wie das schwache Leben durch den kleinen Körper zitterte und um sein Dasein rang. Dann hüllte er das Kind mit einer raschen, fast etwas verlegenen Geste in die Falten seines nassen Mantels und bettete es in seine Armbeuge, um ihm die wenige Wärme zu geben, die sein eigener halb erstarrter Körper noch zu verströmen vermochte. «Nahrung», dachte er, «es muss rasch Nahrung und Wärme bekommen, sonst wird sein flackernder kleiner Lebensfunke verlöschen.»

Er warf dem Mann und der Frau zu seinen Füßen noch einen letzten unsicheren Blick zu. Bestimmt hatten sie nicht damit gerechnet, dass ihr Kind gerettet werden könnte – bei diesem Seegang und dieser Küste wäre eine solche Hoffnung unsinnig gewesen. Sie hatten wohl nur sichergehen wollen, dass sie alle drei zusammenblieben. Aber nun hatten sie dadurch doch ihr Kind gerettet, und Cunori wollte das Kind haben. Er wollte es für Guinear haben, da es sie möglicherweise besser trösten würde, als Bernsteinnadeln oder ein neues Kochgefäß es vermochten.

Er drückte das Kind fest an sich und wandte sich zum Gehen. Vor ihm stand Merddyn, der Druide. Cunori fuhr erschrocken zurück. Es war nie besonders angenehm, wenn Merddyn unerwartet vor einem auftauchte: seine gelben Augen funkelten kalt und hart wie Edelsteine in einem hageren, totenkopfähnlichen Gesicht – beunruhigende Augen, die einem durch und durch gingen und ein eisiges Gefühl in einem hervorriefen. Diese Augen starrten Cunori jetzt an. Der Druide schüttelte das wirre weiße Haar zurück, das ihm um die Schultern hing, und fragte: «Was trägst du da unter deinem Mantel, Cunori, Sohn des Cuthlyn?»

«Es ist ein kleiner Junge, und er lebt noch, Alter Vater», antwortete Cunori, obwohl ihm bewusst war, dass Merddyn dies mindestens so gut wusste wie er selbst.

«Und was willst du mit dem Kind?»

«Ich bringe es meiner Frau, anstelle ihres eigenen Kindes, das vor einem halben Mond starb.»

«Es bringt Unglück, das Meer zu berauben», sagte Merddyn und fuhr sich mit der Zunge über die Lippen. «Wenn du den Jungen zu uns bringst, wird er Unheil über uns alle bringen – Unheil und noch Schlimmeres über jene, die das Meer berauben!»

«Das Meer will ihn nicht», entgegnete Cunori hartnäckig. Bei der ersten Andeutung von Widerstand wurde sein Entschluss, das Kind zu behalten, sogleich noch fester – genau wie damals, als die Entdeckung, dass ein Jäger namens Istoreth Guinear begehrte, seinen Entschluss, sie selbst zu besitzen, hervorrief. «Das Meer hat ihn abgewiesen und ausgestoßen. Dieses Kind ist nicht auf die Welt gekommen, um zu ertrinken!»

«Und dennoch wird Unheil daraus entstehen; wenn du das Ding da zu uns bringst, ziehst du Böses und den Zorn der Götter auf uns herab! Es ist ein römischer Welpe, und was haben wir mit den Römern zu schaffen – wir, das freie Volk jenseits der Grenze? Er stammt von jenem Volk, das unsere heiligen Stätten zerstörte, vor sechzig Wintern meine Brüder abschlachtete und uns die Kraft raubte, die uns zustand – uns, den Mondgekrönten, die wir vor ihrem Kommen das Geheimnis des Lebens bewahrten!» Die Stimme des alten Mannes schnitt wieder schrill wie die eines Seevogels durch die Luft und zog die übrigen Männer an, die nun aus allen Richtungen über die Felsen herbeigeklettert kamen, um die Ursache seiner Schreie festzustellen.

Cunori wurde zornig. Plötzlich schoss ihm die Frage durch den Kopf, warum denn die Druiden, die doch laut Merddyn alle Macht besessen hatten, es zugelassen hatten, dass das Adlervolk ihnen ihre Kraft raubte. Doch dann schob er den Gedanken erschrocken rasch wieder fort und spreizte dabei verstohlen die Finger der linken Hand, um Unheil abzuwenden. Das Kind würde er aber dennoch behalten.

«Alter Vater», sagte er, «ich werde dir ein schwarzes Widderlamm geben, damit du den Zorn der Götter besänftigen kannst.»

Und er ging an dem Alten vorbei, die Finger immer noch wie Hörner gespreizt, und hielt auf den Pfad zu, der den Felsen hinaufführte. Einige seiner Speerbrüder drängten sich um ihn, als er an ihnen vorbeiging. Halb lachend, halb zornig rief er ihnen zu: «Fort mit euch! Lasst mich in Ruhe! Ich muss dieses Würmchen hier meiner Frau bringen, sonst stirbt es!» Er eilte weiter und kümmerte sich nicht weiter darum, dass sie hinter ihm herstarrten und dass der alte Druide, von der grausamen Erkenntnis getroffen, dass niemand es vor sechzig Wintern gewagt hätte, seinem Willen zu trotzen, geschweige denn, die Götter mit einem schwarzen Widderlamm zu bestechen, hinter ihm herzeterte und brummte. Den jungen Soldaten und seine Frau, die eng umschlungen auf dem nassen Felsen lagen, ließ Cunori ebenfalls hinter sich.

Istoreth – derselbe Istoreth, der Guinear einst begehrt hatte – schrie einen Zauberspruch gegen Unglück und spuckte hinter Cunori aus, als dieser an ihm vorüberging. Cunori lachte und spuckte zurück, dann bog er auf den Felsenpfad ein. Oben angekommen begann er wie ein Wolf in langen Sätzen auf das Dorf zuzurennen. Seine Hunde kamen ihm kurz vor seiner Hütte winselnd entgegen und sprangen an ihm hoch. Er scheuchte sie ebenso zurück wie seine Speerbrüder. «Weg, Luath! Fort mit dir, Ken! Zurück, habe ich gesagt!»

Er duckte sich unter dem niedrigen Türsturz und tauchte in das warme Dämmerlicht seiner Hütte ein.

Guinear rührte gerade die Morgensuppe an. Den Kochlöffel in der Hand, hockte sie sich jetzt auf die Fersen zurück und schaute fragend zu ihm auf. «Wie war die Jagd?»

«Recht gut», erwiderte Cunori.

«Ist viel an Land getrieben?»

«Die Flut brachte Weinschläuche, Schiffsbalken und ein paar ertrunkene Schafe.»

«Und – Ertrunkene? Habt ihr keinen gerettet?»

Cunori zögerte, und da begann das Kind unter seinem Mantel schwach zu wimmern. Guinear zuckte zusammen, als hätte sie einen Schlag erhalten. Sie presste beide Hände an ihren Mund und starrte ihn mit weit aufgerissenen Augen an.

«Was hast du unter dem Mantel?», flüsterte sie nach einer Weile mit heiserer Stimme.

Cunori hockte sich neben sie, beinahe in die warme Asche hinein, und schlug die nassen Falten zurück. «Sieh mal», sagte er, «das habe ich dir mitgebracht. Nimm es.»

Aber sie rührte sich nicht. «Nein!», flüsterte sie. «O nein, nein!»

«Es ist ein strammer kleiner Bursche», beharrte Cunori und stieß mit seiner freien Hand eine neugierige graue Schnauze zurück, die sich unter seinem Arm hervordrängte.

«Es ist nicht mein Kind», sagte sie ausdruckslos.

«Wenn du es nicht bald nimmst, ist es gleich, wessen Kind es ist», sagte Cunori. «Dann hätte ich es ebenso gut unten auf den Felsen liegen lassen können. Dort wäre es dann wenigstens bei seiner Mutter gestorben.»

Sie hob rasch die Augen zu ihm auf. «Seine Mutter?»

Cunori erzählte, wie er das Kind gefunden hatte. Sie hörte ihm zu und ließ dabei ihren Blick von ihm zu dem winzigen Geschöpf in seinen Händen und wieder zu ihm zurück wandern. Doch dann wiederholte sie erneut: «Es ist nicht mein Kind, nicht mein Kind.»

«Nimm es trotzdem. Es ist ein hübsches Kind, ein Junge!» Cunori streckte ihr das Kind hoffnungsvoll entgegen, aber sie wich zurück. Die Wärme hatte den schwachen Lebensfunken, der noch in dem kleinen Wesen flackerte, angefacht, und plötzlich begann es, mit dünnem, kläglichem Ton zu weinen. Cunori blickte ängstlich zu Guinear hinüber. Es war ihm so wichtig gewesen, ihr das Kind zu bringen, es schien für sie bestimmt gewesen zu sein. Zwar hatte er nicht allzu genau darüber nachgedacht, aber eines fühlte er doch sehr deutlich – Guinear hatte ein Kind verloren, und dieses Kind hatte seine

Mutter verloren, und da wäre es doch nur richtig, wenn die beiden zusammenkämen. Das fügte sich doch so gut, und Cunori sah es gern, wenn die Dinge sich gut fügten.

Doch nun bewirkte das herzzerreißende dünne Wimmern, was Cunoris ganzes Drängen nicht erreicht hatte. Mit einem leisen Laut, der fast wie ein Schluchzen klang, beugte Guinear sich plötzlich vor und streckte ihre Hände aus.

«Gib ihn mir», sagte sie. «Es schickt sich nicht, dass du einen Säugling hältst.»

Das Gesetz der Meute

Sie nannten ihn Beric. Cunori opferte den Göttern ein schwarzes Widderlamm für ihn, und den ersten Bissen fester Nahrung erhielt der Kleine von Cunoris Dolchspitze, damit er zu einem großen Krieger heranwachsen möge. In Berics zweitem Lebensjahr stach Guinear die Kriegerzeichen des Stammes in seine braune Kinderhaut, strich Waid* auf die Wunde, gab ihm dann als Trost für die Schmerzen so viele Honigwaben zu essen, wie er haben wollte, und brachte so sein Geschrei zum Verstummen.

Neunmal tosten die Auguststürme über das Dorf hinweg; neunmal kam die Lammzeit heran, und die Männer hielten die bitterkalten Winternächte hindurch Wolfswache an den Schafhürden; neunmal blühten die Strandlichtnelken auf den Felsen und wuchsen über die Steilhänge hinab, um sich mit der Gischt zu vermischen, die unten an den Felsen heraufsprühte. In Cunoris Hütte gab es jetzt drei Söhne, und für Beric, den ältesten der drei, würde nun die Vorbereitungszeit zum Jäger und Krieger beginnen.

Jedes Jahr, nachdem die Ernte eingebracht war, brach ein großer Tag für das Dorf an, zu dem die Bewohner des gesamten Stammesgebietes zusammenströmten. Sie versammelten sich auf dem offenen Dorfplatz, wo in Gefahrenzeiten das Vieh eingepfercht wurde. Dort erhielten alle Jungen, die seit der letzten Ernte fünfzehn geworden waren, in Gegenwart des ganzen Stammes ihre Waffen von ihren Vätern und wurden so zu Männern und Kriegern. Danach wurde die Kochgruben geöffnet und die großen gerösteten Eber daraus herausgeholt,

* Heilpflanze mit kleinen gelben, in Rispen wachsenden Blüten und Schotenfrüchten.

und ein großes Festessen mit viel Heide-Bier und Harfenmusik nahm seinen Anfang. Dann tanzten die Stammeskrieger vor den bewundernden Augen der Frauen den Feuertanz, den Tanz der Angreifenden Streitwagen und den Tanz der Neuen Speere.

Früher, bevor die Römer mit ihren lästigen Patrouillen aufgetaucht waren, war der Tag noch viel festlicher begangen worden, sämtliche Stämme der Dumnonii waren zu der Kultstätte in Uxella gezogen, wo lange, Furcht einflößende Zeremonien stattgefunden hatten, die von den Druiden und den Neuen Speeren geheim gehalten worden waren. Erst danach hatten die Jungen ihre Waffen erhalten. Der Schatten des Adlers war auf diese glanzvollen Feiern gefallen und hatte sie ausgelöscht, und den mächtigen, angesehenen Stand der Druiden gab es jetzt kaum noch. Beric konnte sich nur noch schwach an den Druiden seines eigenen Stammes erinnern; gelbe Augen hatte er gehabt, deren Blicke einem durch und durch gingen und ein Frösteln hinterließen. Doch der Druide war jetzt schon lange tot, und seither gab es niemanden mehr, der die Zeremonien leitete. Aber es war immer noch ein großer Tag, und zwischen dem Verzehr des gerösteten Ebers und den Kriegstänzen wurden auch die Knaben, die seit der letzten Ernte neun geworden waren und für die nun die Vorbereitungszeit begann, in die Mitte des vom Feuer erhellten Ratskreises geschickt, um vom gesamten Stamm gemustert und anerkannt zu werden.

Beric saß mit unterschlagenen Beinen zwischen Cunoris Hunden. Er schaute zu, wie die neuen Krieger einer nach dem anderen mit hoch erhobenem Speer die sinkende Sonne begrüßten, und dachte an den Tag, an dem er selbst ein fertiger Krieger sein würde. Dann würde er dort stehen, wo jetzt die Neuen Speere standen, und dann würde er sich der untergehenden Sonne zuwenden und mit dem Speer gegen seinen neuen Schild schlagen und zum erstenmal seinen Platz inmitten der Krieger des Stammes einnehmen. Dann würde er mit seinen Speerbrüdern auf den Kriegspfad ziehen, eine Stimme am Ratsfeuer besitzen und das Recht haben, das Rot des Kriegers zu tragen. Darauf freute er sich schon.

Während der ganzen langen Mahlzeit, die aus gebratenem Eberfleisch bestand, das Beric sich mit der Spitze seines Dolches in den Mund steckte, hielt dieser stolze, glückliche Traum ihn gefangen. Doch plötzlich schrak er daraus hoch, um festzustellen, dass die Dämmerung in Dunkelheit übergegangen war und dass der Häuptling seine Stimme am Ratsfeuer erhoben hatte und die Neunjährigen zu sich rief. Beric steckte seinen Dolch rasch wieder in den Gürtel, wischte sich die fetttriefenden Hände am nächsten Hund sauber und stand auf, um dem Ruf Folge zu leisten. Aus allen Richtungen strömten die Neunjährigen herbei. Es waren fünf aus dem Dorf und doppelt so viele aus dem umliegenden Stammesgebiet, die nun über ausgestreckte Beine stolperten und sich einen Weg durch die vielen Hunde bahnten, um sich schließlich in der Mitte des Ratskreises unter den prüfenden Blicken der Jäger und Krieger ihres Stammes zu versammeln. Da standen sie nun, blickten starr geradeaus oder grinsten ihre Väter und ihre Altersgenossen unsicher an und wussten nicht so recht, was sie mit ihren Armen und Beinen anfangen sollten, während die Stammesältesten sie musterten.

Cunori saß direkt neben dem Häuptling, da er mit ihm verwandt war. Als Beric in den Kreis trat, blickte er auf und nickte ihm ermunternd zu. Beric wurde es ganz warm vor Stolz. Er kannte die Geschichte, wie er in Cunoris Hütte gekommen war, doch das war nur eine Geschichte für ihn, die ihn eigentlich gar nichts anging. In seiner Welt, der einzigen Welt, die er kannte, waren Cunori sein Vater, Guinear seine Mutter und Arthmail und Arthgal seine Brüder. Und in diesem Augenblick hatte er nur einen Gedanken – er wollte vor dem Stamm einen guten Eindruck machen, damit sein Vater auf seinen ältesten Sohn stolz sein konnte.

Die Stammesältesten musterten die Jungen sorgfältig und

nickten sich zu. «Eine vielversprechende Schar», sagten sie. «Dieses Jahr scheint es eine gute Schar zu sein, insgesamt sogar eine sehr gute. Aber der da … dieser eine da …» Und Beric merkte, dass sie ihn anschauten, dass alle Augen ringsum im Kreis sich fragend auf ihn richteten. Dann winkte der große rothaarige Häuptling mit dem Halsring ihn zu sich. Beric bekam plötzlich große Angst. Auf steifen Beinen trat er vor den Häuptling.

«Was soll mit diesem Knaben geschehen, meine Brüder?», fragte der Häuptling. «Mit diesem Pflegesohn des Cunori? Es ist an der Zeit, dass wir seinen Weg bestimmen. Neun Jahre hat er unter uns gelebt, aber einer von uns ist er dennoch nicht. Sollen wir ihn in die Speerbruderschaft des Stammes aufnehmen?»

Cunori sprang heftig von seinem Platz an der Seite des Häuptlings hoch. «In allem ist er einer von uns, nur dass er nicht von unserem Blute ist!»

«Das ist ein schwerwiegendes Nur», bemerkte ein anderes Ratsmitglied und beugte sich in den Feuerschein vor.

Cunori fuhr zu ihm herum. «Ist das Nur, das in deinen eigenen Adern fließt, etwa weniger schwerwiegend, Istoreth? Du berufst dich doch auf deine Abstammung vom Robbenvolk, dem Volk des Meeres? Wurde dein Vorfahre aus dem Robbenvolk denn nicht auch in die Speerbruderschaft aufgenommen?»

«Das Robbenvolk gehört zu unserer Welt», entgegnete Istoreth scharf. «Die Rothelme gehören nicht zu uns, und dein Pflegesohn trägt seine Herkunft im Gesicht. Ich bin im Osten hinter der Grenze gewesen, um Felle zu verkaufen, ich habe sie gesehen, diese Rothelme, ich weiß Bescheid! Flann, Gourchien, ihr habt sie ebenfalls häufig gesehen, schaut ihn euch an. Könnt ihr euch vorstellen, dass er in Zukunft mit unseren Söhnen umherrennt und seinen Speer in unserer Mitte trägt?»

Dumpfes, grollendes Murren stieg aus dem Kreis der Männer am Feuer auf. Cunori, mit der Hand am Dolch, setzte zu einer wütenden Entgegnung an, und einen Augenblick lang sah es ganz nach Kampf aus – nach jener Art von Kampf mit Knurren und Kneifen, der urplötzlich zwischen Hunden aufflammen kann. Alle Männer wussten, dass Cunori und Istoreth wenig Freundschaft füreinander empfanden.

Da schaltete sich der Häuptling ein: «Am besten schicken wir ihn über die Grenze zu seinem eigenen Volk.»

«Und was soll er hinter der Grenze bei seinem eigenen Volk anfangen?», fragte Cunori zornig. «Wir sind das einzige Volk, das er kennt, und er ist erst neun Sommer alt.»

«In Isca Dumnoniorum gibt es genügend Händler, bei denen er etwas lernen könnte», sagte der Häuptling einlenkend.

Doch ehe jemand etwas erwidern konnte, nahm Beric selbst den Kampf auf.

Die ganze Zeit über hatte er schweigend dagestanden und die Sprecher der Reihe nach angestarrt, während das gebratene Eberfleisch in seinem Magen zu einem kalten, schweren Stein wurde. Jetzt richtete er sich auf und blickte dem Häuptling wie ein kleines, wildes, in die Enge getriebenes Tier ins Gesicht.

«Was habe ich mit den Rothelmen zu schaffen? Warum soll ich jetzt zu ihnen gehen? Ihr seid mein Volk, mein eigenes Volk, mit dem ich Herdfeuer, Brot und Salz teile! Ich werde nicht nach Isca Dumnoniorum gehen, um dort Handel zu treiben. Ich will mit den Übrigen meines Stammes ein Jäger und Krieger werden.» Seine Stimme drohte zu brechen, doch als er sich zum Kreis der Krieger umdrehte, hatte er sich wieder in der Gewalt. «Hört, ihr meine Stammesältesten, ich habe doch nichts Schlechtes getan, für das ihr mich ausstoßen müsstet!»

Ein langes Schweigen folgte auf diese Worte. Dann sprachen zwei aus dem Ratskreis für Beric.

Der Erste war Rhiada, der blinde Harfenspieler, der auf einem Hirschfell zu Füßen des Häuptlings saß. Er ließ die Hand über die Harfensaiten gleiten, und der Schein des Feuers spielte auf ihnen wie auf fließendem Wasser. Die Harfentöne stiegen zu den Sternen empor wie ein freigelassener Vogel. Rhiada warf den Kopf in den Nacken und lachte zu Beric hinauf. «Für einen Neunjährigen waren das mutige Worte. Zwar kann ich sein Volk nicht in seinem Gesicht erkennen, aber dafür erkenne ich ein tapferes Herz, wenn ich einem begegne. Wer fragt danach, woher das Blut kommt, wenn es nur heiß und ehrlich durch die Adern strömt, meine Brüder!»

Der Zweite war der greise weißhaarige Ffion, der ehemals der beste Jäger des Stammes gewesen war. Ffion neigte sich in den Feuerschein vor und sprach mit seiner alten, sanften Stimme: «Lasst ihn mit dem übrigen Rudel ziehen. Wenn er sich nach dieser Nacht unter ihnen behaupten kann, wird er ein Krieger werden, der es wert ist, zu unserem Stamm zu gehören. Immerhin stammt er von einem Kriegervolk ab, wenn auch nicht von unserem ... Ich habe einmal ein Wolfsjunges aufgezogen; es war zwar kein Hund, jagte aber wie ein Hund an meiner Seite. Ich hätte mir keinen besseren wünschen können.»

Eine Zeit lang wogte die Auseinandersetzung noch hin und her, denn Istoreth gab nicht so schnell klein bei, vor allem, da er bei manchen jüngeren Jägern Gehör fand. Doch Ffion war schon immer ein einflussreicher Mann gewesen, und das Wort eines Harfenspielers ließ sich auch nicht so einfach beiseite schieben. Außerdem waren sie als Krieger von der kämpferischen Art angetan, mit der Beric sich selbst verteidigt hatte. Nach einem abschließenden Blick auf die Runde am Feuer sagte der Häuptling daher: «So sei es denn. Möge er mit den anderen lernen, ein guter Krieger zu werden!»

«Und möge er nie Unheil über den Stamm bringen, wie Merddyn es prophezeit hat!», rief Istoreth erzürnt, um sich dann wieder seinem Methorn zu widmen.

«Was das anbelangt, so wurde damals doch ein schwarzes Widderlamm geopfert», bemerkte Ffion beruhigend. Und Beric, dessen Zukunft durch das Wort von Rhiada und Ffion gesichert war, wurde aus dem Kreis zu seinen Altersgenossen zurückgeschickt, die den ganzen Disput mit offenen Mündern verfolgt hatten.

Die Ratsversammlung löste sich nun auf, und die Menschen zogen sich an die Hüttenwände zurück, um den mondbeschienenen Platz für den Tanz frei zu machen.

Beric mochte nicht bei den anderen Jungen bleiben, sondern schlüpfte durch die Menge, und als er seine Mutter erblickte, die einen Metkrug auf der Hüfte trug, wich er ihr aus, bevor sie ihn entdecken konnte. Er wusste, dass sie alles gesehen und gehört hatte, und befürchtete jetzt, sie könnte versuchen, ihn zu trösten, wenn er ihr über den Weg liefe. Das hätte er nicht ertragen, jetzt nicht. Er zog sich mit seinem Schmerz zurück, als wäre der Schmerz eine Wunde, die niemand berühren durfte, und hockte sich neben Bran, den klügsten Hund seines Vaters, in eine dunkle Ecke zwischen zwei Hütten. Er legte seine Arme um den warmen Hals des Hundes, und Bran leckte ihm das Gesicht vom einen Ohr zum anderen.

In dieser dunklen Ecke blieben sie lange sitzen, während die Männer draußen auf dem vom Mond versilberten und vom Feuer vergoldeten Platz sich unter rhythmischen Rufen in den stampfenden Wirbeln des Kriegstanzes bewegten; im funkenstiebenden Licht der kreisenden Fackeln ertönte das Geklirr der Waffen.

Jetzt war alles wieder gut – natürlich war es das. Er würde mit den anderen Jungen vorbereitet werden und später auch das Rot des Kriegers tragen. Das hier war sein Volk, sein eigener Stamm. Bisher hatte er sich das noch nie klargemacht, heute war das erste Mal, dass dazu Anlass bestand. Die Nacht hatte ihren Glanz verloren, und er hatte immer noch diesen kalten, schweren Kloß im Magen.

Am nächsten Morgen hatte er das eisige Gefühl im Magen jedoch schon fast vergessen. Die Bewohner der entfernten Dörfer traten den Heimweg an, und das Durcheinander aus bellenden Hunden, unruhigen Pferden und verirrten Kleinkindern hielt fast den ganzen Tag an. Als Beric am folgenden Morgen in der Wohnhütte aufwachte, in der er mit Vater, Mutter, den beiden kleinen Brüdern und vielen Hunden schlief, dachte er nur noch daran, dass heute der Tag war, an dem seine Vorbereitungszeit zum Krieger beginnen würde.

Seine Mutter gab ihm an jenem Morgen zum Frühstück aus Gerstenbrot und Milch noch ein besonders großes Stück Honigwabe; Arthmail, der Sechsjährige, und Arthgal, der erst vier Jahre zählte, beobachteten ihn beim Essen mit runden, ehrfürchtigen Augen. Sein Vater ließ ihn einen eigenen Speer aus seinen leichten Wurfspeeren auswählen. Dann zog Beric den Gürtel aus Hirschleder, der seinen Kittel zusammenhielt, fester, nahm den Speer und machte sich auf den Weg.

Er trottete an den Hütten des Dorfes vorbei – niedrige Hütten aus Stein, mit tief gezogenen Torfdächern. Nur der blaue Holzrauch, der wie eine Häherfeder vom Dach jeder Wohnhütte aufstieg, zeigte an, unter welchem Dach sich ein Wohnraum befand, im Unterschied zu den Pferde- und Kuhställen und den Vorratshütten. Beric ging durch das Tor in dem hohen, dornenbewehrten Wall und kam in das Tal hinunter, wo sich die schmalen Ackerstreifen an die windgeschützten Hänge klammerten. Hier, am Rande des windzerzausten Eichen- und Dornenbaumwaldes, der wie eine dunkle Flut aus dem Landesinneren heranbrandete, erstreckte sich ein langer Grasstreifen zum Fluss hinunter, auf dem die Stammesjugend seit jeher ihre Übungen gemacht hatte. Hier standen die Übungspfosten für die zukünftigen Wagenlenker, und seit über zwanzig Jahren lehrte hier der alte Pridfirth die Jungen den Gebrauch von Speer und Wurfspieß.

Ein paar Jungen waren schon dort, als Beric ankam. Sie balgten sich und purzelten wie junge Hunde durcheinander. Pridfirth saß auf einem umgefallenen Baumstamm, ohne sie weiter zu beachten. Die Übrigen trafen kurz nach Beric auf dem Übungsplatz ein. Es war nur eine kleine Schar, alle sehr jung, denn nach dem zweiten Übungsjahr bei Pridfirth kamen die Jungen in die Hände von jüngeren Jägern, deren Glieder noch nicht von vielen Wolfsbissen steif waren.

Pridfirth hatte die Angewohnheit, den Neulingen nach ihren ersten Übungsversuchen zu erklären, dass sie keineswegs an ihre Väter heranreichten. Auch an diesem Morgen ließ er sie erst der Reihe nach ihre Wurfspieße auf eine Zielscheibe aus Stroh werfen, um ihnen dann mitzuteilen, was er von ihnen hielt. Die ganze Zeit über blieb er auf seinem Baumstamm sitzen und ließ die Jungen vor sich antreten, während er ihnen seine Vorhaltungen machte und dabei einen eher bedauernden Ton anschlug. Die etwas älteren Jungen, die das alles schon vom letzten Jahr her kannten, kamen auch und hörten mit Vergnügen zu.

«Eure Väter waren schon keine großen Helden, als sie hier ankamen», sagte er, «aber sie haben wenigstens gewusst, wozu ein Wurfspieß da ist. Ihr dagegen!» Und dann fuhr er fort, ihnen in allen Einzelheiten ihre Fehler aufzuzählen, bis sie rot wurden und vor Verlegenheit mit den Füßen zu scharren begannen. «Doch da der Stamm ja keine Jäger mehr haben wird, wenn ich nicht irgendetwas aus euch mache», schloss er erschöpft, «werden wir jetzt anfangen.»

Und dann fingen sie an. Die älteren Jungen warfen ihre Wurfspeere auf vier neue Strohscheiben – eine war rot gestrichen, eine schwarz, eine grün und die vierte hatte ihre natürliche Strohfarbe behalten. Pridfirth rief ihnen immer erst im letzten Augenblick die Farben zu, sodass sie nie vorher wussten, auf welche der vier Scheiben sie zielen sollten. Die Neulinge dagegen hatten nur eine einzige Scheibe zur Verfügung, und an jenem ersten Tag kamen sie fast nie dazu, auch nur darauf zu zielen; zuerst mussten sie lernen, wie sie stehen und wie sie vorschnellen sollten und in welchem Augenblick sie den Wurfspieß loszuschleudern hatten, damit Schwung und Wurf zu einer vollendeten Bewegungskurve wurden. Alle waren zwar schon mit den Waffen ihrer Väter vertraut, seit sie überhaupt stehen konnten, aber einen eigentlichen Unterricht im Umgang mit den Waffen hatten sie noch nicht erhalten, bis auf das, was sie den Älteren abgeschaut hatten. Einige brauchten länger als die anderen, um zu begreifen, worauf es bei den Übungen ankam. Aber Pridfirth hatte viel Geduld und zeigte es ihnen immer wieder von Neuem. «Stell den Fuß weiter vor; so – jetzt beug dich vor und wirf. Das war schon besser! Und jetzt noch einmal. Nein, nein, mein Kind, du darfst das Ding nicht von dir wegschleudern, als wäre es eine Hornisse; schön weich und sanft, habe ich gesagt … Es genügt nicht, wie ein Baumstumpf dazustehen und mit einem Arm zu werfen! Du und dein Spieß, ihr seid ein einziger Bogen, der sich vom großen Zeh bis zur Speerspitze spannt. Versuch's noch einmal!»

Beric beobachtete, lauschte, gehorchte und strengte sich an, wie er sich nie zuvor in seinem Leben angestrengt hatte, und gegen Ende des Unterrichts hatte er tatsächlich schon einen Eindruck davon gewonnen, worauf alle diese Übungen abzielen. Das machte ihn glücklich.

Doch nach dem Unterricht, als Pridfirth seinen eigenen Geschäften nachging, verwandelte sich Berics vertraute Umgebung mit albtraumhafter Geschwindigkeit in eine verräterische, fremde Welt.

Es begann damit, dass er von seinem Gürtel aufblickte, den er gerade lockerer geschnallt hatte, und sich unvermutet von einigen Jungen mit höhnischen, feindseligen Gesichtern umgeben sah.

«Der tüchtige Beric, wie er sich angestrengt hat!», sagte einer von ihnen.

«Und dabei ganz umsonst! Das weiß doch jeder, dass Rothelme auf der Jagd weniger taugen als Kühe!», sagte ein anderer.

«Rothelm!», rief ein Dritter, worauf auch die Übrigen in das Geschrei einstimmten: «Hahaa! Rothelm! Warum kehrst du nicht zu deinem eigenen Volk zurück?», und ihn anrempelten und stießen.

Beric trat ihnen leicht keuchend entgegen. Sein Leben lang hatte er mit diesen Jungen, seinen Stammesbrüdern, gespielt, gekämpft und sich mit ihnen gebalgt, ohne dass sie je darüber nachgedacht hatten, ob er einer von ihnen sei oder nicht. Doch seit jenem Abend vor zwei Nächten war alles anders. Beric wusste jetzt, was Ffion gemeint hatte, als er sagte: «Wenn er sich nach dieser Nacht unter den anderen behaupten kann, wird er ein Krieger werden, der es wert ist, zu unserem Stamm zu gehören.» Ihm war ganz klar, was jetzt eben geschah. Oft genug hatte er beobachtet, wie sich die Meute auf einen fremden Hund stürzte oder auf einen, der verletzt war oder sich sonst irgendwie von den Übrigen unterschied.

Cathlan, ein Junge aus dem zweiten Übungsjahr, drängte sich durch den Haufen und verpasste Beric wie unbeabsichtigt einen Schlag auf den Kopf. «Wir brauchen keine aufgeblasenen kleinen Rothelme in unserer Speerbruderschaft», bemerkte er.

Beric taumelte unter dem heftigen Schlag, in seinen Ohren dröhnte es, dann kam er wieder zu sich.

«So, das braucht ihr nicht? Ihr werdet aber einen bekommen!», schrie er und schlug Cathlan mit aller Kraft auf den Mund.

Ein lang gezogenes Keuchen stieg aus der umgebenden Schar auf, und Beric, der auf Cathlans Gesicht Überraschung und Wut sah, erwartete, dass die ganze Horde im nächsten Augenblick wie eine Hundemeute über ihn herfallen würde. Doch der Ansturm blieb aus, und als Cathlan sich auf ihn stürzte, merkte Beric, dass die anderen etwas zurückgewichen waren und einen offenen Platz um sie gebildet hatten. Demnach erwarteten sie einen Zweikampf zwischen dem Fremden und dem erklärten Helden der kleinen Gruppe.

Cathlan war ein Jahr älter als Beric und viel größer und

kräftiger als er; außerdem war er ein berüchtigter Kämpfer, wogegen Beric sich noch nie im Ernst geprügelt hatte. Jetzt jedoch kämpfte er im Ernst, er kämpfte ganz bewusst um seinen Platz im Stamm. Er kämpfte wie eine Wildkatze, schlug wild und heftig zu, ohne sich vor den harten Schlägen zu schützen, die auf ihn niederprasselten. Ringsum wurde gebrüllt und gekreischt, die Stimmen wurden immer schriller, die Erregung der Zuschauer wuchs – doch inmitten des Geschreis kämpften Beric und Cathlan in keuchendem Schweigen. Sie lagen jetzt auf dem Boden, ein einziges Knäuel aus wirbelnden, strampelnden Armen und Beinen, und droschen mit kurzen, harten Schlägen aufeinander ein. Dann – Beric wusste selbst nicht genau, wie es kam – lag Cathlan plötzlich zuunterst. Sein sommersprossiges Gesicht war völlig zerschrammt und verschmiert, als er finster zu Beric aufblickte; sein Mund war fest zugepresst, und er schnaubte wie ein Hengst durch geblähte Nüstern, während er sich verzweifelt wand, um wieder hochzukommen. Schluchzend und halb erstickt klammerte Beric sich an ihm fest. Aus seiner Nase troff Blut auf das wütende Gesicht des anderen Jungen unter ihm. Ihm war übel, und er glaubte, sein Herz müsse zerspringen. Er biss jedoch die Zähne zusammen und packte mit einer letzten übermächtigen Anstrengung den Kopf seines Feindes und schlug ihn auf den festgetretenen Boden.

Er sah, wie der Zorn im Gesicht des anderen dem Ausdruck stumpfer Leere wich, und spürte, wie der Körper unter ihm erschlaffte. Noch ein letztes Mal schlug er Cathlans Kopf auf den Boden, dann taumelte er auf die Füße und starrte, den Handrücken unter die tropfende Nase gepresst, auf seinen gefallenen Feind hinab. Cathlan blieb ein paar Herzschläge lang liegen, dann kam er langsam auf die Beine und fuhr sich mit der Zunge über die aufgeplatzte Lippe. Die beiden Gegner standen einander lange schwer atmend gegenüber, bis Beric sich endlich umdrehte und mit hoch erhobener blutender Nase davonging. Die stumme kleine Zuschauermenge wich mit neuem Respekt vor ihm zurück.

Ohne nach rechts oder links zu blicken, begab sich Beric zum Eichenwald hinauf und über den kahlen Bergrücken zu den Zuchtstuten hinüber, die dort mit ihren wollhaarigen Fohlen weideten; er ging immer weiter, bis auf die äußerste Spitze der Landzunge hinaus. Dort, wo nur zwei Schritte genügt hätten, um ihn in die westliche See hinabstürzen zu lassen, warf er sich am Felsrand ins struppige Gras.

Seit er in der Lage war, allein den steilen Felspfad hinunterzuklettern, waren die Felsen unten am Robbenstrand einer seiner Lieblingsplätze; doch hier hinaus zur Landspitze kam er nur selten, da er wusste, dass sein Vater Cunori ihn nach dem großen Sturm zwischen den Felsen unterhalb der Landspitze gefunden hatte, und da dieser Ort ihm ein Gefühl der Unsicherheit einflößte, als wäre er ein schwacher Punkt im Umkreis seiner vertrauten Umgebung, durch den eine andere Welt über ihn hereinbrechen könnte. Heute jedoch trieb ihn ausgerechnet jenes Gefühl her, das ihn sonst von hier fernhielt. Alles kam ihm so seltsam und verwirrend vor.

Er fühlte einen Schmerz im Magen, der nicht von Hunger herrührte; einen völlig unbekannten Schmerz, den er nicht zu deuten wusste. Die anderen Jungen würden ihn jetzt in Ruhe lassen, das wusste er; und dennoch fühlte er die ganze Verzweiflung eines Ausgestoßenen in sich aufsteigen. Er hatte seinen ersten Kampf gewonnen und empfand herbe, bittere Genugtuung darüber. Und dennoch hatte er Angst, denn plötzlich waren Dinge vor ihm aufgetaucht, von denen er bisher nicht einmal geträumt hatte, und der feste Boden, auf dem seine Welt ruhte, war unter seinen Füßen ins Schwanken geraten. Er war auf die ganze Welt wütend, ohne genau zu wissen, warum; er fühlte sich verloren, erschüttert und verwirrt, seine Wunden brannten, und das alles verschlang sich zu einem harten Knoten, der nun in seinem Magen schmerzte.

«Ein großer Stein liegt in meinem Bauch», rief er den kreischenden Möwen zu, «und ich verstehe es nicht, ich verstehe es nicht!»

Er bemerkte das getrocknete Blut auf seinem Handrücken und leckte es ab; es schmeckte salzig und unter dem Salz leicht süßlich. Lange Zeit lag er so auf dem Bauch und blickte hinab. Ein träger Wind strich über die trockenen Köpfe der Strandnelken auf den Felsabsätzen, fuhr seufzend durch das struppige Gras an Berics Ohr und erzeugte dabei einen klaren, hohen, beinahe singenden Ton, der über dem sanften, feuchten Brausen der unermüdlichen Brandung erklang. Auch die See war träge, weit draußen brachen sich die langsamen, immer wiederkehrenden Wellen, und Schaum umspülte verspielt die schwarzen Felsen und die schmalen Kiesstrände. Beric beobachtete das hereinströmende Wasser, sah, wie es über den Untiefen grün wurde, schäumte, sprudelte und sprühte, wie es aufklatschte und dann sanft auf sich selbst zurückschlug, wenn es auf die glatten Felsoberflächen prallte, auf denen es weiße Schaumfäden zurückließ; wie es dann mit einem schrillen Rauschen über den Kies zurückströmte, um sich mit der nächsten Welle zu vereinigen – und mit der nächsten – und mit der nächsten … Manchmal strich der Flügel einer Möwe unterhalb des Felsrandes vorbei; einmal waren es sogar die graublauen Schwingen eines Wanderfalkens, dessen Horst mit zwei Jungen darin auf einem der Felsabsätze lag. Aber Beric schenkte ihm keine Beachtung. Der Stein in seinem Magen lag zwischen ihm und den Dingen; außerdem musste er über zu vieles nachdenken.

Über seine wirklichen Eltern zum Beispiel. Er hatte kaum je über seinen eigenen Vater nachgedacht, da Cunori immer da gewesen war und diesen Platz für ihn ausgefüllt hatte, und über seine eigene Mutter hatte er schon gar nicht nachgedacht, da es ihm einfach unmöglich war, sich eine andere Mutter als Guinear vorzustellen. Doch jetzt dachte er über sie nach, während er die trägen kleinen Wellen, die sich schäumend zwischen den schwarzen Felsen hindurchwanden, beobachtete. Und plötzlich wurde ihm klar, dass seine Eltern nicht nur irgendwelche Personen aus einer Erzählung waren, sondern wirkliche Menschen, auch wenn er nichts über sie wusste, außer dass sein Vater wie ein Soldat ausgesehen und seine Mutter goldbraunes Haar gehabt hatte. Die beiden gehörten zu ihm, und er gehörte zu ihnen.

Eine leichte Bewegung neben ihm ließ ihn aufschauen. Ein paar Schritte entfernt hockte sich Cathlan gerade hin.

Beric rollte auf den Rücken und setzte sich dann hin, bereit, den Kampf notfalls noch einmal aufzunehmen. So saßen sie beide da und sahen sich an. Cathlans Gesicht war blutverschmiert, und er war über und über mit blauen Flecken bedeckt; aber er sah nicht so aus, als wäre er gekommen, um einen neuen Kampf zu beginnen. Auf seinem zerschrammten Gesicht lag ein seltsamer Ausdruck – der Ausdruck sorgfältig gespielter Gleichgültigkeit.

«Warum bist du hergekommen?», fragte Beric mit dünner, heiserer Stimme.

«Es ist heiß», erwiderte Cathlan, «und ich bin voller Blut. Ich wollte hier baden.»

«Im Fluss beim Übungsplatz gibt es auch Wasser.»

«Zu voll», entgegnete Cathlan naserümpfend. «Da planschen all die anderen herum, und außerdem bade ich am liebsten im Meer.»

«Dann geh und bade im Meer!»

«Hmpf!», grunzte Cathlan unbeteiligt und starrte nachdenklich zu einer Möwe hinauf, die über ihn hinwegstrich. «Komm doch mit zum Baden an den Robbenstrand hinunter», schlug er dann vor.

«Ich will nicht baden.»

«Komm schon», sagte Cathlan, tat aber immer noch sehr gleichgültig. «Du bist doch genauso blutig wie ich, und deine Nase ist ganz verschmiert.»

«Dein Mund sieht wie eine Brombeere aus», bemerkte Beric.

Cathlan begann zu grinsen, ließ es aber gleich wieder bleiben, als er merkte, dass es wehtat. «Ich weiß. Es war ein guter Kampf.»

Wieder schwiegen sie, doch diesmal war es ein ganz anderes Schweigen.

«Ja», sagte Beric schließlich erstaunt. «Ja.»

«Ich wette, in ganz Dumnoni gibt es keine besseren Kämpfer als dich und mich», sagte Cathlan mit tiefer Befriedigung. «Komm, jetzt gehen wir baden.»

Sie sprangen auf, rannten die Landzunge zurück, zogen sich im Laufen ihre Kittel aus und kletterten zu den flachen Felsen hinunter, wo die grauen Seehunde sich bei Ebbe zu sonnen pflegten. Dort setzten sie sich in die sanft schaukelnden, schaumgesäumten Wellen und wuschen sich gegenseitig gründlich ihre Wunden sauber.

Von jenem Tag an jagten Beric und Cathlan miteinander.

Der Ausgestoßene

Sechs Jahre lang wurde Beric mit den anderen Jungen seines Stammes zum Krieger und Jäger erzogen und auch ein wenig zum Bauern, obgleich Vieh und Acker meistens der Obhut der Frauen überlassen wurden. Er lernte, mit Pferden und Hunden umzugehen, mit Schwert und Speer und dem mannshohen Stammesbogen. Er lernte, einer drei Tage alten Spur zu folgen, als wäre es ein ausgetretener Pfad. Und genau wie der übrige Stamm vergaß er nach und nach beinahe ganz, dass er einst um sein Recht, in ihrer Mitte sein zu dürfen, hatte kämpfen müssen.

Als er zwölf Jahre alt war, warf Ken, die schöne gescheckte Hündin, Welpen, deren Vater Bran war, und Cunori schenkte Beric den besten Welpen des ganzen Wurfes als eigenen Jagdhund. Beric nannte den Welpen Gelert und opferte monatelang jeden freien Augenblick, um ihn abzurichten. Als Gelert ein Jahr und der Junge dreizehn war, hatte Beric mindestens so viel gelernt wie der Hund, und beide waren so vollkommen aufeinander abgestimmt, wie ein guter Jäger und sein Hund es sein sollen.

Und dann war endlich die fünfzehnte Ernte seines Lebens eingeholt, das Fest der Neuen Speere wurde vorbereitet, der Zeitpunkt war da, an dem Beric seine Waffen erhalten und ein Mann werden würde. Mit seinen fünfzehn Jahren war er kleiner und stämmiger als seine Kameraden, seine Hände und Füße waren schlanker, doch weder sein kantiges braunes Gesicht mit den aufgeweckten, klaren Augen und dem wohlgeformten Kinn noch seine bräunliche Hautfarbe unterschieden ihn von seinen Kameraden, ganz im Gegensatz zu den anklagenden Behauptungen Istoreths vor sechs Jahren. Viele Völker hatten zur Entstehung des Römischen Reiches beigetragen, und wenn römisches Blut in seinen Adern floss, dann ohne Zweifel auch keltisches. Als er in dieser lang ersehnten Nacht der Neuen Speere inmitten seiner Altersgenossen stand, verschwendete er ganz gewiss keinen Gedanken auf irgendwelche möglichen Unterschiede zwischen sich und den anderen. Seine Gedanken wanderten zu jenem anderen Fest der Neuen Speere vor sechs Jahren zurück, zu dem kleinen Jungen, der sich so auf jenes Fest gefreut hatte, und zu all den darauf folgenden Ereignissen. Doch das waren für ihn nun alte, unerfreuliche Dinge, die nichts mit der Gegenwart zu tun hatten. Die Gegenwart war gut, und die Zukunft würde ebenfalls gut werden, die Zukunft, in der er und Cathlan groß und berühmt werden würden, zwei Jäger und Krieger, die im Stamm ihresgleichen suchten.

Doch die Zukunft, die Beric in dieser Nacht so geradlinig und glänzend erschien wie der weiße Eschenschaft seines neuen Kriegsspeeres, sollte sich ganz anders gestalten.

Schlimme Monate folgten auf seine Aufnahme in die Gemeinschaft der Männer, schlimme Monate für das Dorf und für den ganzen Stamm. Die Ernte, von Sommerstürmen vernichtet, war mager ausgefallen, und den ganzen Herbst und den stürmischen, nassen Winter über war die Jagd schlecht. Als die Lammzeit kam, wurden viele Lämmer tot geboren, und oft starben auch die Mutterschafe, wie das manchmal in besonders verregneten Zeiten vorkam. Kurz nach dem Jahreswechsel wurde einer der besten Jäger des Dorfes von einem Eber getötet. Der Frühling kam plötzlich und vor der Zeit, brachte jedoch keine Besserung, sondern Fieber.

Als das Fieber sich ausbreitete, begann Beric zu bemerken, dass die Dorfbewohner hinter ihm herschauten und flüsterten. Anfangs glaubte er, er bilde sich das nur ein oder falle womöglich selbst dem Fieber zum Opfer, doch bald musste er einsehen, dass das nicht der Fall war. Die Männer zogen sich bei ihren Versammlungen ein wenig von ihm zurück. Nur sein Vater Cunori und Rhiada, der Harfenspieler, schienen von dem allgemeinen

Unbehagen unberührt geblieben zu sein, ebenso wie Cathlan, der Beric unbeirrt zur Seite stand und dabei mit funkelnden Augen besonders trotzig dreinschaute, etwas, das Beric noch mehr schmerzte als die abweisende Haltung der anderen. Einmal sah er, wie eine Frau das Zeichen gegen Unheil machte, als er an ihr vorbeiging. Er brauchte sich nicht erst lange zu fragen, was das alles zu bedeuten habe, denn im tiefsten Inneren wusste er es bereits, und wenn er an den Kampf mit Cathlan vor sechs Jahren dachte, an die feindseligen Gesichter der anderen Jungen, die ihn umringt hatten, und an die Hundemeute, die sich gegen den Fremden in ihrer Mitte wandte, wurde ihm eisig kalt. Doch vordergründig konnte er nicht glauben, dass eine Wiederholung dieser Ereignisse möglich wäre – ihm konnte das doch nicht geschehen, nicht durch die Hände seiner Brüder.

Es war Merddyn, der die Saat des Unheils ausgesät hatte, Merddyn, der Druide, der schon seit vielen Jahren tot war. Merddyn hatte prophezeit, dass der Zorn der Götter die Dorfbewohner heimsuchen werde, weil sie einen von der verwünschten Brut, die ihre heiligen Stätten verwüstet und ihre Priester niedergemetzelt hatte, in ihrer Mitte aufgenommen hatten. Damals hatten sie seinen Worten nur wenig Beachtung geschenkt, da der Alte ja irre war. Als er starb, hatten sie alles vergessen, und vor sechs Jahren hatten sie sich nur schwach daran erinnert. Jetzt stieg die Erinnerung jedoch klar und deutlich in ihnen auf, wie ein aufkommender Wind durch hohes Gras huschte sie vom einen zum anderen hin und her. Sie sahen sich an und entdeckten die Erinnerung in den Augen ihres Gegenübers, und Istoreth, der seinen Groll auf Cunori nicht vergessen hatte, wurde nicht müde, die Flamme der Erinnerung anzufachen, sooft sie zu verlöschen drohte, und sorgte dafür, dass sie wuchs und immer kräftiger wurde.

Eines Abends gegen Ende des Frühjahrs kam Beric verspätet zum Abendessen, das seine Mutter ihm jedoch immer warm zu halten pflegte. Er fand Guinear allein in der Hütte, die Hände müßig im Schoß, etwas, das selten bei ihr vorkam. Sie schaute rasch auf, als er eintrat, und beim Anblick ihres weißen, angespannten Gesichtes blieb er auf der Türschwelle stehen, während Gelert sich an ihm vorbeidrängte und zum Feuer hinübertrottete.

«Ist etwas geschehen, Mutter?», fragte er, von plötzlicher Angst erfasst. «Wo sind Vater und die Kleinen?»

«Ich habe Arthmail und Arthgal für eine Weile zu meiner Schwester geschickt», sagte sie tonlos. «Dein Vater ist bei den übrigen Männern am Ratsfeuer. Hast du sie denn nicht gesehen, als du vorbeigingst?»

Er schüttelte den Kopf. «Ich bin oben auf dem Hügel gewesen und habe das schwarze Fohlen ausprobiert, daher kam ich durchs obere Tor herein. Ich laufe gleich zu ihnen hinunter –»

«Nein!», schrie seine Mutter auf und fügte dann etwas ruhiger hinzu: «Iss zuerst dein Abendessen. Ich halte es schon lange für dich warm. Schau nur, es ist dein Lieblingsgericht – Wildbret mit Kräutern.» Mit diesen Worten nahm sie eine dampfende Schüssel aus der heißen Asche und schob Gelerts vorwitzige Schnauze beiseite.

Beric rührte sich nicht von der Türschwelle. Seine Kehle war plötzlich wie ausgetrocknet. «Diese Versammlung – hat sie etwas mit mir zu tun?»

Seine Mutter zögerte. Sie blickte zuerst in die Schüssel und sah ihm dann ins Gesicht. Sie erhob sich, die Schüssel, die sie offensichtlich ganz vergessen hatte, immer noch in den Händen, und kam zu ihm an den Eingang.

«Es hat mit dir zu tun.»

«Ich werde hinuntergehen und meinen Platz einnehmen.»

«Nein. Du musst warten, bis du gerufen wirst.»

Er ging an ihr vorbei und setzte sich unglücklich ans Feuer. «Sie glauben, ich sei daran schuld, dass die Lämmer dieses Jahr alle gestorben sind und dass die Seuche gekommen ist», sagte er. «Das weiß ich ganz genau.»

Seine Mutter folgte ihm mit der Schüssel. «Beric, mein kleiner Wolf, versuch etwas zu essen. Du hast doch gewiss Hunger.»

Er nahm die Schüssel und versuchte zu essen, aber obwohl er vor kurzem noch großen Hunger gehabt hatte, brachte er jetzt kaum etwas herunter. Während er noch in der Schüssel herumstocherte, fiel ein Schatten in den Eingang und Cunori trat ein.

Beric sprang so heftig auf, dass die Schüssel umfiel, und starrte seinen Vater mit angehaltenem Atem an. Es war ihm widerlich zu bemerken, dass Cunori seinem Blick auswich. Die Stille lastete schwer zwischen ihnen.

«Ich muss also mit dir zum Ratsfeuer gehen?», fragte Beric schließlich.

Cunori nickte und sah dabei den Hunden zu, die an ihm vorbeidrängten, um in den Binsen nach den verstreuten Fleischbrocken zu schnuppern. Dann hob er den Kopf und warf Beric einen seltsamen Blick zu, einen Blick voller Verwirrung, Zorn und Scham. «Nimm deine Waffen mit, mein Sohn.»

Wortlos drehte Beric sich um und nahm seinen mit Reiherfedern geschmückten Kriegsspeer und seinen stolzen Bronzeschild von ihrem Platz im Schatten. Er fühlte sich wie betäubt, wie nach einem harten Schlag. Im tiefsten Inneren hatte er gewusst, dass dies kommen würde, aber irgendwie war es ihm gelungen, dieses Wissen vor sich selbst zu verbergen, weil es zu schrecklich war, es sich einzugestehen. Und jetzt war es eingetreten.

Immer noch schweigend und ohne einen einzigen Blick für seine Mutter, die wie erstarrt neben dem Herd stand, drehte er sich um und folgte seinem Vater hinaus in die Dämmerung. Am Eingang blieb er kurz stehen, um Gelert zurückzuscheuchen, der ihm nachlaufen wollte, dann ging er weiter.

Den Speer in der Hand, den Schild auf der Schulter, schritt er auf den Feuerschein zu, der zwischen den dicht gedrängten Hütten hindurchschimmerte. Als er auf den großen Dorfplatz hinaustrat, schien das ganze Dorf dort versammelt zu sein. Die Männer mit ihren Hunden saßen um das Ratsfeuer, und hinter ihnen, außerhalb der unmittelbaren Reichweite des Feuerscheins, drängte sich eine schattenhafte Menge im Dämmerlicht, in der er die Frauen und Jungen wusste. In tiefem Schweigen machten sie ihm Platz, und auf einen Wink seines Vaters hin ging Beric an ihnen vorbei, die breite, feindselige Gasse entlang, die sich vor ihm öffnete, und betrat den hellen Kreis um das Feuer. Genau wie damals vor sechs Ernten blieb er vor dem Häuptling stehen.

Schon einmal hatte er dies miterlebt, als ein Jäger die Stammesgesetze gebrochen hatte – der Angeklagte, der mit seinen Waffen hier vor dem Platz des Häuptlings stand und das Urteil seiner Speerbrüder erwartete. Fiel das Urteil zu seinen Gunsten aus, würde er das Ratsfeuer mit seinen Waffen verlassen, so wie er gekommen war; sah das Urteil dagegen seinen Tod oder seine Vertreibung vor, musste er die Waffen neben das Ratsfeuer legen, da er sein Anrecht darauf verloren hatte.

«Auf Wunsch des Rates habe ich Beric, meinen Pflegesohn, mitgebracht», hörte er Cunori hinter sich sagen.

Der Häuptling blickte auf, fuhr aber fort, seinen Lieblingshund zu kraulen, dessen Kopf auf seinem Schenkel ruhte.

«Weiß Beric, dein Pflegesohn, weshalb er hier erscheinen muss?»

«Ja, das weiß er.»

«Dann brauche ich wohl nicht mehr viel zu sagen.» Der Häuptling ließ seinen Blick über die vom Feuer beleuchteten Gesichter wandern. «Seht ihn euch genau an, diesen Beric aus dem Haus des Cunori; seht ihn euch genau an und sagt dann ein für allemal – wie lautet euer Urteil?»

«Ja, seht nur genau hin!» Istoreth beugte sich in den Feuerschein vor und deutete halb spöttisch, halb in bitterem Ernst auf Beric. «Seht ihn euch an, wie er in eurer Mitte steht! Sieh ihn dir an, Cunori, Sohn des Cuthlyn, der du ihn zu uns gebracht hast und mit ihm sogleich unser aller Unheil! Was hat Merddyn, der Druide, an jenem Tag prophezeit, als du den Jungen aus dem Meer holtest? Unheil und Not und den Zorn der Götter für das Dorf, ja, für den ganzen Stamm, wenn du ein Junges der Rothelme in unsere Mitte brächtest. Merddyn hat dich gewarnt, hat euch alle gewarnt, aber ihr wolltet ja nicht hören, und jetzt habt ihr die Folgen! Magere Ernten und tote Mutterschafe, schlechte Jagd und Seuchen!» Sein Blick wanderte von einem Gesicht zum anderen, seine Lippen waren wütend verzerrt, seine dunklen Augen funkelten im Feuerschein. «Bevor es zu spät ist, bevor noch größeres Unheil den Stamm heimsucht, müssen wir ihn vertreiben! Wir müssen ihn vertreiben, sage ich, damit er den Zorn der Götter mitnimmt und die guten Zeiten zurückkehren!»

Rings um das Feuer erhob sich heftiges zustimmendes Gemurmel. Hinter sich hörte Beric Cunoris Stimme in wütendem Protest:

«Häuptling Amgerit, du, der du auch mein Bruder bist, gibt es denn keine Gerechtigkeit mehr im Stamm? Mein Pflegesohn Beric hat nichts Schlechtes getan, er hat die Stammesgesetze befolgt und hat sich nichts zuschulden kommen lassen, weshalb du ihn verstoßen müsstest!»

«Das alles hast du schon früher gesagt und oft wiederholt, Cunori, mein Bruder.» Der Mund des Häuptlings unter den herabhängenden roten Schnurrbartspitzen war grimmig zusammengepresst. «All das ist uns wohlbekannt. Wir vertreiben Beric auch nicht, weil er etwas Schlechtes getan hat, sondern wegen dem, was er ist – wegen des Blutes, das durch seine Adern fließt, das nicht unser Blut ist und das den Zorn unserer Götter auf uns herabgezogen hat. Auch das haben wir schon mehrmals ausgesprochen.»

Ja, alles war schon gesagt worden, dachte Beric düster in der kurzen Stille, die auf diese Worte folgte – alles, was es dazu zu sagen gab, war immer wieder durchgesprochen worden.

Jetzt war alles aus, sie würden ihn ausstoßen. Er sah sich in dem dicht gedrängten Kreis der Krieger um, deren erbitterte Gesichter ihm im Licht der tanzenden Flammen zugewandt waren. Vor Entsetzen wie betäubt blickte er vom einen zum anderen. Er kannte kein anderes Leben als das Leben in ihrer Mitte. Sie waren seine Welt; selbst wenn seine Mutter Guinear ihn oben in ihrer Hütte zur Welt gebracht hätte, hätten diese Männer nicht enger zu ihm gehören können. Er betrachtete sie alle als seine Verwandten, wenn auch nicht dem Blute nach – die jungen Männer, die mit ihm gejagt, und die alten, die ihn all ihr Wissen gelehrt hatten. Und jetzt stießen sie ihn aus, ohne Grund – denn zum Glück kam es Beric gar nicht erst in den Sinn, zu fragen, ob er tatsächlich den Zorn der Götter auf sie herabgezogen haben könnte.

Der Feuerschein zeigte ihm jedoch zwei Gesichter, die sich von den übrigen unterschieden: Cathlans Gesicht mit weit aufgerissenen, heiß glänzenden Augen, und das Gesicht von Rhiada, dem Harfenspieler, der zu Füßen des Häuptlings auf seinem Hirschfell saß. Rhiadas Mund war zu einem bitteren Ausdruck verzogen, als hätte er in eine Schlehe gebissen. Wie man es anderen Menschen an den Augen ablesen konnte, was sie dachten, so konnte man Rhiadas Gedanken an seinem Mund ablesen. Diese beiden hatten für ihn gekämpft, aber was konnten sie schon vorbringen? «Er hat die Gesetze nicht gebrochen», hätte Rhiada sagen können, genau wie sein Vater Cunori. Und Cathlan hätte anbringen können: «Beric ist mein Freund, er hat mich im letzten Winter vor einem Wolf gerettet.» Sonst hatten sie nichts vorzubringen, und das alles war nutzlos. Wenn der alte Ffion nicht gestorben wäre, hätte sich wohl noch eine zusätzliche Stimme für ihn erhoben, doch auch das hätte nichts geholfen.

Wieder lief Gemurmel durch die Menge, gedämpft zwar, aber umso nachdrücklicher, und mit jedem Augenblick wurde es heftiger:

«Stoßt ihn aus!»

Rhiada warf den Kopf zurück. «Selbst wenn er nicht durch Geburt von unserem Blute ist, hat ihn die Aufnahme in die Speerbruderschaft nicht als zweite Geburt in unser Volk, in unseren Stamm, in unsere Dorfgemeinschaft der Männer aufgenommen? Wir nennen uns ein freies Volk; sollte ihm nicht wenigstens die Freiheit zugestanden werden, in dieser Angelegenheit für sich selbst zu sprechen?»

«Nun denn, so lasst ihn sprechen», sagte der Häuptling nach kurzer Überlegung.

Vor sechs Ernten hatte Beric sich am selben Platz verteidigt, hatte um seinen Platz im Stamm gekämpft und gewonnen. Doch nun wusste er, dass die Zeit zum Kämpfen vorbei war. Er machte eine kleine, hoffnungslose Geste. «Oh, ihr meine Stammesältesten, meine Speerbrüder, ihr, mit denen ich von Kindesbeinen an gekämpft und gejagt habe, was gibt es für mich noch zu sagen, was mein Vater – mein Pflegevater – nicht schon gesagt hätte? Ich habe die Stammesgesetze nicht gebrochen, da ich in dem Glauben lebte, sie wären auch meine Gesetze. Hier auf meiner Schulter trage ich die Narben von den Zähnen eines Wolfes, die ich mir vor drei Monaten zuzog, als ich eure Lämmer verteidigte. Ich bin in allen Dingen immer einer von euch gewesen, habe nie an ein anderes Volk gedacht. Wenn die Rothelme uns angegriffen hätten, hätte ich mit euch gekämpft, um sie zurückzuwerfen. Ich wäre ohne zu fragen mit euch gestorben, da ihr zu mir gehört. Schlechte Zeiten sind über den Stamm hereingebrochen, wie es sie ohne Zweifel schon früher gegeben hat und wie sie auch in Zukunft wiederkommen werden, und ihr behauptet, das sei meine Schuld, weil ich ein Fremder bin, und stoßt mich daher aus.» Ein würgendes Schluchzen stieg in ihm auf, das er jedoch zu unterdrücken suchte. «Nun denn: stoßt mich eben aus! Ich werde zu meinem eigenen Volk gehen!»

Ohne auf das laute Stimmengewirr zu achten, das am Ende

seiner Worte losbrach, trat er an den heißen Rand des Feuers und warf den mit Rinderhaut bespannten Bronzeschild klirrend in die weiße Asche. Mit zusammengebissenen Zähnen nahm er seinen mit Reiherfedern geschmückten Kriegsspeer, zerbrach ihn über seinem Knie und warf die Stücke daneben.

Aufrecht und angespannt, als wäre er selbst ein funkelnder Speer im Schein des Feuers, wandte er sich ein letztes Mal an den Häuptling.

«Darf ich noch einmal zur Hütte gehen, um mich von meiner Mutter Guinear zu verabschieden, bevor ich aufbreche?»

Der Häuptling streichelte immer noch den Kopf seines Lieblingshundes. «Du hast Zeit, bis der Mond aufgeht», sagte er.

Beric drehte sich um und schritt durch die Gasse, die sich vor ihm öffnete.

Kurz darauf stand er wieder im Eingang der vertrauten Hütte, die sein Zuhause gewesen war und es nun nicht mehr sein durfte. «Ich habe bis zum Mondaufgang Zeit, um aufzubrechen, Mutter.» Er sprach die Wörter aus, ohne es zu wissen, hörte nur, wie sie in der rauchigen Luft hängen blieben. Guinear musste sie ebenfalls gehört haben, denn sie schrie gellend auf, eilte auf ihn zu und umschlang ihn mit den Armen, als wollte sie ihn zurückhalten.

«Nein! O nein, nein!»

Er ließ sich von ihr zum Feuer ziehen, wo er starr und regungslos wie eine Säule aus grauem Granit stehen blieb, bis sie ihn schließlich mit einem leisen Schluchzen losließ und ihre Arme sinken ließ.

«Sie behaupten, es sei meine Schuld, dass schlimme Zeiten über den Stamm hereingebrochen sind», sagte er tonlos. Verschwommen nahm er wahr, dass Cunori nach ihm in die Hütte eingetreten war und jetzt neben dem Eingang stand und dass Arthmail und Arthgal erschrocken und bedrückt von irgendwoher aufgetaucht waren.

Seine Mutter streckte ihm mit weit aufgerissenen Augen

wieder die Hände entgegen. «Was wirst du tun? Wohin willst du gehen?»

«Ich werde mich zu meinem eigenen Volk begeben», erwiderte Beric.

Nach einem längeren Schweigen sagte seine Mutter mit trockener, brüchiger Stimme: «Du wirst etwas für den Weg brauchen Essen und Geld – warte, ich bringe es dir.»

Er blieb neben dem Feuer stehen und starrte blicklos in die Flammen, indes seine Mutter hin und her eilte, getrocknetes Fleisch und Gerstenbrot holte und es in einem Lederbeutel verstaute. Dann nahm sie einen schlanken Jagdspeer von der Wand, der bei vielen Jagden sein Gefährte gewesen war, brachte einen neuen warmen, dichten Umhang, den sie selbst gewebt hatte, und holte Geld aus einer Kiste in der inneren Kammer.

«Das ist römisches Geld», erklärte sie, als sie es in ein Tuch wickelte und zu dem Proviant in den Lederbeutel steckte. «Dort, wo du hingehst, wirst du Geld brauchen.»

Immer noch stand Beric starr neben dem Feuer, von den verängstigten Buben und den unruhigen Hunden angestarrt, und Cunori stand immer noch neben dem Eingang und blickte hinaus: «Der Himmel färbt sich schon heller. Der Mond wird gleich aufgehen», sagte er, ohne sich umzuschauen. «Bist du bald fertig?»

«Ich bin jetzt fertig», sagte Guinear mit derselben trockenen, brüchigen Stimme. Sie wandte sich wieder Beric am Feuer zu. «Hier hast du Wegzehrung für deine Reise, etwas Geld und einen Speer und einen neuen Umhang zum Warmhalten.»

Er nahm die Sachen entgegen, warf sich den Umhang über die Schultern und wollte gerade die bronzene Schulterspange feststecken, als jemand an Cunori vorbei durch den Eingang drängte. Beric fuhr herum. Cathlan stand mit einem leichten Jagdspeer in der Hand vor ihm.

«Ich befürchtete, dass du schon fort sein könntest», stieß

Cathlan atemlos hervor. «Dies ist mein bester Wurfspeer, du wirst einen Speer brauchen. Nimm ihn, Beric!»

«Ich habe eigene Speere», sagte Beric, «aber ich nehme ihn als Erinnerung an unser gemeinsames Jagen mit. Nimm du den meinen dafür.»

«Was wirst du bei deinem Volk tun?», fragte Cathlan, nachdem die Waffen ihre Besitzer gewechselt hatten.

Beric betrachtete etwas unsicher den Speer in seiner Hand, dann hob er den Blick zu seinem Freund, der ihn ihm gegeben hatte. «Vielleicht gehe ich zu den Adlern.»

Einen Augenblick lang spürte er, dass es Cathlan auf der Zunge lag, zu sagen: «Ich komme mit dir.» Doch der Augenblick verstrich, und Cathlan sagte: «Gute Jagd, mein Bruder.»

«Dir auch», sagte Beric und trat mit ihm an den Eingang.

Kurz spürte er Cathlans Arm hart und schwer auf seinen Schultern, dann verschwand sein Freund ebenso rasch, wie er gekommen war.

«Der obere Rand des Mondes zeigt sich schon über dem Hügel», sagte Cunori.

«Grüße ihn, er möge noch einen Herzschlag lang warten», sagte Beric und wandte sich wieder seiner Mutter zu. «Guinear, meine Mutter, du glaubst doch nicht, dass ich dem Stamm Unheil gebracht habe?»

«Das weiß ich nicht, und das kümmert mich auch nicht.» Guinear hielt ihn fest an sich gedrückt, und sein Kopf ruhte auf ihrer Schulter. «Ich weiß nur, dass du immer mein Sohn gewesen bist, mein kleiner erstgeborener Sohn, und dass ich dich liebe …»

«O Mutter! Mutter!»

«Schick mir Nachricht», flehte sie. «Versuche eine Möglichkeit zu finden, mir eines Tages eine Nachricht zukommen zu lassen!»

«Ich werde dir eine Nachricht schicken, wenn ich meinen Platz in meinem eigenen Volk gefunden habe», versprach Beric.

«Einmal nur, damit du weißt, dass es mir gut geht, und dann nie mehr. Es ist besser, wenn du vergisst, dass jemals drei Söhne an deinem Herdfeuer saßen.»

«Ich werde meinen erstgeborenen Sohn nie vergessen!» Seine Mutter presste ihn noch einmal kurz an sich und schob ihn dann fort. «Mögen Sonne und Mond dir beistehen, mein kleiner Wolf!»

«Und dir, Mutter.» Beric bückte sich, um sein Bündel und den Speer aufzunehmen. Er schüttelte seine weinenden Brüder ab, wehrte den aufgeregten, verwirrten Hunden, die sich um ihn drängten, und bahnte sich seinen Weg zum Eingang. Cunoris Hand legte sich auf seine Schulter und hielt ihn einen kurzen Augenblick lang fest. Beric blickte in das hagere Gesicht, das auf der einen Seite vom warmen Feuerschein beleuchtet war, auf der anderen vom fernen Silberlicht des aufgehenden Mondes, in das Gesicht des rothaarigen Mannes, der sein Vater gewesen war. «Das Fieber lässt schon nach, der Stamm geht wieder guten Zeiten entgegen», sagte Cunori. «Und wenn die guten Zeiten da sind, wird der Stamm alles Vergangene vergessen. Mag sein, dass in ein paar Jahren ...»

Beric schüttelte den Kopf. «Der Stamm hat mich ausgestoßen. Wenn sie das in den guten Zeiten je vergessen sollten, würde es doch nur bis zur nächsten schlechten Ernte dauern. Obwohl du unten am Ratsfeuer für mich gekämpft hast, kannst doch selbst du, mein Vater, nicht behaupten, dass du im tiefsten Herzen davon überzeugt bist, nicht ich sei schuld an der schlechten Ernte und dem Fieber. Oder?»

Einen Augenblick lang wartete er mit der schwachen Hoffnung, sein Vater werde dies verneinen. Doch Cunori war ein ehrlicher Mann.

«Mögen dir die Götter wohlgesinnt sein, Vater», sagte Beric und fühlte Cunoris Hand von seiner Schulter gleiten, als er in die frühe Nacht hinaustrat.

Das Ratsfeuer glomm ersterbend vor sich hin, aber sämtliche

Dorfbewohner waren noch draußen auf dem Platz und am Tor, das durch die Palisaden ins Freie führte. Stumm und feindselig wichen sie vor ihm zurück, sodass eine breite Gasse vor ihm entstand, die er ohne nach rechts oder links zu blicken entlangschritt. Manche begannen Sprüche zum Schutz vor Unheil hinter ihm herzuschreien, dann schlossen sie dicht hinter ihm auf, und er fühlte, wie der Druck ihres Hasses ihn hinausstieß, fühlte diese abweisende Kraft noch viel deutlicher, als er das Rasseln der Speerspitzen auf den Schilden zum Vertreiben der bösen Geister hörte. Aber er ließ sich nicht drängen; aufrecht und mit erhobenem Kopf schritt er ruhig vorwärts, bis er das Tor erreichte. Er trat hinaus, ließ die Palisaden hinter sich und schlug den Pfad zwischen den Rasenhängen und Dornenhecken ein. Die Blüten der Dornenbüsche schimmerten wie Schaumflocken auf einer dunklen Welle durch die Schatten hindurch. Eine Schar junger Krieger drängte sich hinter ihm durch den Torweg und begann ihn unter lautem Wolfsgeheul zu verfolgen. Plötzlich kamen mit bösartigem Pfeifen Steine hinter ihm hergeflogen.

Das Licht des aufgehenden Mondes hüllte ihn ein und machte ihn zu einer verschwommenen Zielscheibe, aber dennoch traf ihn ein Stein an der Schulter, und ein zweiter streifte seine Wange. Er wusste, dass die Steine nicht ihm, Beric, galten, sondern der schlechten Ernte und dem Fieber. «Und doch», dachte er, «Steine hätten sie nicht zu werfen brauchen! Steine nicht!»

Ein erneuter Steinwurf traf ihn voll hinterm Ohr und ließ ihn taumeln. Das Geschrei und Schildgetrommel wurde schwächer; ein letzter Stein landete neben ihm im Gras.

«Steine hätten sie nicht zu werfen brauchen», dachte er dumpf immer wieder von neuem. «Steine hätten sie nicht zu werfen brauchen.»

Wie still die Felder unter den ersten Strahlen des Mondes lagen. Die Erde war freundlich, freundlicher als die Menschen; die vertrauten Felder warfen nicht mit Steinen.

Am Rand des Eichenwaldes begann er langsamer zu gehen, dann schlug er den Wildpfad ein, der nach Osten dem aufgehenden Mond entgegenführte, ostwärts zu seinem eigenen Volk. Er hätte sich nun nach einem Platz zum Schlafen umsehen können, doch als echter Jäger konnte er nachts ebenso gut wandern wie am Tag, und im Augenblick beherrschte ihn nur der eine Gedanke – das Dorf so weit wie möglich hinter sich zu lassen, ehe er anhielt, um sich auszuruhen.

Plötzlich hörte er hinter sich ein Geräusch wie von huschenden Pfoten und ein Rascheln, als schliche etwas geduckt durchs Unterholz. Im selben Augenblick, als er sich, den Speerschaft fest umklammert, nach dem Geräusch umdrehte, schoss ihm Gelert zwischen den Beinen hindurch, umkreiste ihn und stellte sich mit wedelndem Schwanz vor ihn hin und schaute zu ihm auf; der sternförmige Fleck auf seiner Stirn leuchtete silbern im Mondlicht.

Ein einziges Lebewesen aus seinem alten Leben – Gelert, sein Hund – hatte ihm unbeirrt die Treue gehalten und war gekommen, um bei ihm zu bleiben. Das Bewusstsein, seit über einem halben Jahr ein erwachsener Krieger zu sein, das Beric bis jetzt aufrecht gehalten hatte, verließ ihn schlagartig. Er hockte sich auf den Boden, schlang die Arme um den Hals des großen Hundes, vergrub sein Gesicht in dem dichten, struppigen Pelz und begann zu weinen, genau wie Arthmail oder Arthgal es getan hätten, während Gelert ihm unaufhörlich den bloßen Arm leckte. Aber er konnte Gelert nicht in die Legion mitnehmen. Die Rothelme setzten im Kampf keine Hunde ein, so wie das bei seinem Stamm üblich war. Daher richtete er sich nach einiger Zeit wieder auf und zeigte zurück auf den Weg, den er gekommen war. «Nach Hause, geh nach Hause! Heute Nacht jagen wir nicht, Bruder!», sagte er mit belegter Stimme.

Der Hund blieb regungslos stehen. Er blickte unsicher in die Richtung, in die Berics Finger wies, und dann wieder winselnd in das Gesicht seines Herrn.

«Nach Hause», wiederholte Beric und ging weiter. Gelert trottete hinter ihm her.

Beric blieb wieder stehen, bückte sich und drehte den Hund um, mit der Schnauze zum Dorf hin.

«Nach Hause!», befahl er. «Los! Nach Hause, Bruder!» Er unterstrich seinen Befehl mit einem Klaps auf das gescheckte Hinterteil.

Gelert zögerte immer noch einen Augenblick lang, dann trottete er ein paar Schritte zurück, um gleich darauf wieder mit erhobener Pfote stehen zu bleiben und sich umzuschauen. Aber Beric zeigte immer noch in dieselbe Richtung. «Nach Hause! Geh nach Hause!»

Mit gesenktem Schwanz machte sich Gelert davon.

Beric blieb mitten auf dem Pfad stehen und sah ihm nach, bis der letzte Schimmer des gescheckten Fells in dem schwarz-silbernen Schattenmuster des mondhellen Waldes verschwunden war. Dann wandte er sein Gesicht erneut seinem eigenen Volk zu.

Die Männer vom Meer

Drei Tage später stand Beric in der ersten Dämmerung des Frühlingsabends vor dem nördlichen Tor der Stadt Isca Dumnoniorum und beobachtete die wenigen Menschen, die trotz der späten Stunde noch den Torbogen passierten. Zwar wäre er selbst auch am liebsten hindurchgegangen, aber misstrauisch wie ein wildes Tier, das eine Falle wittert, zögerte er noch. Die befestigten Mauern der Grenzstadt sahen unangenehm dick und unüberwindlich aus, als gäbe es kein Entkommen, wenn man sich erst einmal dahinter befände … Aber das waren natürlich törichte Gedanken, er konnte schließlich nicht die ganze Nacht hier stehen bleiben. Ein Mann, der drei mit Ballen beladene Pferde an einem Strick hinter sich herführte, ging an ihm vorbei. Beric straffte seine Schultern und folgte dem letzten Pferd unter dem massiven Torbogen hindurch, an den Männern vorbei, die in ihren ledernen Wämsern, Stahlhauben auf dem Kopf und mit langen Speeren in den Händen dort Wache standen.

Gleich hinter dem Tor blieb er sofort wieder stehen. Dies war also eine Stadt! Eine von seinem Volk erbaute Stadt! Sein erster Eindruck war der von überall vorherrschenden geraden Linien – gerade Mauern und gerade Dachfirste, eine lange Straße, die gerade wie ein Speerschaft vor ihm herlief, bis sie sich im Wirrwarr dunkler Schatten verlor. Und die vielen Menschen! Die wechselnde, eilige, geschäftige, bunte Menge! Verwirrt und verwundert blieb Beric so lange stehen, bis er durch derbe Flüche aus seinem Staunen gerissen wurde und er sich mit einem Satz auf die Seite retten musste, um nicht von einem Maultiergespann über den Haufen gefahren zu werden, das aus einer Seitenstraße herausschoss.

«Bist du taub?», wollte jemand wissen. «Oder nur lebensmüde?»

Mit klingelnden Geschirrglöckchen ratterte das Gespann weiter, und Beric, der langsam wieder zur Besinnung kam, machte sich klar, dass die Mitte einer römischen Straße wohl kaum der geeignete Ort war, um staunend stehen zu bleiben. Also machte er sich ohne länger zu zögern auf den Weg zur Festung, die ja sein eigentliches Ziel hier in Isca Dumnoniorum war und unübersehbar am Ende einer kurzen Seitenstraße hochragte.

Er bog in die Straße ein, blieb aber kurz darauf wieder stehen, da die wenigen Häuser gleich unterhalb des Hügels endeten. Hier blickte er den steilen, steinigen Weg hinauf, der zwischen Gemüsebeeten hindurch zum Festungstor führte. Draußen vor den Stadtmauern hatte er die Festung schon von weitem erblickt, doch da hatte sie nicht ganz so mächtig und eindrucksvoll gewirkt wie jetzt: eine kantige, rote, abweisende Burg, deren Tortürme sich scharf gegen den geflammten Himmel abzeichneten. Er hatte vorgehabt, sich noch an diesem Abend dort hinauf zu begeben und irgendeiner zuständigen Person mitzuteilen, dass er gekommen sei, um sich zu den Adlern zu melden. Aber jetzt war es schon so spät, das Tageslicht schwand rasch dahin, und vielleicht würden sie ihn nach Einbruch der Dunkelheit nicht mehr hineinlassen. In der zunehmenden Dämmerung schien die Festung zu wachsen und oben auf ihrem Hügel leicht bedrohlich zu lauern. Am Morgen würde sie vielleicht weniger gefährlich aussehen. Letzten Endes war es ja gleich, ob er jetzt oder morgen früh hinaufging. Er hatte genügend Geld, um einmal übernachten zu können – das Geld, das Guinear ihm gegeben hatte. Am nächsten Morgen würde er wieder herkommen. Davor wollte er sich noch dieses seltsame und höchst wundervolle Durcheinander anschauen, das eine Stadt ausmachte. Dennoch zögerte er noch, trotz allem halb entschlossen, jetzt noch hinaufzugehen; von den Ereignissen der letzten Tage war er jedoch zu verwirrt und mitgenommen, um zielbewusst an irgendeinem Plan festhalten zu können. Hinter sich vernahm er das An- und Abschwellen des Straßenlärms, Stimmen und knarrende Räder, Hufschläge und Schritte, ein endloses Kommen und Gehen – alles ganz neue, unbekannte Geräusche, die ihn in Erregung versetzten. Dies war der Ort, wo sich die Stämme ein paar Jahre vor seiner Geburt gegen die Adler erhoben hatten. Die übermächtigen Adler hatten die Aufständischen zurückgeschlagen und dabei so viele Krieger getötet, dass sogar heute noch in manchen Grenzstämmen Lücken in der Schar ihrer Krieger waren. Nun, das wenigstens konnten sie nicht ihm zur Last legen, dachte Beric bitter.

Über ihm in der Festung, die dem damaligen Ansturm standgehalten hatte, ertönte eine Trompete, und Beric fragte sich, was das Signal wohl zu bedeuten habe. Morgen würde er es in Erfahrung bringen.

Einstweilen kehrte er in die Stadt zurück. Während er in die Betrachtung der Festung versunken gewesen war, waren in der Stadt hinter ihm viele Lichter aufgeflammt, die jetzt gelb wie lauter Löwenzahnblüten aus offenen Toren oder von Laternen an Straßenecken oder Hauseinfahrten durch die Dämmerung leuchteten. Sie warfen jedes einen Schwall gedämpften Goldes quer über die engen Gassen und durch die vorübereilende Menge und ließen die dazwischen liegenden Schatten noch verschwommener und dunkler erscheinen. Beric bekam allmählich Hunger und fühlte sich sehr müde, mochte aber dennoch weder essen noch schlafen, dazu war er zu rastlos.

Lange wanderte er durch die Straßen der Stadt und kam dabei auch in Stadtteile, die erst zur Hälfte fertig waren und ihn daran erinnerten, dass dies eine junge Stadt war, die sich auf den rußgeschwärzten Ruinen der während des Aufstandes niedergebrannten alten erhob. Er schaute in erleuchtete Läden, in denen Töpferwaren verkauft wurden und Goldschmiedearbeiten, die ihm unsäglich schön erschienen, Lederwaren, Brot und Fleisch. Wie seltsam, dass es Leute gab, die Fleisch kauften, anstatt dafür auf die Jagd zu gehen, dachte er. Ab und zu konnte er einen Blick in erleuchtete Höfe werfen, wo er herumschlendernde oder am Tisch hingelagerte Männer sah und Frauen, die Weinkrüge hin und her trugen. Das mussten jene Weinschenken sein, von denen er schon gehört hatte. In einer Schenke sah er einen Mann sitzen, der neben sich auf der Bank einen großen Helm mit einem roten Helmbusch liegen hatte. Prompt blieb Beric stehen, um ihn ausgiebig anzustarren. Die Soldaten am Stadttor hatten nur Stahlhauben mit einem Buckel an der Spitze aufgehabt; dies war sein erster richtiger Rothelm. Ein- oder zweimal gelang es ihm, einen Blick in das Innere von Wohnhäusern zu werfen und etwas von der kleinen, geborgenen Welt dort drinnen zu erhaschen. Doch jedes Mal wandte er sich rasch wieder ab, da ihm dieser Anblick wehtat, und wanderte weiter, um die Menschen in den Straßen zu beobachten – Männer und Frauen, Briten und Römer, Sklaven und Freie; er nahm Bilder, Geräusche und Gerüche in sich auf, die sich alle zusammen wie eine dichte Schicht über die Wunde in seinem Inneren legten.

Allmählich gelangte er so wieder in das Zentrum der Stadt, wo er am Rande eines offenen, säulengesäumten Platzes stehen blieb, an dessen gegenüberliegendem Ende ein ungeheuer großes Gebäude aufragte. In einer so großen Halle musste gewiss irgendein sehr bedeutender Mann leben. Aber die wenigen hohen Fenster waren nicht erleuchtet, und irgendwie wirkte das Bauwerk leer und verlassen. Vielleicht war der bedeutende Mann auf Reisen und hatte seinen ganzen Haushalt mitgenommen. Jemand blieb neben ihm stehen, um im Licht der Laterne, unter der Beric stand, einen lockeren Sandalenriemen festzuschnüren. Beric drehte sich plötzlich zu ihm um und fragte: «Wer wohnt denn dort drüben?»

Der Angesprochene war ein kleiner Mann mit lustigem Gesicht. Er hatte eine schmutzige Tunika an und eine rote Kappe, die ihm verwegen auf dem Hinterkopf saß. Jetzt richtete er sich auf und starrte Beric mit runden munteren Augen an. Er sah so fassungslos aus, dass Beric zuerst meinte, er verstünde seine Sprache vielleicht nicht. Er wollte seine Frage schon mit größerer Lautstärke wiederholen, als der Mann sagte: «Da drinnen?» wobei er mit dem Daumen auf das riesige Gebäude wies. Er sprach mit jenem ganz besonderen nasalen Tonfall, den Beric später als griechischen Akzent kennenlernen sollte.

«Ja. Es muss doch gewiss ein ganz besonders großer Häuptling sein, der in einem so großen Haus lebt.»

«Bei Zeus!», sagte der Mann und lachte. «Dort wohnt niemand, das ist nämlich die Basilika, und dieser Platz davor ist das Forum.»

«Oh», sagte Beric eingeschüchtert, aber immer noch neugierig. «Und wozu ist das Haus denn da, wenn niemand darin wohnt?»

«Für Geschäfte», erklärte der Mann, «für Geschäfte aller Art, dazu ist es da. Für die Händler, die sich dort treffen, und für alles andere, was sich so in einer Stadt ereignet. Wenn ein Räuber vor Gericht kommt, ein Junge das Mannesalter erreicht oder ein Soldat geehrt wird, wenn die Stadtbewohner eine Versammlung einberufen, um sich über die Kanalisation zu beklagen – all das findet irgendwo auf dem Forum oder in der Basilika statt. Wo kommst du denn her, dass du das nicht weißt?»

Beric zeigte nach Nordwesten. «Von dort drüben, drei Tagesmärsche jenseits der Grenze.»

«Bist also in Geschäften unterwegs, wie? Felle oder Jagdhunde?»

Der Mann schien freundlich gesinnt, und Beric, der sich im Laufe des Abends immer einsamer und verlorener gefühlt hatte, war sehr froh, sich mit jemandem unterhalten zu können.

«Nein», sagte er. «Ich bin hergekommen, um mich zu den Adlern zu melden.»

Der Grieche musterte ihn mit plötzlicher Aufmerksamkeit. «So ein junger Kampfhahn! Und ganz allein?»

Ein düsterer Schatten zog über Berics Gesicht. «Ja, ganz allein.»

«So?» Der kleine Mann mit den Vogelaugen nickte. «Und keine Freunde oder Verwandten in der Stadt? Da wirst du wohl einen recht einsamen Abend hinter dir haben?», grinste er. «Ich selbst bin Seemann und Händler und weiß, wie einem zumute ist, wenn man abends durch eine Stadt läuft, wo man keine Menschenseele kennt und sich kein Mensch für einen interessiert.»

Beric erwiderte das Grinsen und nahm die Wärme einer menschlichen Begegnung ebenso dankbar an wie ein verlorener Hund einen freundlichen Klaps. «Ich hatte eigentlich vor, mich gleich zur Festung hinaufzubegeben, doch es dämmerte schon, als ich ankam, und daher hielt ich es für besser, bis zum Morgen zu warten. Außerdem wollte ich mir noch die Stadt ansehen, aber so ganz allein macht das keinen rechten Spaß, ganz wie du gesagt hast.»

Der kleine Seemann sah ihn kurz mit nachdenklichem Schweigen an. «Hast du für heute Nacht schon einen Schlafplatz, mein Junge? Bestimmt nicht, oder?»

«Nein, das habe ich nicht», gab Beric zu. «Kannst du mir eine Herberge empfehlen, wo ich essen und schlafen kann und die nicht zu teuer ist?»

Der andere schüttelte zweifelnd den Kopf. «Ich weiß nicht, ob ich das kann. Oh, es gibt mehr als genug Gasthäuser in Isca Dumnoniorum, aber die sind nicht gerade darauf erpicht, Reisende aufzunehmen, die nach Einbruch der Dunkelheit so einfach aus dem Nichts auftauchen.» Dann leuchteten seine Augen auf, als sei ihm plötzlich eine Idee gekommen. «Ich will dir etwas sagen! Am besten kommst du mit mir zur *Clio!* Wir schlafen heute Nacht alle an Bord, da wir morgen bei Ebbe gleich auslaufen. Es macht dir doch nichts aus, früh aufzustehen? Dafür hast du eine gute Unterkunft und fröhliche Gesellschaft für die Nacht. Nun, was sagst du dazu?»

«Ich kann nur sagen, dass ich gerne mitkomme!», erwiderte Beric. «Sogar sehr gerne.» Er löste sich von der Säule, an der er gelehnt hatte, und spürte plötzlich schwere, bleierne Müdigkeit in sich aufsteigen.

«Recht so! Ich mag junge Burschen, die sich ohne viel Aufhebens entscheiden können. Hier lang! Zuerst gehen wir zum Goldenen Baum – da ist die übrige Mannschaft versammelt. Ich weiß ja nicht, wie es in deinem Magen aussieht, meiner ist jedenfalls leer wie ein Weinschlauch nach den Saturnalien!»

Beric folgte ihm dankbar die abschüssige Straße zum Westtor hinunter, dem Flusstor, das noch offen war, im Gegensatz zu den anderen Stadttoren, die bei Einbruch der Dunkelheit geschlossen wurden. «Das Flusstor bleibt fast die ganze Nacht hindurch geöffnet, und zwar, weil die Hälfte der Stadt außerhalb des Tores liegt», erklärte sein Gefährte. Und nachdem der Wächter und der Seemann ein paar fröhliche Schimpfworte in der unbekannten Sprache gewechselt hatten, die fast alle in Isca Dumnoniorum zu sprechen schienen und die wohl Latein sein musste, die Sprache seines Volkes, schritten sie durch das enge, von Laternen erhellte Tor hinaus.

Die Stadthälfte, die vor dem Flusstor lag, war nicht gerade die sauberste, das wurde sogar Beric bald klar. Als sie jedoch in das Gewirr aus engen Gässchen eintauchten, fühlte er sich sofort viel heimischer als in der besseren Hälfte innerhalb der Mauern. Diese Stadthälfte bestand eigentlich nur aus einer Ansammlung von torfgedeckten Holzhütten, die sich zwischen den Stadtmauern und dem Fluss zusammendrängten; bis auf das gelegentliche Aufleuchten eines Herdfeuers durch eine geöffnete Tür war es hier ganz finster. Dies war das Armenviertel, das Seemannsviertel, aber auch das Viertel der Einheimischen, das für Beric voller heimatlicher Gerüche war, es roch nach Holzfeuer und Pferdemist und vielem anderen.

Nur wenige Schritte vom Tor entfernt tauchte Berics neuer Freund, der, wie er inzwischen erfahren hatte, Aristobulo hieß, wie ein Kaninchen in einen dunklen Gang zwischen den engen Bretterbuden ein, an dessen Ende Beric den Fluss silbern aufglitzern sah. Gleich darauf schlüpfte Aristobulo in eine schwach erleuchtete Toreinfahrt. Beric folgte ihm durch einen Stall und durch ein zweites Tor in einen Hof, der von so vielen Laternen erhellt war, dass Beric in der unerwarteten Helligkeit heftig blinzeln musste. Etwas mehr als ein Dutzend Männer hielten sich in dem Hof auf, sie lagen bequem auf den Bänken oder an den Mauern ausgestreckt, begrüßten Aristobulo lärmend und musterten Beric mit neugierigen Blicken. Einer von ihnen fragte gedämpft etwas auf Lateinisch.

Aristobulo drängte sich in ihre Mitte und antwortete in der gleichen Zunge, wechselte dann aber Beric zuliebe ins Keltische über.

«Schaut her, Jungs! Ich habe einen Freund mitgebracht. Er heißt Beric und will sich morgen zu den Adlern melden; wer weiß, vielleicht wird er eines Tages sogar Kaiser, wie so mancher vor ihm. Aber da er nichts Besonderes vorhatte und nicht wusste, wo er die Nacht verbringen sollte, kann er sie ja ebenso gut bei uns verbringen.»

Einige Männer lachten, als ob ihnen etwas an diesen Worten komisch vorkäme, und Beric fragte sich, was das wohl zu bedeuten habe. Vielleicht war es die Anspielung auf den Kaiser gewesen. Doch ungeachtet dessen nickten sie ihm freundlich zu, und einer, der ihr Anführer zu sein schien, sagte: «Deine Freunde sind uns alle willkommen, Aristobulo», während ihnen ein anderer auf einer Bank in der Ecke Platz machte. Beric wusste kaum, wie ihm geschah, aber kurz darauf saß er auf der Bank und futterte gekochtes Ziegenfleisch aus einer Schüssel, die eine beleibte, rosa gekleidete Frau mit funkelndem Schmuck ihm und seinem neuen Freund Aristobulo vorgesetzt hatte. Die dicke Frau goss Wein in einen irdenen Becher, und

Beric trank, da er Durst hatte, aber es schmeckte ihm nicht besonders, auf jeden Fall nicht so gut wie Heidebier, sogar Milch hätte ihm besser geschmeckt.

Nachdem sich seine Augen allmählich ans Licht gewöhnt hatten und er Muße hatte, sich umzuschauen, stellte er fest, dass das Gebäude, das den Hof umschloss, genau wie ein britisches Haus ein Schilfdach hatte; auf eine der verputzten Wände war mit gelber Farbe ein weitausladender Baum gemalt – daher vermutlich der Name Goldener Baum –, in dessen Ästen viele Vögel saßen, seltsam geformte Vögel in leuchtenden Farben. Außerdem konnte er die Männer um sich herum ungestört betrachten, die sich während des Essens in ihrer eigenen Sprache unterhielten und ihn vorläufig sich selbst überließen.

Es waren hagere Gestalten, die an ruhelose zottige Wölfe erinnerten und deren Augen stets in weite Ferne zu blicken schienen. Sie trugen kurze Kittel und darüber kurze, weite Mäntel, die fleckig und abgetragen aussahen, und einige hatten wie Aristobulo eng anliegende Hauben auf dem Kopf. Ihr Anführer, der offenbar Phanes hieß, war sehr groß, von kräftigem, ebenmäßigem Wuchs. Beric starrte ihn fasziniert an, da sein kurzer krauser Bart scharlachrot gefärbt war und er wie eine Frau tropfenförmige goldene Ohrringe trug. Eine solche Gestalt hatte Beric noch nie in seinem Leben gesehen, daher hielt er den Weizenfladen und den würzigen Käse, die auf das Ziegenfleisch gefolgt waren, unberührt in der Hand und starrte den Mann mit aufgerissenen Augen so lange an, bis der Hüne sich nach der Wirtin umdrehte, um seinen Becher nachfüllen zu lassen, und Berics Blick auffing. Beric errötete bis an die Haarwurzeln, doch Phanes lachte nur mit einem kurzen, lustigen Aufblitzen seiner weißen Zähne im leuchtend roten Bart und hob ihm seinen leeren Becher entgegen. Beric hob seinen ebenfalls, aber irgendetwas in dem kurzen, bellenden Lachen des Mannes berührte ihn unangenehm; ganz tief unten in seinem Bewusstsein begann plötzlich ein leises warnendes Hämmern. «Gefahr! Gefahr!» Ob er diesen Männern wohl trauen konnte?

Doch dann schob er seinen Argwohn schnell beiseite. Wie konnte er Aristobulo gegenüber, der in dieser fremden Stadt freundlich zu ihm gewesen war, nur so undankbar sein? Aristobulo, der sich eifrig mit einem breitschultrigen, untersetzten Mann unterhalten hatte, wandte sich im nächsten Augenblick Beric zu und bezog ihn in ihr Gespräch mit ein. Ihm zuliebe wechselten sie in seine Sprache über, und Beric hörte ihren funkelnden Reden voller Verwunderung zu. Sie warfen sich Geschichten und Anekdoten zu wie bunte Bälle: von Meeresungeheuern und Seeschlachten und von Fahrten, bei denen Monde lang kein Land in Sicht kam. Sie erzählten von einem Mann, der auf der Suche nach einem magischen goldenen Vlies um die halbe Welt gesegelt war und unterwegs die unglaublichsten Abenteuer erlebt hatte, und Aristobulo berichtete von Vögeln mit wunderschönen Frauenköpfen, deren süßer Gesang die Seeleute in den Tod lockte.

«Ich glaube», sagte Aristobulo und ließ seinen Blick über die Runde seiner Kameraden gleiten, um ihn schließlich auf Beric zu heften, «ich glaube wirklich, dass ich bis auf einen Mann der Einzige bin, der diesen Gesang gehört und ihn überlebt hat. Das geschah so: Der Kapitän, unter dem ich diente – es war nicht Phanes –, war ein sehr listiger Mann, und als er merkte, dass wir uns der Insel näherten, auf der diese Sirenen saßen, befahl er, dass wir uns alle die Ohren mit Bienenwachs verstopfen sollten, damit wir nichts davon hörten, er dagegen ließ sich mit offenen Ohren an den Mast binden, um dem Gesang lauschen zu können, ohne ihm folgen zu müssen. Wir hielten also unseren Kurs und sahen die Insel allmählich in der Ferne auftauchen. Dem Kapitän war deutlich anzusehen, dass ihm der Gesang in die Ohren drang. Sein Gesicht begann zu leuchten, als sähe er die sehnlichsten Träume seines Herzens vor sich. Und dann begann er, sich zu winden, um sich von seinen Fesseln zu befreien, aber sie waren zu fest verknotet. Er zog und zerrte daran, und wir sahen auch, wie er uns zuschrie, ihn loszubinden, aber wir konnten ja nichts hören. Schließlich waren wir auf gleicher Höhe mit der Insel. Klein und flach und blumenübersät lag sie da, und auf ihr standen die drei Sirenen, wie große Vögel sahen sie aus. Sie hatten Frauenköpfe mit langen goldenen Haaren und überall zwischen den bunten kleinen Blumen lagen Gebeine verstreut – die gebleichten weißen Gebeine von Seeleuten! Nun war das Bienenwachs in meinem linken Ohr nicht ganz so fest hineingestopft, wie nötig gewesen wäre, und daher sickerte plötzlich ein wenig von dem Gesang der Sirenen herein – zwar nur so schwach wie das Rauschen des Meeres in einer Muschel, doch das genügte! Ich riss das Wachsstückchen heraus, und da strömte der Gesang herein, mit überirdisch süßen Tönen. Ich fuhr auf, um über Bord zu springen und hinüberzuschwimmen, mir blieb einfach keine andere Wahl. Aber mein Kamerad sah noch rechtzeitig, woher der Wind wehte, er holte mit der Faust aus und verpasste mir einen solchen Schlag hinters Ohr, dass ich erlosch wie eine Kerze. Als ich wieder zu mir kam, lag die Insel wie ein Schatten in unserem Kielwasser und der Kapitän saß auf Deck und schluchzte wie ein Kind.» Aristobulo schüttelte traurig den Kopf. «Es gibt Zeiten, da wünsche ich, ich hätte diesen Gesang nie gehört. Da legt er sich mir wahr und wahrhaftig regelrecht auf den Magen.»

«Aber heute Abend doch nicht, mein Freund, was?», rief der breitschultrige Mann mit einem Blick auf den Käse, worauf allgemeines Gelächter folgte. Ein anderer fing an: «Da wir gerade von Käse reden – da fällt mir ein …»

Und so ging es weiter. Während Beric lauschte, wurde das versteckte warnende Hämmern immer leiser und sanfter, bis es dann ganz verstummte.

Schließlich kam Phanes auf die Füße und reckte sich, bis

die Muskeln zwischen seinen Schultern krachten. «Zeit, zum Schiff zurückzukehren, Jungs!», sagte er. «Herope und Castor werden es leid sein, die lebende Fracht so ganz allein beaufsichtigen zu müssen!»

«Was ist das für eine lebende Fracht?», fragte Beric seinen neuen Freund voller Neugier, während alle Anstalten machten, wieder auf die Beine zu kommen.

«Nur ein paar Koppeln Jagdhunde, die nach Rom verschifft werden, und etwas Geflügel für die Fahrt. Die Hunde nehmen jede Gelegenheit zum Kämpfen wahr», erklärte Aristobulo. Als die Männer in ihrer Nähe seine Worte hörten, zwinkerten sie einander belustigt zu. Wieder fragte sich Beric, warum, und wieder begann das leise Hämmern in seinem Kopf: «Gefahr! Gefahr!» Doch dann war es schon wieder verstummt, bevor er es richtig wahrgenommen hatte.

Die Männer beglichen ihre Rechnung mit der dicken rosa gewandeten Frau. Als Beric seine wenigen Münzen herauskramte, tätschelte sie ihm mit einer molligen braunen Hand den Arm, blickte ihn mit ihren von schwarzer Schminke umrandeten Augen an, die einst sehr schön gewesen sein mussten, und sagte: «Nein, nein, mein Schätzchen, das haben die da drüben schon erledigt.»

Einen kurzen Augenblick lang wurde ihr Griff um seine Hand fester, als sei sie halb entschlossen, ihn zurückzuhalten, um ihm etwas zu sagen, doch da rief Aristobulo schon, er solle sich sputen, und mit einem raschen Dankeschön eilte Beric hinterher, um seinen neuen Freund an der Hofeinfahrt einzuholen.

«Aristobulo, sie sagt, du hättest für mich bezahlt – das wollte ich nicht –»

«Aber mein Junge, ich lade doch keinen Freund zum Essen ein und lasse ihn dann selbst bezahlen!» Aristobulo grinste kameradschaftlich, legte Beric einen Arm um die Schultern und schob ihn hinter den anderen her.

Gemeinsam zogen sie durch die gewundene enge Gasse,

wechselten hier und da ein Wort mit anderen Seeleuten und kamen schließlich ans Flussufer, wo eine einfache Mole ins Wasser hinausragte. Und längs der Mole lag das erste Schiff, das Beric von nahem sah. Die *Clio* war eine von Wind und Wetter mitgenommene kleine Wanne, ein tüchtiges Schiff zwar, aber gewiss nicht schön, wenn man unter Schönheit nicht die vollkommene Einheit von Zweck und Form versteht. Doch als Beric das Schiff im Mondlicht daliegen sah, erschien es ihm unglaublich seltsam und geheimnisvoll. Dunkel zeichnete es sich gegen den Fluss ab, der wie von unzähligen Fischschuppen übersät glitzerte. Nur am Heck glomm eine Kohlenpfanne mit schwachem roten Leuchten. Das zusammengerollte Segel an der Rahe streckte sich wie ein gefalteter Flügel gegen den Himmel.

Das Schiff kam Beric wie ein Geschöpf des Meeres vor, halb Möwe, halb Delphin, das jetzt schlafend auf der hellen Wasserfläche ruhte.

Die Männer begaben sich nun schwankend über eine Planke, die von der Mole aufs Schiff führte. Beric folgte ihnen, und Aristobulo schloss dicht hinter ihm auf. Glücklich an Bord stieg dem Jungen zum ersten Mal der Geruch von Tauen, Pech und salzwassergetränktem Holz in die Nase, der allen Schiffen eigen ist.

Zwei Männer, die bei der Kohlenpfanne gehockt hatten, streckten sich und standen auf. Als sie Beric erblickten, wechselten sie rasch einige Fragen und Antworten mit Phanes. Ein paar von der Mannschaft scharten sich um das Kohlebecken, andere lehnten über der Reling, um mit ein paar Einheimischen am Ufer zu reden; und Beric, der zum erstenmal in seinem Leben ein schwankendes Deck unter den Füßen hatte, staunte alles ringsum mit runden Augen an – den vom Mondlicht umspülten Bogen des hohen Hecks, den wuchtig aufragenden Mast und den dunklen Flügel des zusammengerollten Segels gegen den schimmernden Himmel.

Plötzlich berührte Aristobulo seinen Arm. «Wenn du dich satt gesehen hast, sollten wir jetzt vielleicht lieber nach unten gehen. Die Ebbe strömt schon früh morgens ins Meer. Komm, hier die Luke hinunter.»

Erst jetzt bemerkte Beric einen viereckigen schwarzen Fleck auf dem mondhellen Deck, direkt vor dem Mast; ein viereckiges Loch und eine Leiter, die in den finsteren Bauch des Meeresungeheuers hinunterführte. Das erinnerte ihn unangenehm an die Öffnung einer Falle, doch das waren natürlich nur törichte Hirngespinste, und Aristobulo, dessen Gastfreundschaft er genossen hatte, verschwand schon durch die Luke nach unten.

«Steig rückwärts herunter», rief er, «dann riskierst du es nicht, dir gleich das Genick zu brechen. Hier unten ist es dunkel wie im Erebus, aber bevor du die Leiter heruntergeklettert bist, werden wir schon für Licht gesorgt haben!»

Beric zögerte noch einen Augenblick, doch dann glitt er über den Rand des Lochs, fand die Sprossen und kletterte nach unten. Die Seeleute an der Reling plauderten und lachten immer noch mit den Einheimischen am Ufer. Aus der Dunkelheit unter ihm stieg ihm eine schwache Ahnung von etwas Lebendigem entgegen, ein atmendes, formloses Rascheln, etwas, das wie Stöhnen klang, und der stickige Geruch nach zu vielen Menschen, die auf zu engem Raum zusammengepfercht sind. Es roch nicht nach Hunden oder Geflügel, es roch nach Menschen. Wie seltsam, dachte Beric.

Plötzlich begann wieder das warnende Hämmern in seinem Kopf, diesmal jedoch hart und drängend. «Gefahr! Gefahr!»

Seine Füße hatten gerade das Zwischendeck erreicht und der mondhelle Himmel zeichnete sich wie ein funkelndes Viereck knapp über seinem Kopf ab, als er einen Satz machte, um wieder hinaufzugelangen – doch zu spät! Hinter sich vernahm er eine rasche Bewegung, und im selben Augenblick schien etwas in seinem Hinterkopf zu Zerspringen. Er taumelte kopfüber in eine von farbigen Lichtern durchzuckte wirbelnde Finsternis.

Der Armreif

Hoch oben trieben weiße, aufgetürmte Wolken im frühen Herbstwind sachte über den tiefblauen Himmel, doch unten auf dem großen Sklavenmarkt von Rom war kein Lufthauch zu spüren. Es war noch früh am Tag, auf dem Markt herrschte jedoch wie immer schon lebhaftes Gedränge. Hier schritt ein Baumeister zielbewusst zwischen den Pferchen entlang und hielt Ausschau nach einem tauglichen, kräftigen Tier in Menschengestalt, das Steine schleppen und Zement mischen konnte; dort suchte eine erhitzte beleibte Matrone voller Aufregung ein Mädchen zum Spinnen und Kissentragen; ein Senator auf der Suche nach einem Schreiber; ein junger Tribun benötigte einen Leibsklaven; der grauhaarige Hausverwalter eines großen Hauses – selbst ein Sklave – wählte sorgfältig einen neuen Unterkoch aus, als Ersatz für einen soeben verstorbenen. Eine bunte, vielstimmige, wechselnde, drängelnde Menge, die kam, ging und wieder kam und die Gassen zwischen den Pferchen und Ständen auf und ab strömte, wo die Sklaven, nach denen sie Ausschau hielt, darauf warteten, einen Käufer zu finden.

In der Ecke eines solchen Pferches saß Beric auf dem harten, heißen Pflaster, die Arme um die Knie geschlungen, und starrte vor sich hin. Einige seiner Gefährten tauschten ab und zu ein paar Worte aus, die meiste Zeit hockten sie jedoch schweigend da, ebenso teilnahmslos und hoffnungslos wie er. Aaron Ben Malachi, ihr Besitzer, lehnte an einer Tempelsäule, die eine Ecke seines Pferches bildete, und diskutierte mit seinem Nachbarn die Preise. Allem Anschein nach war es um die Preise schlecht bestellt.

«Ein großer, gut gebauter Athener, von vornehmer Herkunft, spielt die Lyra wie ein Engel, und so etwas muss ich für dreitausend Sesterzen gehen lassen! Das war erst letzte Woche. Ach,

ach, wenn der Markt sich nicht bald bessert, stehe ich vor dem Ruin!»

Beric hörte die endlose Litanei und blickte derweil auf die Füße der Vorübergehenden: staubige Sandalen, Soldatenstiefel, die hübschen roten Schuhe einer vornehmen Dame, die bloßen wunden Füße eines Bettlers; aber er schenkte dem, was er hörte oder sah, keinerlei Beachtung. Wie lang war es her seit jener Nacht in Isca Dumnoniorum? Fünf Monde? Sechs? Sieben? Er wusste es nicht, schon seit langem hatte er aufgehört, die Tage zu zählen. Er wusste nur, dass es ein einziger Albtraum gewesen war, einer jener Albträume, aus denen man mit einem bitteren Geschmack im Mund aufwacht. Manchmal dachte er, dass es das auch tatsächlich war – ein schlimmer Traum, aus dem er jeden Augenblick aufwachen musste. Doch das Erwachen kam nicht.

Als er in jener Nacht in Isca Dumnoniorum wieder zu sich gekommen war, hatte er sich im Bauch des seltsamen Meeresungeheuers, des Schiffes, wiedergefunden, wo er mit mehreren anderen Schicksalsgefährten in dem engen Raum zwischen den gestapelten Frachtballen zusammengepfercht lag. Die *Clio* befand sich mittlerweile auf See, und sie waren alle sehr seekrank gewesen. Die meisten waren ganz ordnungsgemäß von römischen Grundbesitzern an der Südküste gekauft worden, nur Beric und zwei andere waren einfach entführt worden, und einer der beiden anderen, der beim Fischen überwältigt worden war, schien einen gewissen Trost darin zu finden, Beric ihre grässliche Lage eingehend klarzumachen und ihn verwundert zu fragen, ob er denn noch nie etwas von griechischen Sklavenhändlern und deren Methoden gehört habe. Die Sklavenhändler selbst hatten Berics wütende Proteste und seine Auflehnung mit ein paar Peitschenhieben, mit Fußtritten und Faustschlägen beantwortet, gemäßigt zwar, da es ja in ihrem Interesse lag, die Ladung in möglichst gutem Zustand an ihren Bestimmungsort zu bringen, aber immerhin genügend hart, um den aufsässigen Jungen zu beugen. Berics Hände ballten sich zu bebenden Fäusten, als er daran dachte. Er durchlebte noch einmal das ganze Elend der vergangenen Monate. Verkauft und wieder verkauft, von einem Händler zum anderen, wie ein Stück gegerbte Tierhaut oder ein Kochtopf; die verdreckten Verschläge am Ufer des Tibers, in die er mit Sklaven der verschiedensten Farben und Gerüche hineingepfercht worden war, mit lauter Leidensgefährten; das kärgliche Essen, die Tritte und Schläge der Sklaventreiber; und vor allem das Gefühl der vollkommenen Hilflosigkeit, das Gefühl, für alle Ewigkeit gefangen, eingesperrt und verloren zu sein.

Ein kleiner Straßenköter, der zwischen den Füßen der Menge umherschnüffelte, huschte an Beric vorüber. Beric streckte eine Hand nach ihm aus. Der Hund schnupperte an seinen Fingern, legte die Ohren an und wedelte kurz mit dem Schwanz, als Beric ihn streichelte, um gleich darauf wieder zu verschwinden. Für eines wenigstens konnte er dankbar sein, dachte er, während er dem Tier mit dem Blick folgte: dafür, dass er Gelert in jener Nacht nicht dabeigehabt hatte. Was wäre aus Gelert so ganz allein in einer fremden Stadt geworden – immer vorausgesetzt, dass die Sklavenhändler ihn nicht erstochen hätten? Beim Gedanken an Gelert stieg eine Welle aus heißer Verzweiflung in Beric auf. Das Dorf, Vater und Mutter, selbst Cathlan hatte er völlig verdrängt – aber sein Hund, das war etwas anderes.

Plötzliche Bewegung ließ ihn aufblicken. Ein hübsches Mädchen in einer rot gesäumten Tunika und mit goldener Halskette trat mit herausforderndem Blick zu Ben Malachi, der seine Säule händereibend und mit erwartungsvollem Blick verlassen hatte, um ihren Auftrag entgegenzunehmen.

«Meine Herrin, die edle Julia», sagte das Mädchen und wies mit dem Kopf zu einer dicht verhangenen Sänfte, die auf den Schultern von sechs Männern ruhend ein paar Schritte entfernt hielt, «braucht Ersatz für einen ihrer gallischen Sänftenträger.

Hast du etwas Passendes? Es muss etwas wirklich Gutes sein, nur das Beste ist gut genug für meine Herrin.»

Beric, der inzwischen recht viel Latein aufgeschnappt hatte (obwohl er diese Sprache nicht mehr als die Sprache seines Volkes ansah), verstand sehr gut, was sie sagte, schenkte ihren Worten aber keine Beachtung, da er ja kein Gallier war und ihn das Ganze daher nichts anging.

Aber Ben Malachi dachte nicht daran, sich wegen einer solchen Kleinigkeit ein Geschäft entgehen zu lassen. «Ich habe genau den Sklaven, den die Herrin Julia wünscht, den allerbesten – o ja, in der Tat den allerbesten! Als ob ich auch nur einen Augenblick daran denken könnte, einer so edlen Dame etwas anderes als das Beste vom Besten zu verkaufen!» Er gab seinem Sklaventreiber, einem schiefäugigen Syrer, einen Wink, worauf dieser Beric prompt einen Tritt mit seiner genagelten Sandale versetzte.

«Los, steh auf!»

Beric stolperte widerspruchslos auf die Füße, mittlerweile war er ja an Tritte gewöhnt, und folgte Ben Malachi und dem Mädchen zu der verhangenen Sänfte.

Der Vorhang war jetzt ein wenig zur Seite gezogen, und die Dame in der Sänfte unterhielt sich mit einem hochgewachsenen Mann, der den purpurroten Streifen eines Senators an seiner Tunika trug und soeben stehen geblieben war, um sie zu begrüßen.

«Er fing an, aufsässig zu werden, da musste ich ihn natürlich verkaufen und Philo vorläufig an seine Stelle tun», hörte Beric eine klare, melodische Stimme sagen. «Aber du siehst ja selbst, dass Philo mein schönes Gespann völlig ruiniert!»

Dann, als die kleine Gruppe herankam; «Ah, Ben Malachi, hast du mir etwas mitgebracht?»

Der Vorhang wurde noch weiter zurückgezogen, sodass Beric die Frau im Inneren der Sänfte deutlich sehen konnte. Eine schöne Frau, aber kalt, eiskalt. Sie musterte ihn mit gleichgültigen Augen, ohne zu bemerken, dass er ein Mensch war, und schien Ben Malachis Aufzählung all seiner Vorzüge kaum zuzuhören. Dann schüttelte sie den Kopf: «Nein. Nein, der taugt nichts. Ich brauche einen Gallier.»

«Dies ist ein Brite, Gnädigste; dieselbe Rasse ... », begann der Sklavenhändler unter vielen Verbeugungen, doch sie unterbrach ihn sofort.

«Er ist zu dunkel und zu rot im Haar. Ich brauche einen goldblonden Gallier, sonst ist mein Gespann verdorben.»

«Was seine Haarfarbe anbelangt, gnädige Frau», Ben Malachis Stirn berührte fast den Boden, «dürfte ich vielleicht ein paar Zitronenspülungen vorschlagen, nur ein paar –»

Diesmal war es der Mann mit dem Senatorenstreifen, der ihn unterbrach und gelangweilt bemerkte: «Julia, das kannst du nicht tun! Das wäre ja, als wolltest du einen Braunen umfärben, damit er in ein Gespann aus lauter Füchsen passt!»

«Mein lieber Hirpinius, mach dir keine Gedanken. Ich habe keineswegs vor, das zu tun», erklärte die edle Dame Julia mit gelangweiltem Lächeln, um sich dann an Ben Malachi zu wenden: «Also, wenn du mir nichts Besseres zeigen kannst, muss ich es für heute bleiben lassen oder es anderswo versuchen.»

«In allerhöchstens drei Tagen werde ich frische Ware bekommen.» Ben Malachi verneigte sich wieder, wobei sein dünner grauer Bart auf seinem schwarzen Gewand auf und ab hüpfte. «Sehr gute Ware! Wenn die Gnädigste es gestattet, werde ich ihr dann sogleich ein paar zur Ansicht schicken, bevor irgendein anderer Kunde sie zu Gesicht bekommt! Ich bin ein armer Mann und –

«Wie du willst. Wenn ich bis dahin nichts Passendes gefunden habe, werde ich sie mir ansehen», sagte die Gnädigste. «Hirpinius, haben wir den gleichen Weg? Nein? Dann bis zum nächsten Mal.» Sie gab ihren goldblonden Galliern einen Wink, der bestickte Vorhang fiel zurück, und die Sänftenträger setzten sich mit ihrer Last in Bewegung, die Zofe ging nebenher.

Beric wurde wieder in den Pferch getrieben, wo er sich hoffnungslos in seine Ecke hockte.

Die Stunden schlichen dahin, und auf dem überfüllten Sklavenmarkt schien die Luft zum Atmen knapper zu werden. Drei seiner Mitsklaven waren inzwischen verkauft. Einer, ein großer Schwarzer, war freundlich zu ihm gewesen, und wenn es möglich gewesen wäre, sich noch verlassener zu fühlen, als Beric es ohnehin schon tat, dann beim Anblick der kräftigen schwarzen Gestalt, die mit ihrem neuen Herrn verschwand. Lange nach Mittag, als der Sklavenmarkt fast menschenleer war und das Pflaster die Hitze wie Ofenglut zurückwarf, kam ein Mann vorbei. Er warf einen Blick auf Beric, zögerte und kam zurück. Der Mann war jung und hatte ein breites, freundliches Gesicht, und seine Körperhaltung verriet, dass er das Gewicht einer Soldatenrüstung zu tragen gewohnt war. Er sprach mit Ben Malachi, ließ seine Augen dabei jedoch auf Beric ruhen, und als Beric seinem Blick begegnete, stieg plötzlich eine verzweifelte Hoffnung in ihm auf. Er stand auf, ohne auf die Fußtritte des Sklaventreibers zu warten.

«Wie viel willst du für ihn haben?», fragte der junge Mann und unterbrach kurzerhand Ben Malachis lobpreisenden Redeschwall.

«Nur zweitausend Sesterzen, Zenturio.

«Eintausend», sagte der junge Mann.

«Der Zenturio beliebt zu scherzen.»

Ben Malachi breitete die Hände aus und lächelte.

«Neunzehnhundert, bester Herr.»

«Elfhundert.»

Das Feilschen verlief so rasch und ruhig, dass Beric ihm kaum folgen konnte. Doch als der junge Mann mit einer kleinen abschließenden Geste sagte: «Dreizehnhundertundfünfzig. Höher kann ich nicht gehen», verstand er es nur allzu deutlich.

«Siebzehnhundert», entgegnete Ben Malachi. «Unter diesem Preis wirst du nirgends einen guten, kräftigen Sklaven bekommen, den du nach Dazien mitnehmen kannst, Herr.»

«Dann werde ich eben ohne gehen müssen.»

«Sechzehnhundertundfünfzig – nimm ihn für sechzehnhundertundfünfzig!» jammerte Ben Malachi. «Und möge es dir nie den Schlaf rauben, dass du einen alten Mann ruiniert hast!»

«Über dreizehnhundertfünfzig kann ich nicht gehen; mehr habe ich nicht», sagte der junge Mann schon halb abgewandt. Er warf noch einen Blick über die Schulter zurück. «Tut mir leid», sagte er, und zwar nicht zu Ben Malachi, sondern direkt zu Beric. Dann war er fort, und Beric, dem plötzlich übel wurde, sank wieder zu Boden.

Weitere Stunden schleppten sich dahin. Noch zwei von Ben Malachis Sklaven fanden Käufer. Die Sonne senkte sich nach Westen und sandte ihre schrägen Strahlen über den Sklavenmarkt, der sich nun wieder zu bevölkern begann. Beric saß immer noch in seiner Ecke, wo die Steine im zunehmenden Schatten allmählich abkühlten. Er hatte schon längst aufgehört zu denken, saß nur da, die Ellenbogen auf die Knie gestützt und den schmerzenden Kopf in den Händen vergraben, während die Füße der drängelnden Menge an ihm vorbeizogen: die gelben Schuhe eines Priesters, die genagelten Sandalen eines Gladiators … Da wurde er unsanft aus seiner Betäubung gerissen – ein neuer Käufer war erschienen. Von der schweren Hand des Sklaventreibers nach vorn gestoßen, sah er sich einem kleinen, dicken Mann gegenüber, aus dessen runzeligem rosigen Gesicht übellaunige Augen von verwaschenem Blau ihn von Kopf bis Fuß musterten, genau wie sie ein Pferd gemustert haben würden – mit dem einzigen Unterschied, dass sie bei einem Pferd wohl freundlicher geblickt hätten.

Nach dem ersten Blick senkte Beric den Kopf. Mit hochgezogenen Schultern und gespreizten Beinen stand er störrisch da und starrte den Bauch des Mannes an, der sich rund und prächtig vorwölbte.

«Ist das der Beste, den du hast?», wollte der kleine Mann wissen.

«Ich habe noch einen sehr hübschen syrischen Jungen, Exzellenz!»

«Der ganze Markt ist voller hübscher syrischer Jungen. Die habe ich schon gehabt – stehlen wie die Affen!» Die Stimme der Exzellenz klang müde und verbittert.

Ein bedrückt dreinschauender Mann, der direkt hinter ihm stand, sagte diensteifrig: «Wenn du gestattest, könnte ich die Angelegenheit morgen erledigen, Herr.»

«Wenn ich jemanden beauftrage, Haussklaven für mich auszusuchen, dann meinen Hausverwalter, nicht meinen Schreiber», versetzte sein Herr bissig. «Ich suche meine Sklaven immer selbst aus; das solltest du allmählich wissen. Nein, ich habe gesagt, ich würde Damon heute ersetzen, und ich stehe zu meinem Wort.» Dann zu Ben Malachi: «Ist dieser hier außer dem Syrer tatsächlich der Beste, den du hast?»

Der Händler verbeugte sich wieder. «Dies ist ein prächtiger Junge, Exzellenz, gewiss würdig, einen Platz im Haushalt des Magistraten Publius Lucianus Piso einzunehmen. Noch etwas ungeschliffen, ja, das stimmt, aber intelligent. Dein Hausverwalter könnte ihn in einem halben Monat einwandfrei abrichten!»

«Er wirkt verstockt», sagte Publius Piso.

«Die Sklaverei ist ihm noch neu. Die Briten gewöhnen sich nur schwer an den Armreif, aber ein paar Peitschenhiebe sorgen da für rasche Abhilfe!» Ben Malachi gab seinem Sklaventreiber ein Zeichen, der daraufhin sofort Berics Kinn in die Hand nahm und hochzwängte. Der Junge warf bei der Berührung seinen Kopf zurück, sodass er nun geradewegs in das runde rosige Gesicht vor sich starren musste.

«Ein Brite, was?», vergewisserte sich der Magistrat.

«Aber ja doch, Exzellenz, ein Brite! In seiner Heimat war er der Sohn eines Häuptlings.»

«Wenn man dir und deinesgleichen Glauben schenken würde, wären alle Barbarensklaven ehemalige Häuptlingssöhne», knurrte der Magistrat. «Seinem Wuchs nach ist er eher der Sohn eines übergelaufenen Legionärs.» Er zögerte. «Aber sein Aussehen gefällt mir. Ist er gesund?»

«Und ob, Exzellenz; du könntest keinen gesünderen finden.»

«Hm», machte Publius Piso und begann den Arm des Jungen zu befühlen. Beric zuckte zurück, als hätte ihn etwas gestochen, dann stand er starr da und ließ seinen Blick finster von der molligen rosigen Hand auf seinem Arm zu dem molligen rosigen Gesicht ihres Besitzers wandern und wieder zurück zu seinem Arm. «Gute Muskeln», sagte der Magistrat anerkennend. «Einatmen!»

Beric starrte ihn halb verwirrt, halb wütend an, doch ein Stoß des Sklaventreibers verdeutlichte den Befehl, und Beric begann einzuatmen. Er zog die Luft ein, bis er glaubte, seine Brust müsse zerspringen. Seine Hände waren zu bebenden Fäusten geballt. Doch das schien niemand zu bemerken.

«Hm», machte der Magistrat wieder. «Mach den Mund auf.»

Und so ging es weiter.

«Er scheint recht gesund zu sein», gab der runde, rosige kleine Mann endlich zu. «Ich bestehe aber darauf, dass er verstockt ist. Er mochte es gar nicht, als ich ihn mir ansah. Dafür musst du etwas vom Preis nachlassen.»

Der Händler breitete die Hände aus. «Wer wird denn den Preis für ein Fohlen herabsetzen, nur weil es feurig ist?»

«Ich brauche einen Sklaven, kein Fohlen», sagte Publius Piso kurz. «Wie viel verlangst du für ihn?»

«Zweitausendsechshundert Sesterzen, Exzellenz.»

«Eintausendfünfhundert.»

Das Feilschen begann von Neuem. Doch diesmal endete es mit einer Einigung. Berics Papiere wechselten den Besitzer, und auf Geheiß seines Herrn zahlte der Schreiber den Kaufpreis in die begierig vorgestreckten Hände von Aaron Ben Malachi, der die Münzen unter unzähligen Verbeugungen empfing. «Der edle Publius Piso wird seinen Kauf niemals bereuen, und wenn er das nächste Mal einen Sklaven braucht, erinnert er sich vielleicht …»

«Ja, ja, schon möglich.» Der Magistrat wandte sich bereits ab. «Schicke ihn irgendwann im Laufe des Abends hinauf. Du kennst ja das Haus.»

«Wer würde das Haus des Magistraten Publius Lucianus Piso nicht kennen?»

So kam es, dass Beric nach einem ausgiebigen Linsengericht, das er bekommen hatte, um bei seiner Ankunft nicht unziemlich hungrig zu erscheinen, einem von Ben Malachis eigenen Sklaven durch die Straßen Roms zum Haus seines neuen Besitzers folgte. Um ihn an der Flucht zu hindern, war ein Strick in einer Schlinge um seinen Hals gelegt, dessen Ende Ben Malachis Sklave hielt. «Wenn du keine Schwierigkeiten machst, brauche ich auch nicht am Strick zu ziehen! Verstanden?», sagte der Sklave.

Aber Beric war ohnehin viel zu erschöpft, um Schwierigkeiten zu machen.

Sie bahnten sich ihren Weg durch die endlosen, drängelnden Menschenmassen der unteren Stadt mit ihrem allgegenwärtigen Geruch nach Fäulnis und Krankheit, den Beric inzwischen als den Geruch der Sommerseuche erkannte, und kamen dann in ruhigere Straßen und frischere Luft hinauf.

Schließlich gelangten sie an einen Torweg in einer hohen Mauer, wo sie nach einem kurzen Wortwechsel zwischen dem Torhüter und Ben Malachis Sklaven eintraten. Plötzlich stand Beric in einem geräumigen Hof, in dem sich schon die Schatten des aufkommenden Abends ausbreiteten. Aus allen Richtungen schienen Leute herbeizuströmen, die sich um ihn scharten, auf ihn zeigten, ihn anstarrten und ihm Fragen stellten, die zu beantworten ihm die lateinischen Wörter fehlten. Dann gesellte sich ein Mann zu der Gruppe, der hier die Aufsicht zu führen schien, und sprach mit Ben Malachis Sklaven, der daraufhin rasch die Schlinge von Berics Hals entfernte und verschwand.

Als er so ganz allein in dem fremden Hof stand, stieg für einen kurzen Augenblick blinde Panik in Beric auf. Ben Malachis Sklave war zwar ein roher Kerl gewesen, aber immerhin war er ihm vertraut.

Zwei Mädchen stießen sich an und kicherten. «Der bleibt nicht lange hier», lachte die eine. «Der ist ja schwachsinnig – sieh ihn dir doch an!»

«Selbst wenn es so wäre, brauchst du ihn nicht auszulachen, Tina», sagte das andere Mädchen etwas freundlicher.

«Man sollte ihn wohl lieber waschen, bevor Nigellus ihn sieht», meinte ein drittes.

Dann wurde Beric von einer ungeduldigen Stimme angefahren. «Willst du etwa den ganzen Abend wie ein Mondkalb hier herumstehen?»

Die Stimmen drangen wie aus weiter Ferne durch das Dröhnen in seinem Kopf. Dann stolperte er hinter irgendeinem breiten Rücken her über den Hof und einen Gang entlang. Der breite Rücken führte ihn zu einem großen Wasserbecken. Beric riss sich seine verdreckten Lumpen vom Leib und kletterte langsam und vorsichtig hinein, fast wie ein alter Mann. Das kalte Wasser war herrlich erfrischend auf seiner heißen, schmutzverkrusteten Haut und vertrieb die Benommenheit aus seinem Kopf. Er schrubbte sich mit feinem Sand ab, blieb genießerisch im Wasser liegen und schrubbte sich dann noch einmal. Es tat gut, sich nach so vielen Monaten wieder sauber zu fühlen.

Er blieb so lange im Wasser, bis der Sklave, der ihn hergebracht hatte, zurückkam und sich erkundigte, ob er sich vielleicht für einen Fisch halte. Da kletterte er aus dem Becken, trocknete sich ab und streifte die Tunika über, die der Mann ihm zugeworfen hatte – eine Tunika aus ungebleichter Wolle, weich und sauber – und folgte ihm nach draußen. Seine eigenen stinkenden Lumpen blieben auf dem Boden des Badehauses liegen, um dort irgendwann von irgendjemandem, der gerade Lust hatte, aufgesammelt und verbrannt zu werden. Wie Beric später herausfinden sollte, war dies typisch für den Haushalt des Publius Piso.

Ohne genau zu wissen, wie er dorthin gekommen war, fand er sich in einem kleinen, von einer Lampe erhellten Raum wieder, vor einem hageren grauen Mann, der an einem von Tafeln und Papyrusrollen übersäten Tisch saß und Beric prüfend musterte.

«Ah, ja, der neue Sklave», sagte der Mann im Ton ruhiger Autorität.

Er blickte auf eine Tafel, die er in den Händen hielt. «Dein Name ist Beric?»

«Ja», antwortete Beric heiser.

Der graue Mann schrieb den Namen auf eine Schriftrolle, die vor ihm lag. «So. Mein Name ist Nigellus, ich bin der Hausverwalter hier. Du wirst die meisten Befehle von mir erhalten.»

«Ja», antwortete Beric wieder.

Nigellus ließ die Rolle zusammenschnellen. «Panteon wird dir einen Schlafplatz besorgen, und der Koch gibt dir etwas zu essen, wenn du Hunger hast. Aber zuvor …» Er nahm etwas vom Tisch und hielt es hoch. «Versuche, ob du ihn über deinen Ellenbogen streifen kannst. Wenn nicht, habe ich noch einen größeren da.»

Beric nahm einen breiten silbernen Armreif entgegen, in den ein Zeichen hineingestanzt war. Verständnislos hielt er ihn in den Händen und starrte ihn an, als wüsste er nicht, was er damit anfangen sollte.

«Das ist das Hauszeichen des Publius Piso», erklärte der Hausverwalter. «Alle Sklaven des Publius Piso tragen einen solchen Armring. Streif ihn über und dann geh.»

Wortlos streifte Beric den Reif über seinen linken Unterarm und begann ihn über seinen Ellenbogen zu zwängen. Nach einiger Mühe schaffte er es schließlich. Er hob den Blick im selben Augenblick, als der graue Mann seinen Arm ausstreckte, um die Rolle beiseite zu legen, in die er den Namen des neuen Sklaven eingetragen hatte. Unter dem Rand des hochgerutschten Ärmels funkelte der Rand des gleichen Armreifes im Licht der Lampe auf.

Rasch hob er den Blick in das Gesicht des Hausverwalters, in dessen Augen er ein leichtes Aufleuchten wahrnahm, das sowohl belustigt als auch bitter wirkte.

«O ja, ich auch», sagte Nigellus.

Ein Freund und ein Feind

Seine ersten Tage als Pisos Sklave verbrachte Beric im Zustand ununterbrochener Verwirrung. Sein Kopf glühte, und alles erschien ihm völlig unwirklich. Doch dann kam er ganz langsam wieder zu sich und begann, seine Umgebung wahrzunehmen. Sein Kopf fühlte sich nicht mehr glühend an, und er lernte es, sich in den zahlreichen Höfen des großen Hauses auf dem Viminal-Hügel zurechtzufinden, wo er sich anfangs immer wieder verlaufen hatte, und schließlich gelang es ihm sogar, sich mit dem ungewohnten Tagesablauf vertraut zu machen und seine Mitsklaven voneinander zu unterscheiden.

Zu Publius Pisos Haushalt gehörten viele Sklaven, und sie alle hatten die Angewohnheit, ab und zu die Aufgaben der anderen zu übernehmen, während irgendjemand anderes ihre jeweiligen Aufgaben ausführte – oder auch nicht, je nachdem. Dies lag nicht an Nigellus, sondern war zum Teil der Herrin Poppäa zuzuschreiben, die es liebte, jeden beliebigen Sklaven, den sie gerade sah, herbeizurufen und ihm zu befehlen, seine augenblickliche Arbeit liegen zu lassen und sofort etwas anderes in Angriff zu nehmen. Zum Teil lag es auch daran, dass Publius Piso seine Sklaven so oft wechselte, dass es immer ein paar im Haus gab, die ihre Aufgabe nicht kannten. Publius Piso beschäftigte sich mit Vorliebe mit dem Kaufen und Verkaufen von Sklaven, das hatte Beric bald herausgefunden. Der Einzige, der von dieser Angewohnheit des Hausherrn verschont zu bleiben schien, war Nigellus. Nigellus war Publius Pisos Leibsklave gewesen, als sie beide noch Knaben waren, er hatte ihn zur Legion begleitet, wo Publius Piso seine Dienstzeit als Tribun ableistete, war allmählich zu seinem Hausverwalter aufgestiegen und dabei so sehr zu einem Teil seines Herrn geworden, dass

Publius Piso Nigellus ebenso wenig verkauft hätte wie seinen eigenen Arm.

Zunächst wunderte sich Beric, warum keiner der Sklaven weglief. Es wäre ganz einfach gewesen; sie wurden oft mit Aufträgen in die Stadt geschickt, manchmal hatten sie auch ein paar freie Stunden, in denen sie hinausgehen und tun und lassen konnten, was sie wollten. Dann wurde ihm klar, dass die meisten von ihnen gar kein anderes Dasein kannten, und für die wenigen, die wie er freie Menschen gewesen waren, gab es keine Zuflucht, wohin sie hätten fliehen können. Wer fliehen wollte, musste untertauchen, musste sich, um überhaupt zu überleben, zu den Räubern schlagen. Und das war nicht sehr verlockend.

Wenigstens brauchte er nicht mehr zu hungern, und geschlagen wurde er auch nicht mehr ohne Grund.

Offiziell war er ein Haussklave, doch schon bald fand er den Weg in die Stallungen. Der alte Hippias, der dort die Aufsicht führte, wurde sein Freund, und in der Gesellschaft der Pferde – Publius Piso hielt schöne Pferde, die er bei Weitem nicht so häufig verkaufte wie seine Sklaven – fühlte er sich weniger einsam als in der seiner Mitsklaven.

Seine Welt, in der Nigellus herrschte, war die eines Sklaven – die Familie, der er diente, bestand für ihn aus Gestalten, die sich wie in einer anderen, fernen Welt bewegten. Publius Piso war zwar ein pedantischer, umständlicher Mann, der sich selbst sehr wichtig nahm, doch unter dieser Oberfläche verbarg sich ein freundlicher Mensch, der sogar zu seinen Sklaven freundlich gewesen wäre, wenn er je auf die Idee gekommen wäre, dass diese Geschöpfe auch menschliche Gefühle besaßen. Seine Frau, die Herrin Poppäa, war ganz anders; dick, teigig und übellaunig, ohne eine Spur von Freundlichkeit. Die junge Herrin Lucilla glich ihrer Mutter aufs Haar, nur dass sie nicht übellaunig war. Doch das, dachte Beric, lag vermutlich daran, dass sie erst fünfzehn war. Vielleicht war die Herrin Poppäa mit fünfzehn auch noch nicht übellaunig gewesen. Und dann war da Glaucus: Glaucus mit seinem fröhlichen, hübschen Gesicht und seiner lässigen, lachlustigen Art, der sich von seiner Familie unterschied wie eine Goldammer von Sperlingen.

In jenen ersten Monaten, die er in ihrem Haushalt verbrachte, sah Beric die einzelnen Mitglieder der Familie des Publius Piso wie farbige, aber flache Schemen, wie Figuren in einem Wandgemälde.

Bald nach seiner Ankunft im Haus des Publius Piso hatten die Herbstregen eingesetzt, dann kam der Winter, und Schnee lag auf den Albaner Bergen, die er von einem der oberen Fenster im Sklaventrakt sehen konnte. Dann schmolz der Schnee, und erste schwache Frühlingsahnungen zogen durch die Luft, und mit ihnen wuchs Berics Sehnsucht nach seinen eigenen Bergen und nach der Freiheit. Diese Sehnsucht hatte noch keinen Augenblick lang nachgelassen und wurde jetzt noch lebendiger und drängender als sonst. «So ungefähr müssen sich die Wildgänse fühlen, wenn sie im Frühling nach Norden ziehen», dachte er, «und die Schwalben, wenn sie aus dem Süden zu uns geflogen kommen, um unter unseren Dächern zu nisten. Nur dass die Wildgänse und Schwalben frei sind und dem Ruf folgen können.»

Inzwischen durfte er sich schon außerhalb der Mauern des Hauses aufhalten und sogar ab und zu gemeinsam mit ein, zwei anderen die Pferden bewegen, und das machte alles nur noch schlimmer. Es wäre so einfach gewesen, zu entfliehen, nur gab es keinen einzigen Ort, wohin er hätte fliehen können.

Dann eines Morgens war der Frühling wie mit einem Fanfarenstoß plötzlich da. Es war ein Morgen, an dem die Haselsträucher an den bewaldeten Küsten des Nordens ihren goldenen Blütenstaub in den Wind werfen und die Brachvögel ihren Ruf hören lassen würden. Die Sehnsucht nach Freiheit pochte und hämmerte so heftig in Beric, dass er sich schließlich ganz wund in seinem Inneren fühlte.

Doch er war nicht der Einzige, der an jenem Morgen den Frühling spürte. Die junge Herrin Lucilla, die das Frühstück sonst stets in ihrem Schlafzimmer einnahm, entschloss sich plötzlich, im Garten zu frühstücken. Beric kam gerade in die Küche, als das Tablett für sie fertig war, und der Koch drückte es ihm mit den Worten in die Hand: «Das ist für die junge Herrin. Sei ein guter Junge und bring es ihr. Sie sitzt draußen auf der Terrasse.»

Vorsichtig nahm Beric das Tablett, auf dem kleine heiße Brötchen und wilder Honig angerichtet waren, und trug es durch den Innenhof mit seinen Brunnen, seinen Zitronen- und Myrtenbäumen, die in zierlichen Steintöpfen wuchsen, in den kleinen Garten hinaus. Der fliegende Schatten eines Vogels schoss vor ihm übers Gras, und unterhalb der Stechpalme neben den Terrassenstufen leuchtete ein Teppich aus winzigen rosa Blüten, die aussahen, als ob sie ebenfalls Flügel hätten und jeden Augenblick davonflattern könnten.

Die junge Herrin Lucilla saß auf einer halbrunden Steinbank in einer von der geschwungenen Balustrade eingefassten Terrassennische, hinter sich nichts als den Himmel. Der Garten des Piso-Hauses lag nämlich unmittelbar am Rand des Viminals, und jenseits der Terrasse fiel der Hang steil ab, mitten in das Herz von Rom. Die junge Herrin Lucilla spielte mit einem kleinen weißen Kätzchen mit goldenen Augen und sah nicht auf, als Berics Sandalen auf den Steinplatten zu hören waren.

Beric zögerte. Hätte er das Tablett vielleicht irgendwo abstellen und zuerst einen Tisch herausholen müssen? Es war das erste Mal, dass er jemanden von der Familie allein bediente.

«Herrin», brachte er schließlich heraus, «darf ich dies auf die Bank stellen, bis ich einen Tisch geholt habe?»

Sie sah auf. «Ach, du bist es, Beric. Ja, stell das Tablett hier neben mich. Einen Tisch brauche ich nicht.»

Beric beugte sich vor und setzte das Tablett behutsam auf den gewünschten Platz, füllte den silbernen Becher mit Wasser und schob die Serviette so hin, dass Lucilla sie gleich zur Hand hatte.

Dann richtete er sich wieder auf und merkte, dass sie ihn immer noch anschaute. «Das hast du sehr gut gemacht», sagte sie.

«Danke, Herrin.» Beric stand aufrecht vor ihr und wartete darauf, entlassen zu werden.

Aber Lucilla entließ ihn nicht. Stattdessen sagte sie: «Gestern sah ich dich die neue Icener-Stute heimbringen.» Und dann, als er nicht antwortete: «Du bist doch Brite, oder nicht?»

«Ich –», begann Beric, dann zögerte er und starrte auf die Brüstung hinter ihr. «Ich komme aus Britannien.»

Lucilla schien das Zögern nicht bemerkt zu haben. Nach einem Augenblick sagte sie mit einem kleinen zufriedenen Seufzer: «Ist es nicht wundervoll, dass es wieder Frühling wird? Die Zyklamen unter der Stechpalme fangen schon an zu blühen, und bald werden die Schwalben wieder hier sein ... Gibt es bei euch in Britannien auch Schwalben im Frühling?»

Beric blickte über die Brüstung in den schwach opalblauen Morgendunst hinaus, aus dem die Hügel von Rom sich ins Sonnenlicht erhoben. Doch vor seinen Augen erhoben sich andere Hügel. «Ja, bei uns in Britannien gibt es im Frühling auch Schwalben.»

Die junge Herrin Lucilla senkte ihren Kopf rasch über das Kätzchen in ihrem Schoß, blickte dann wieder auf und sagte mit einem leichten Zittern in der Stimme: «Das war dumm von mir. Es tut mir leid – ich habe nicht daran gedacht.

Beric starrte sie an, von der Wärme in ihrer Stimme ebenso sehr überrascht wie von ihren Worten. «Herrin, das – das macht nichts. Ich habe heute Morgen selbst auch schon an die Schwalben gedacht.»

«Wirklich? Es tut mir so leid», sagte die junge Herrin Lucilla wieder.

Sie schwiegen verlegen. Beric trat von einem Fuß auf den anderen. Beide wussten nicht, was sie jetzt sagen sollten, oder wie sie die kurze, schüchterne Unterhaltung, in die sie unversehens geraten waren, beenden sollten.

Schließlich sagte Beric: «Hattest du lieber Käse als Honig, Herrin? Soll ich welchen holen?»

Sie schüttelte den Kopf. «Nein, Honig ist mir am liebsten. Vielen Dank, dass du mir mein Frühstück gebracht hast, Beric.»

Als Beric kurz darauf zum Haus zurückging, empfand er sein Unglück nicht mehr ganz so schwer, da ihm ein wenig Wärme und Trost zuteil geworden waren. Die junge Herrin Lucilla hatte eigentlich doch nicht die geringste Ähnlichkeit mit ihrer Mutter! Die Herrin Poppäa war dick und teigig und unfreundlich. Die junge Herrin Lucilla dagegen war zu einem heimwehkranken Sklaven freundlich gewesen und kam ihm jetzt weder dick noch teigig vor.

Der Frühling verging, und mit ihm schwanden auch die plötzlichen Regengüsse, die von Sonne und Mistral jedes Mal so schnell aufgesogen wurden, dass die Tropfen kaum den Boden benetzten, die Zitronenbäume streuten ihre Blütenblätter auf das kühle Wasser der Brunnen, und die langen, stickigen Sommertage brachen an.

Jetzt war es über ein Jahr her, dass Beric aus seinem alten Leben ausgestoßen worden war. Sonst pflegte der ganze Haushalt des Publius Piso in den heißen Monaten auf das Familiengut in den Albaner Bergen hinauszuziehen, doch in diesem Jahr blieben sie in Rom, da die junge Herrin Lucilla gegen Ende des Sommers verheiratet werden sollte und die Hochzeitsvorbereitungen viel Zeit erforderten. Die junge Herrin Lucilla würde einen Freund ihres Vaters heiraten, den Magistraten Valarius Longus. Beric hatte ihn manchmal bei seinen Besuchen im Haus gesehen: ein hagerer, dunkler Mann, dem man die Spuren seiner militärischen Vergangenheit weit deutlicher ansah als Publius Piso. Er hatte eine ruhige, sanfte Art, und Lucilla schien ihn zu mögen. Allerdings musste Valarius fast so alt sein wie ihr Vater, und Beric konnte nicht umhin, sich zu fragen, ob sie wirklich so zufrieden war, wie sie schien. Da die junge Herrin Lucilla Mitleid gezeigt hatte, als er unter Heimweh litt, war es ihm auch wichtig, dass sie glücklich war.

Doch in jenem Sommer fand Beric wenig Zeit, solche Überlegungen anzustellen. Schon ein paar Tage, nachdem er zum erstenmal von der bevorstehenden Hochzeit gehört hatte, wurde Bucephalus, der große Rotschimmel, von einer Bremse gestochen, als Hippias gerade seinen Schwanz striegelte. Das Pferd versetzte dem alten Mann einen solchen Tritt, dass dieser jetzt mit einem gebrochenen Bein darniederlag. Beric schuftete aus Leibeskräften, um die Aufgaben des alten Hippias so gut wie möglich auszuführen und dadurch zu verhindern, dass Publius Piso einen neuen Pferdeknecht kaufte. Solange er ein gebrochenes Bein hatte, konnte Hippias nicht verkauft werden, denn in diesem Zustand würde ihn natürlich niemand nehmen. Aber es war durchaus möglich, dass Publius Piso jetzt einen zusätzlichen Sklaven kaufen und, falls dieser ihm besser gefiele, Hippias sofort verkaufen würde, wenn sein Bein geheilt wäre. Davor fürchtete Hippias sich sehr. Er war jetzt in einem Alter, wo ein Wechsel des Besitzers fast immer einem Wechsel zum Schlechteren gleichkam. Beric hatte neben der Pritsche am Ende des Männerschlafsaales gehockt und versucht, den alten, von Angst und Schmerzen geplagten Mann so gut es ging zu beruhigen.

«Wenn kein neuer Pferdepfleger gebraucht wird, wird unser Herr auch nicht auf den Gedanken kommen, einen zu kaufen; vor allem jetzt nicht, wo die Hochzeit der jungen Herrin Lucilla bevorsteht. Und ich werde dafür sorgen, dass er keinen neuen Pferdepfleger braucht!» Dann war er zu Nigellus gegangen und hatte ihn gebeten, ihn vorläufig von den Aufgaben im Haus zu befreien. Und Nigellus hatte ihn so gut es ging unterstützt, sodass Beric jetzt fast den ganzen Tag in den Stallungen verbringen konnte.

So befand er sich auch an einem stickigen Augustabend dort, um Venetia, die Icener-Stute aus Britannien zu versorgen, die der Herr des Hauses soeben vom Ausritt zurückgebracht hatte. Publius Piso pflegte jeden zweiten Tag vor dem Essen auszureiten, sofern ihn keine Geschäfte daran hinderten oder das Wetter nicht zu schlecht war. Piso war zwar kein großer Mann, ritt aber schwerfällig und hart, und Venetia schien heute von dem abendlichen Ausritt sehr strapaziert zu sein. Kein Wunder, dachte Beric. Den ganzen Tag über hatte sich ein Gewitter zusammengebraut, am Horizont ballten sich bleierne Wolken, und die Luft lastete schwer und dumpf in Erwartung der Entladung. Selbst im schattigen Stall, wo alle Türen offen standen, schien das Atmen fast unmöglich, und draußen auf dem Stallhof vor der Tür flimmerte die Hitze über einer schimmernden Luftspiegelung, die Wasserpfützen auf den Pflastersteinen vortäuschte. Die Stute ließ den Kopf hängen, sie war schweißbedeckt und fühlte sich offensichtlich nicht wohl.

Heute hätte der Herr wirklich auf seinen Ritt verzichten können, dachte Beric. Doch der Herr war ein Gewohnheitsmensch. Wenn er wenigstens Bucephalus genommen hätte, der das unelastische Hopsen auf seinem Rücken besser ertragen konnte. Beric rieb die Stute ab und legte ihr leichte Decken über, damit sie sich nicht erkältete, dabei redete er sanft und tröstend auf Keltisch auf sie ein. «Arme kleine Schwester – schöne Schwester – so ist es besser … Ja, ich weiß, dass du Durst hast; gleich wirst du etwas zu trinken bekommen.»

Und die Stute, der die Laute vielleicht in verschwommener Erinnerung an ihre Fohlenzeit vertraut erschienen, wieherte leise und rieb ihren Kopf an seiner Schulter. Als sie genügend abgekühlt war, brachte er ihr einen Eimer Wasser und füllte dann ihre Krippe mit frischem Heu und einer Handvoll Bohnen, um sie bei guter Laune zu halten, während er mit dem Striegeln fortfuhr.

Über den Hof näherten sich Schritte, die durch die gedämpfte, stickige Stille zu dröhnen schienen, und dann verdunkelte ein Schatten den Eingang. Beric blickte auf. Glaucus stand vom Bade erfrischt in einer erlesenen Tunika aus blassgrüner Seide vor ihm. Beric verneigte sich ehrerbietig, etwas, das er sich im Laufe der Monate angewöhnt hatte.

Glaucus nickte ihm freundlich zu und lehnte sich an die Futterkrippe. Beric fragte sich, was ihn wohl herführen mochte. Glaucus kam zwar oft in den Stall, doch nur, um das weiße Wagengespann zu besuchen, das er stets zu benützen pflegte, obwohl es eigentlich seinem Vater gehörte. Heute schien er sich für Venetia zu interessieren. Er sah ihr beim Fressen zu und sagte nach einer Weile:

«Sie spielt ja nur mit dem Futter herum. Weshalb?»

«Sie ist müde und hat keinen Hunger», erklärte Beric. «Bei diesem Wetter hat niemand Hunger.»

Er nickte mit dem Kopf zur offenen Stalltür hinüber, vor der das Sonnenlicht trüb und schweflig zu werden begann.

«Nimm kurz die Decke ab. Ich möchte sie mir mal ansehen.»

Beric tat, wie ihm geheißen, und Glaucus ließ seinen erfahrenen Blick über die glänzenden Flanken und den schön gebogenen Hals gleiten. «Sie hat sich zu sehr erhitzt.»

«Ich weiß», sagte Beric. «Darf ich sie jetzt wieder zudecken?»

«Ja, natürlich. Wenn sie nicht in Form ist –»

«Sie ist durchaus in Form», wandte Beric rasch ein. «Sie ist nur –»

«An einem heißen Tag zu stark strapaziert worden. Ja, ich weiß.» Der junge Mann klang freundlich, und als Beric den Kopf hob, sah er, dass Glaucus ihn mit angehobener Augenbraue in belustigtem Einverständnis angrinste, was aber im Gegensatz zu den meisten Leuten, die mit Glaucus' Charme in

Berührung kamen, seine Wirkung auf Beric verfehlte. «Mein Vater ist ein miserabler Reiter, nicht wahr?»

«Und wenn, dann käme es mir nicht zu, es zu sagen», entgegnete Beric steif. Er fragte sich, warum der Sohn des Hauses, der bis auf ein paar kurze Befehle bisher noch nie mit ihm gesprochen hatte, sich wohl die Mühe machte, herzukommen und sich mit ihm, Beric, zu unterhalten.

«Nein. Aber es trifft dennoch zu. Er sollte eigentlich nie etwas Kleineres als einen Elefanten reiten – was auch der Grund ist, warum ich mit dir reden möchte.»

«Herr?» Beric sah ihn verwirrt an.

Glaucus strich mit der Hand leicht über Venetias Hals. «Ja», sagte er nachdenklich. «Wie du schon bemerkt hast, ist sie noch in Form, aber es würde wohl nicht allzu schwierig sein, dafür zu sorgen, dass sie nicht mehr in Form ist.» Er blickte zu Beric auf und fügte hinzu, als wollte er das Thema wechseln. «Sparst du schon darauf, dir deine Freiheit zu kaufen?»

«Ohne Geld darauf zu sparen, ist nicht einfach», erwiderte Beric nach überraschtem Schweigen.

«Was hältst du von einem Goldaurus als Grundstock? Oder auch zum Ausgeben, wenn dir das lieber ist.»

Beric war plötzlich auf der Hut. «Und wie müsste ich mir den verdienen?»

«Ganz einfach. Hör zu. Es ist doch hoffentlich niemand auf dem Heuboden, oder?»

«Nein.»

«Gut. Also, Tatsache ist, dass Venetia für meinen Vater viel zu schade ist, wogegen einer meiner Freunde, ein Reiter, wie sie einen verdiente, ganz versessen auf sie ist. Kein Wunder. Sie ist eine Schönheit und läuft wie der Wind, nicht wahr meine Hübsche?» Wieder strich er mit der Hand über den Hals der Stute, während Beric, der sehr wohl wusste, dass sie eine Schönheit war und wie der Wind lief, ihn misstrauisch beobachtete. «Aber mein Vater ist störrisch wie ein Maultier und weigert sich, sie zu verkaufen – ich wollte, er würde seine Pferde mit ebenso leichter Hand verkaufen wie seine Sklaven –, wenn sie jedoch plötzlich nicht mehr in Form wäre, ganz und gar nicht in Form wäre, dann würde er sie ja nur zu gerne verkaufen, und zwar zum halben Preis, weil er sie sonst gar nicht losschlagen könnte. Ich kenne meinen Vater … Für jemanden, der sich mit Pferden auskennt, müsste es doch Mittel und Wege geben … Mittel und Wege, die keine Spuren hinterlassen und dem Pferd keinen bleibenden Schaden zufügen? Es müsste natürlich geschehen, solange dieser alte Trottel Hippias aus dem Weg ist.»

«Ja, es müsste geschehen, solange Hippias aus dem Weg ist», stimmte Beric zu.

«Also dann?»

«Ich glaube, ich verstehe nicht ganz.»

Glaucus lachte. «Tu doch nicht so, als ob du schwachsinnig wärst. Also gut, wenn du es lieber ganz genau hören willst: Du sorgst dafür, dass die Stute in einem sehr schlechten Zustand sein wird, mein Vater verkauft sie schleunigst an meinen Freund, der sie so dringend haben möchte, und mein Freund erlässt mir dafür ein paar handfeste Schulden – und du erhältst für deine Mühe einen Aurus.»

«Warum bittest du nicht deinen Vater, wenn du Geld brauchst, um diese Schuld zu begleichen?», fragte Beric. Glaucus zuckte immer noch lachend die Schultern. «Mein Vater hat sich gewisse Sparmaßnahmen angewöhnt. So wie er seine eigenen Sklaven kauft, zum Beispiel, und Nigellus damit um seine Kommission bringt. Gewisse Sparmaßnahmen, und ich bin eine davon.»

«Und die Herrin Poppäa, deine Mutter?» Alle im Haus wussten, dass die Herrin Poppäa ihren Sohn vergötterte und verwöhnte.

«Mutter hat nie Geld», sagte Glaucus mit gewinnender Offenheit. «Vater zahlt alle ihre Rechnungen selbst. Er verwahrt sogar ihre Juwelen, wenn sie sie nicht trägt.» Seine freundliche

Stimme nahm einen härteren Klang an. «Ich bin aber nicht zu einem Kreuzverhör hergekommen. Wirst du es tun?»

«Nein», sagte Beric. «Das werde ich nicht.»

Glaucus war sichtlich überrascht. «Mehr als einen Aurus erhältst du aber nicht dafür!», sagte er.

«Ich habe das Gefühl, dass ich deinen Aurus nicht will.»

«Unsinn!» In der lastenden Stille vor dem nahenden Gewitter klang Glaucus' erneutes Lachen ziemlich gezwungen. «Mein Vater kann sich eine andere Stute kaufen, und das Geld wird ihm gewiss nicht wehtun. Wenn er nicht so geizig wäre, müsste ich mich mit solchen Spielchen gar nicht erst abgeben. Du wirst doch jetzt kein saures Gesicht machen und mir etwas von Moral und so erzählen wollen?»

«Nein.» Beric schüttelte den Kopf. «Aber ich werde es nicht tun.» Er war selbst über seine Entschlossenheit überrascht. Er schuldete Publius Piso keine Treue. «Wenn du deinen Vater betrügen willst, dann tu es mit deinen eigenen Händen», hörte er sich sagen.

Eine seltsame Verwandlung fand in Glaucus' hübschem Gesicht statt. Seine Züge schienen vor den Augen des Sklaven schärfer und älter zu werden.

«Für wen hältst du dich eigentlich, dass du es wagst, in einem solchen Ton mit mir zu reden?» fragte er leise. «Du bist ein Sklave. Hast du das vergessen? Ein Sklave! Für einen Sklaven gibt es weder Recht noch Unrecht, für ihn gibt es nur den Willen seines Herrn!»

«Aber du bist nicht mein Herr!», entgegnete Beric ruhig.

Glaucus sah ihn einen Augenblick lang schweigend an, seine Augen verengten sich wie die einer Katze, bevor sie faucht. «Noch nicht», sagte er noch leiser. «Nein, noch nicht. Aber wer weiß, was das Schicksal für uns bereithält?»

Das war eine unmissverständliche Drohung. Glaucus löste sich von der Futterkrippe, an der er die ganze Zeit gelehnt hatte, und schlenderte zur Stalltür hinüber, vor der das Tageslicht plötzlich einer bläulich-roten Dämmerung gewichen war, dann drehte er sich noch einmal zu Beric um. Von weither kam leises Donnergrollen und schien die Stille, die zwischen ihnen herrschte, noch zu vertiefen. Als es verklungen war, warf Glaucus seinen Kopf plötzlich in den Nacken und brach in unerwartetes Gelächter aus. «Mach doch kein so feierliches Gesicht, du kleiner Schafskopf! Ich wollte dich doch nur auf die Probe stellen! Ich bin froh, dich so unbestechlich zu finden. Da, nimm das für deine Ehrlichkeit.» Er steckte die Hand in den vielfach gefältelten Seidengürtel, warf Beric eine Sesterze vor die Füße und ging hinaus.

Doch sein Gelächter hatte nicht echt geklungen. Beric, der noch neben Venetia stand, die Sesterze unberührt zu seinen Füßen, starrte hinter ihm her. Er wusste, dass Glaucus gelogen hatte und, was weitaus gefährlicher war, dass Glaucus wusste, dass er ihn durchschaut hatte. Er hatte hinter Glaucus' gefällige Maske geblickt und hatte Glaucus selbst dazu veranlasst, auch einen Augenblick lang dahinter zu schauen, und das vor allem würde Glaucus ihm nie verzeihen.

Wieder grollte der Donner, diesmal aus der Nähe, und Venetia, die Gewitter verabscheute, begann zu schnauben und zu zittern.

Schwarze Tage

Glaucus verzieh nicht. Es gab viele kleine, kaum feststellbare Möglichkeiten, einem Sklaven das Leben sauer zu machen, besonders einem Sklaven, der frei geboren war, und Glaucus wusste sie alle mit großem Geschick zu nutzen. Anfangs waren die Schikanen noch erträglich, obgleich auch sie schon genügten, um Berics Unglück zu vergrößern. Beric hatte allerdings das ungute Gefühl, dass der Sohn des Hauses sich nur deshalb noch zurückhielt, weil er auf die Gelegenheit wartete, zu einem entscheidenden Schlag ausholen zu können.

Schließlich konnte Hippias wieder zu seinen Pferden zurückhumpeln, und Beric nahm seine Aufgaben im Haus wieder wahr. Und im Haus ging es so kurz vor der Hochzeit zu wie in einem Bienenkorb. Das war ein unablässiges Kommen und Gehen von Händlern, Juwelieren und Rechtsgelehrten; Lucillas Freundinnen schwirrten herein, um über die Hochzeit zu reden und Lucillas neue Kleider und neuen Schmuck zu bewundern, dann schwirrten sie wieder hinaus und schnatterten dabei wie ein Schwarm bunter Vögel. Nigellus trug ständig eine sorgenvolle Miene zur Schau, und der Koch, der aus der Campagna stammte und sehr erregbar war, verlor schier den Verstand. Die Herrin Poppäa wechselte mehrmals täglich von schnurrender Zufriedenheit zu Tränen und heftigen Ausbrüchen, und der Herr des Hauses mischte sich überall ein und regte sich so sehr über alles auf, dass sein gewöhnlich rosiges Gesicht dunkelrot anlief. Der ganze Haushalt atmete erleichtert auf, als er für ein paar Tage unerwartet in Geschäften verreisen musste.

Am Tag nach seiner Abreise traf Beric die junge Herrin Lucilla im schattigen Säulengang des Innenhofes. Den ganzen Nachmittag lang war der Garten voller lachender, plappernder

Mädchen gewesen, sie hatten harmlose Spielchen mit einem hohlen goldenen Ball gespielt, auf dem griechische Tänzer eingraviert waren, hatten kandierte Honigaprikosen genascht und die neuen Armbänder der Braut bewundert. Jetzt waren sie alle gegangen, und der schattige Hof schien in der kühlen Abendluft in tiefer Stille zu ruhen, die nur vom schläfrigen Gurren der korallenfüßigen Hohltauben unterbrochen wurde.

Die junge Herrin hatte überraschenderweise eine alte Tunika angelegt und ihre Haare mit einem Band nach hinten gebunden, obwohl es bald Zeit zum Abendessen war.

«Ach, da bist du ja, Beric», sagte sie, als sie ihn erblickte, «jetzt brauche ich nicht nach dir zu schicken. Ich habe es satt, über Kleider zu reden, und heute Nachmittag habe ich festgestellt, dass in diesem ganzen Durcheinander niemand daran gedacht hat, die Feigen auf der Terrasse zu pflücken, daher werde ich mich jetzt daran machen. Hol dir auch einen Korb und hilf mir dabei.»

«Ja, Herrin.» Beric berührte seine Stirn mit der Handfläche und eilte, um ihrem Wunsch nachzukommen.

Auf dem Rückweg begegnete er Glaucus, der angesichts des großen Weidenkorbs, den Beric trug, erstaunt die Brauen hob und zu erfahren wünschte, was er damit vorhabe.

«Er ist für die Feigen», erklärte Beric. «Die junge Herrin Lucilla hat mich gebeten, ihr beim Feigenpflücken auf der Terrasse zu helfen.»

«Die junge Herrin Lucilla scheint sich in der Gesellschaft von Sklaven viel zu wohl zu fühlen», murmelte Glaucus. «Ich werde mit Valarius darüber sprechen.» Dann ging er weiter – mit einer steilen Falte zwischen den Brauen blickte Beric ihm einen Augenblick lang nach, dann setzte er seinen Weg fort.

Lucilla wartete unter dem Feigenbaum auf ihn. Der Baum wuchs am Ende der Terrasse an der glatten Mauer des Sklaventraktes hoch. Sie machten sich sogleich an die Arbeit und suchten zwischen den kühlen, vielfingrigen Blättern nach den

Feigen. Eine Zeitlang pflückten sie schweigend, doch fing Beric ein paarmal einen Seitenblick von Lucilla auf, der zu besagen schien, dass sie ihm etwas mitteilen wollte, aber nicht wusste, wie beginnen. Das Schweigen hielt an, bis Beric auf die flache Mauerkrönung der Balustrade hinaufkletterte, um die Feigen an den obersten Ästen zu erreichen; da rief Lucilla rasch aus: «Oh, Beric, pass auf! Wenn du ausrutschst, landest du in tausend Stücken unten auf dem Forum!»

«Ich rutsche nicht aus», versicherte Beric. Er hielt sich mit einer Hand an einem knorrigen Ast fest und drehte sich um, um in die Ferne und hinabzuschauen. Tief unter ihm lag das Forum, das Herz von Rom, mit seinen säulen- und pfeilergeschmückten Gebäuden, mit seinen Triumphbögen und gewaltigen Statuen, und all das wirkte von hier oben wie ein erlesenes Spielzeug, aus altem Elfenbein geschnitzt und von winzigen bunten Lebewesen bevölkert. Die Hügel ragten amethystfarben ins Abendlicht, der Palatin mit seinen Palästen, der Kapitolinische Hügel mit den Tempeln, der Esquilin mit seinen grünen Granatapfelgärten. «Hier oben kommt man sich vor wie ein Vogel – wie ein Adler», sagte er.

«Ja, das kann ich mir schon vorstellen, aber bitte, pass auf!», sagte Lucilla. «Pflück jetzt die Feigen, und komm dann herunter.»

Beric kehrte Rom den Rücken und begann, die obersten Feigen zu pflücken und sie ihr hinunterzureichen. Dann sprang er selbst hinunter, die allerletzten Feigen noch in der Hand. «Sieh mal, das sind die besten vom ganzen Baum», sagte er und hielt sie ihr hin.

Sie nahm eine davon, deren sonnenwarme, purpurfarbene Haut aufgeplatzt war und das rosige Fruchtfleich zeigte, und begann sie zu essen. «In neun Tagen werde ich eine verheiratete Frau sein. Dann wird es unter meiner Würde sein, die Feigen noch warm vom Baum zu essen», sagte sie mit leisem Bedauern.

«Ja, Herrin.» Beric legte die restlichen Früchte zu den übrigen in den Korb und sah dann wieder auf. «Ich hoffe von ganzem Herzen, dass du glücklich wirst.»

Lucilla schaute ihn verwundert an, die halb gegessene Feige in der Hand. «Das hast du so gesagt, als wäre es dir tatsächlich ernst», sagte sie. «Die wenigsten fragen danach. Sie sind alle viel zu begeistert von der guten Partie, die Vater für mich ausgesucht hat, um daran zu denken.»

Beric begann zu stottern. «Mir – mir ist es ernst, Herrin. Du bist gut zu mir gewesen, und ich – ich würde alles tun, damit du glücklich wirst.»

«Ich glaube schon, dass ich das sein werde. « Plötzlich lächelte sie. «Ich habe Valarius gern. Ich kenne ihn schon, so lange ich denken kann. Ich habe ihn gern, und er hat mich auch gern. Er ist gut und gerecht. Und wenn man den Gatten gern hat, den der eigene Vater für einen ausgesucht hat, und wenn der Gatte einen auch mag ...» Sie aß die Feige auf und leckte ihre Finger ab. Als Beric weiterhin schwieg, fragte sie: «Wie heiratet man denn in Britannien?»

«Manchmal werden die Ehen zwischen den Eltern ausgehandelt, aber meistens ist es so, dass ein junger Mann, der seinen ersten Wolf erlegt hat und heiratsfähig ist, sich unter den jungen Mädchen seines Stammes umsieht. Wenn er die Richtige gefunden hat und sie einverstanden ist, geht er zu ihrem Vater und hält um sie an, und wenn nichts im Wege steht, wird ein Fest gefeiert, der Vater des Mädchens gibt dem jungen Mann seinen besten Speer, und dann nimmt der junge Mann das Mädchen mit zu sich in seine Hütte, und dann ist sie seine Frau.»

«Wie schön für das Mädchen», sagte Lucilla mit einem kleinen Seufzer. «Manchmal kommt das auch bei uns vor, aber nicht oft. Beinahe immer sind es unsere Väter, die die Wahl treffen. Und wenn Vater mir einen Mann in meinem Alter ausgesucht hätte, wäre es vielleicht jemand wie Glaucus gewesen, der mich schlecht behandeln würde, weil ich nicht so hübsch bin wie Claudia und Donatella.»

Beric sah von seinem Korb auf, in den er die letzten Feigen gelegt hatte, und ihre Blicke begegneten sich in raschem Einvernehmen. Demnach hatte auch sie unter Glaucus gelitten.

«Beric», sagte Lucilla plötzlich. «Beric ...»

Er hatte sich also nicht geirrt; sie wollte ihm etwas sagen.

«Ja, Herrin?»

«Beric, wenn ich in Valarius' Haus ziehe, würdest du dann gerne mit mir kommen? Vater hat mir Agläa, meine Amme, geschenkt, und ich glaube – ich bin davon überzeugt, dass er dich mir schenken würde, wenn ich ihn darum bäte.»

Beric konnte nicht gleich antworten. Glaucus entkommen zu können, die junge Herrin Lucilla begleiten zu dürfen, die ihn wie ein menschliches Wesen behandelte, zu Valarius' Haushalt gehören zu dürfen, in dem es gut und gerecht zuging und die Sklaven nicht immer wieder verkauft wurden – das schien zu wundervoll, um wahr zu sein.

«Wäre dir das recht, Beric?» fragte Lucilla. «Wenn ja, dann frage ich Vater gleich bei seiner Rückkehr.»

«Oh, Herrin, das wäre sehr schön – sehr, sehr schön!» Beric nahm die mollige klebrige kleine Hand, die sie ihm hinhielt, und führte sie an seine Stirn.

Drei Tage lang trug Beric seine kleine neu erwachte Hoffnung mit sich herum. Nachts begleitete sie ihn in den Schlaf, und morgens klang sie ihm als Erstes aus dem Tschilpen der Spatzen unter dem Dach entgegen. Vor einem Jahr noch hätte ihm nur die Hoffnung auf Freiheit so viel bedeuten können; doch inzwischen war die Freiheit in so weite Ferne gerückt, dass die Aussicht auf einen gütigen Herrn seiner Hoffnung schon fast genügte.

Gegen Abend des dritten Tages kehrte der Hausherr mit großem Hallo und viel Aufhebens zurück, und sämtliche Sklaven wurden wieder in geschäftige Bewegung versetzt.

Nachdem die Aufregung sich ein wenig gelegt hatte und Publius Piso im Badehaus verschwunden war, um sich vom Reisestaub zu befreien, begannen im Haus die üblichen Vorbereitungen fürs Abendessen. Beric trug frisch gefüllte Lampen ins Esszimmer, da die Tage jetzt kürzer wurden und das Abendessen zwar bei vollem Tageslicht begann, aber in der Dämmerung endete. Auf seinem Rückweg durch das Atrium begegnete er der jungen Herrin Lucilla. Sie kam soeben vom Säulengang herein und hatte die Hände voller kleiner gelber Rosen ohne Dornen. Das weiße Kätzchen, das inzwischen tüchtig gewachsen war, strich ihr zärtlich um die Beine. Als Lucilla Beric erblickte, blieb sie lächelnd stehen.

«Nach dem Essen werde ich Vater fragen», sagte sie.

«Ja, Herrin.» Jetzt, da seine Hoffnungen so kurz vor ihrer Erfüllung standen, verschlug es ihm plötzlich den Atem.

«Es wird bestimmt gut gehen», versicherte Lucilla. «Davon bin ich überzeugt. Nach einem Bad und einem guten Abendessen wird Vater bester Laune sein. So ist es immer, wenn er gerade von einer Reise heimgekommen ist. Sieh mal, aus diesen Rosen werde ich ihm einen Kranz machen, wie zu einem Festmahl, das wird bestimmt helfen.»

Vor Berics innerem Auge tauchte Publius Pisos rundes rosiges Gesicht unter dem Kranz aus gelben Rosen auf, der ihm genau wie seine übrigen Kränze schief übers Ohr gerutscht war.

Seine Augen begegneten Lucillas Blick, und da wusste er, dass sie dasselbe Bild vor sich sah. Sie fingen beide an zu lachen und lachten immer noch, als Glaucus ein paar Augenblicke später hereingeschlendert kam und in sanftem Ton bemerkte: «Wie ich sehe, amüsierst du dich wieder mal mit den Sklaven, Lucilla.»

Das Lachen der beiden verstummte jäh. Beric trat zurück und erstarrte in abwartender Haltung, während Lucilla sich trotzig zu ihrem Bruder umdrehte. «Ich habe Beric gerade gesagt, dass ich Vater nach dem Essen bitten will, ihn mir zu schenken.»

Glaucus ließ sich auf eine Liege mit bunt bestickten Decken und Kissen fallen und lächelte zu ihnen hinauf.

«Ich hatte das Gefühl, dass etwas dergleichen in der Luft lag. Du kommst zu spät, Schwesterherz! Ich war soeben bei unserem hochverehrten Vater im Badehaus. Er ist glänzender Laune und hat mir Beric geschenkt.»

Ungläubige Stille folgte auf diese Worte. Beric fuhr sich mit der Zunge über seine plötzlich ausgetrockneten Lippen. Ihm war zumute, als hätte er soeben einen heftigen Schlag zwischen die Augen erhalten, dabei wusste er aber, dass er im tiefsten Inneren eigentlich darauf vorbereitet gewesen war.

Lucilla fand als Erste die Sprache wieder. «Ich glaube dir nicht», sagte sie.

«Wie du willst. Aber es ist dennoch wahr. Frage doch Vater selbst!»

«Das werde ich tun! Und wenn es tatsächlich stimmen sollte, werde ich ihn bitten, das Geschenk rückgängig zu machen. Er weiß ja nicht … er versteht nicht …»

«Bitte sehr», sagte Glaucus leichthin. «Das wird dir nicht das Geringste nützen. Du weißt ja, wie viel Vater sich darauf zugutehält, ein Mann zu sein, der zu seinem Wort steht.»

«Glaucus», sagte seine Schwester. «Warum hast du das getan? Du willst Beric doch gar nicht wirklich haben.»

«O doch! Ich brauche einen Wagenlenker, und Beric hat eine gute Hand mit dem Gespann. Ich habe ihn neulich beobachtet, als er die Pferde zurückbrachte. Automedan hat keine Ahnung vom Umgang mit Pferden, und ich habe keine Lust mehr, überallhin selbst zu fahren, als ob ich mir keinen Wagenlenker leisten könnte.»

«Als ob Vater sich keinen Wagenlenker leisten könnte, willst du wohl sagen.»

«Von mir aus, als ob Vater sich keinen Wagenlenker leisten könnte.»

«Seltsam, dass alle Leute uns immer darum beneiden, dass

wir dich in der Familie haben», sagte Lucilla. Sie war ganz bleich im Gesicht und sprach mit leiser, angespannter Stimme. «Schon als Junge warst du abscheulich, und jetzt als Mann bist du es ebenfalls.»

Eine nach der anderen glitten die kleinen gelben Rosen, die sie jetzt nicht mehr brauchte, aus ihren Händen auf den Mosaikboden hinunter, wo das weiße Kätzchen mit ihnen zu spielen begann.

Glaucus machte ihr eine kleine spöttische Verbeugung, um sich dann Beric zuzuwenden, der nun alle seine Hoffnungen zerbrochen sah. Ihre Blicke begegneten sich und schienen sich ineinander zu verhaken, dann verengten sich Glaucus' Augen wieder wie die einer Katze. «Geh wieder an deine Arbeit», sagte er.

Beric drehte sich mit der gewohnten Verbeugung um, schritt davon und wäre dabei um ein Haar mit der Herrin Poppäa zusammengestoßen, die soeben nach beendeter Abendtoilette aus ihrem Zimmer herunterkam. Als er wortlos an ihr vorbeistreifte, schlug ihm der schwere Duft nach Jasminblüten entgegen, der immer von ihr auszuströmen pflegte – von Stund an würde ihm dieser Duft verhasst bleiben.

Die Herrin Poppäa kreischte auf wie ein erschrockenes Huhn, und als er in den Säulengang hinaustaumelte, hörte er hinter sich ihre schrille Stimme: «Unglaublich! Er hätte mich umrennen können! Ich werde eurem Vater sagen, dass er ihn loswerden muss – er muss ihn augenblicklich loswerden!» Und Glaucus' belustigte Antwort: «Aber er gehört gar nicht mehr Vater. Vater hat ihn soeben mir geschenkt, und ich könnte mir vorstellen, dass Beric nicht besonders davon begeistert ist.»

Lange nachdem die anderen Sklaven an jenem Abend eingeschlafen waren, lag Beric in dem lang gestreckten Schlafsaal wach und starrte in die Dunkelheit. Vor lauter Sehnsucht nach seinem eigenen Volk fühlte er sich ganz schwach und elend.

«Mein eigenes Volk», dachte er bitter, «ich habe ja gar kein eigenes Volk.» Er hatte den Stamm für sein Volk gehalten, der Stamm hatte ihn ausgestoßen. Er hatte die Römer für sein Volk gehalten, und die Römer hatten ihn zum Sklaven gemacht – zu einem Gegenstand, der wie ein Wagenpferd gekauft und verkauft wurde, dem aber weniger Mitgefühl entgegengebracht wurde als üblicherweise einem Wagenpferd. Er hatte kein Volk, keine Heimat. Es war so wenig gewesen, worauf er gehofft hatte: nichts weiter, als in einem freundlicheren Hause als diesem hier der Herrin Lucilla als Sklave dienen zu dürfen und gleichzeitig Glaucus, den er hasste und der ihn hasste, zu entrinnen. Und stattdessen war er nun Glaucus' Sklave geworden. Aus der Dunkelheit schien ihm Glaucus' Gesicht entgegenzublicken, die liebenswürdige Maske war abgefallen, und seine Augen verengten sich wie die einer Katze.

Auf der Pritsche neben ihm begann Hippias im Schlaf zu murmeln, so wie er es manchmal zu tun pflegte, und jetzt stieg eine neue Sorge in Beric auf, diesmal um den alten Pferdepfleger …

Am nächsten und übernächsten Tag suchte Beric immer wieder eine Gelegenheit, allein mit der jungen Herrin Lucilla sprechen zu können, diese Gelegenheit fand er jedoch erst am dritten Tag. An jenem Morgen verließ Glaucus in Begleitung von Automedan, seinem Leibsklaven, das Haus in aller Frühe, um einen Freund in einem Gymnasium zu treffen, und kurz darauf hörte Beric, wie die Herrin Poppäa sich lautstark darüber beschwerte, dass Lucilla ohne um Erlaubnis zu fragen und nur in Gesellschaft ihrer Amme Agläa zum Tempel des Sylvanischen Pan hinuntergegangen sei, obwohl ihre Mutter etwas mit ihr zu besprechen gehabt habe.

Beric kannte den kleinen Tempel des Sylvanischen Pan, der im Tal zwischen dem Viminal und dem Esquilin lag. Es war ein Tempel, der nur noch von wenigen Menschen besucht wurde, da die Götter der Griechen und Römer allmählich in

Vergessenheit gerieten und die der Ägypter und Perser an ihre Stelle traten. Für Jupiter und Mars und ähnliche Größen bestand natürlich keine Gefahr, sie waren Nationalheiligtümer, und daher opferte man ihnen, obwohl man nicht mehr an sie glaubte; um die kleineren Gottheiten war es jedoch schlecht bestellt. Pan war schon fast vergessen, sein kleiner Tempel war dem langsamen Verfall preisgegeben, und der Garten, in dem er stand, war zu einer blühenden Wildnis geworden. Doch aus irgendeinem Grund, vielleicht gerade deshalb, liebte die junge Herrin Lucilla diesen Ort, und sie ging oft hin, um sich mit dem einzigen alten Priester in seinem gelben Gewand zu unterhalten, eine Sesterze in seine Schale zu legen und die Goldhähnchen zu beobachten, die in den Weiden und überwucherten Erdbeerbäumen nisteten. Beric hatte sie bei einigen ihrer Besuche dorthin begleitet, denn obgleich der Tempel nicht weit von ihrem Haus entfernt lag, lag er doch zugleich auch in der Nähe der Suburra, des wimmelnden Armenviertels von Rom, das sich in einer langen Zunge ins Tal hineinschob. Daher durfte sie den Tempel eigentlich nie ohne Begleitung aufsuchen.

Als Beric hörte, dass Lucilla sich dorthin begeben hatte, wurde ihm klar, dass er in den wenigen Tagen, die noch bis zu ihrer Hochzeit blieben, keine günstigere Gelegenheit finden würde, um allein mit ihr zu sprechen. Schnell entschlossen legte er Glaucus' feine Ledertunika aus der Hand, die er eigentlich säubern sollte, und machte sich auf den Weg. Er würde sich eine Ausrede einfallen lassen müssen, um hinauszukönnen; das Tor stand zwar offen, aber wenn ein Sklave hinauswollte, musste er Agathos, dem Torhüter, immer einen Grund angeben. Nach all den schlaflosen Nächten der letzten Zeit hatte Beric einen ganz dumpfen Kopf, sodass er kaum einen klaren Gedanken zu fassen vermochte. Doch als er den Innenhof überquerte, sah er auf der Marmorbank einen zyklamfarbenen Mantel liegen, der der jungen Herrin Lucilla gehörte. Ein Jahr mit dem Armreif hatte Beric eine gewisse List gelehrt – er langte im Vorübergehen nach dem Mantel und erreichte damit das Tor.

«Die junge Herrin hat ihren Mantel vergessen», teilte er Agathos mit, «und heute geht ein kalter Wind.» Und bevor Agathos erwidern konnte, dass sich heute doch kein Lüftchen regte, war er an ihm vorbei auf die Straße hinausmarschiert. Er folgte einem schmalen Weg, der sich im Zickzack zwischen hohen Häusermauern hinunterwand, bis er an dem Torbogen angelangt war, der zum Tempelgarten hineinführte. Dort trat er unter den herabhängenden duftenden Zweigen der Zitronen-, Myrten- und Erdbeerbäume ein.

Er fand Lucilla beinahe sofort. Sie saß regungslos auf einer Bank aus verwittertem Marmor ganz in der Nähe des Tempels und hatte den Kopf gesenkt, um eine smaragdgrüne Eidechse zu beobachten, die zu ihren Füßen auf einem sonnenwarmen Stein hockte. Agläa stand hinter dem jungen Mädchen, ihr roter Mantel hob sich leuchtend von dem verblassten Fries ab, auf dem Nymphen und Satyrn dargestellt waren.

Als Beric näher kam, hob Lucilla rasch den Kopf und erschreckte dadurch die Eidechse, die wie ein grüner Blitz davonschoss.

«Ach, Beric –», begann sie, dann drehte sie sich zu der älteren Frau um und reichte ihr etwas. «Agläa, geh doch bitte zum Priester und gib ihm das hier von mir und bitte ihn, an mich zu denken, wenn er die Ernteopfer darbringt.»

Das Geld glitt klimpernd in Agläas Hände, dann eilte die Amme zu den überwucherten Zitronenbäumen hinüber, durch deren Äste das gelbe Gewand des Priesters hindurchschimmerte, der dort im Garten arbeitete. Die junge Herrin Lucilla wandte sich wieder Beric zu. «Möchtest du, dass ich Vater noch einmal bitte? Das hätte keinen Sinn, Beric. Ich habe es versucht, aber es ist so, wie Glaucus sagt. Vater bildet sich so sehr viel darauf ein, stets zu seinem Wort zu stehen.»

Beric schüttelte den Kopf. «Es ist nicht meinetwegen, Herrin. Ich – ich –»

«Was ist?», fragte Lucilla nach einer unglücklichen Pause.

«Herrin, ich musste einfach herkommen, um dich zu fragen, ob du deinen Vater nicht bitten könntest, dir Hippias an meiner Stelle zu schenken.»

Sie sah ihn erstaunt an. «Hippias? Aber, Beric, ich will Hippias doch gar nicht, und Valarius hat alle Stallsklaven, die er braucht.»

In seinem Eifer trat Beric noch einen Schritt auf sie zu. «Bitte, Herrin! Hippias wird alt; seit er das Bein gebrochen hat, ist er für schwere Arbeit nicht mehr zu gebrauchen, aber keiner kann so gut wie er mit Pferden umgehen! Es wäre für jeden Stall nur ein Gewinn, ihn bei sich zu haben. – Nur, wenn du ihn hierlässt, glaube ich – befürchte ich – er ist mein Freund, der einzige Freund, den ich hier im Hause habe, und dein Bruder –» Er konnte nicht weitersprechen. Die Angst, die ihn nachts so gequält hatte, kam ihm jetzt bei Tageslicht geradezu abwegig vor.

Doch die junge Herrin Lucilla schien nichts Abwegiges darin zu sehen. «Du befürchtest, Glaucus könnte versuchen, dich dadurch zu verletzen, dass er Hippias wehtut?»

Beric schluckte. «Es – oh, ich weiß, es ist verrückt, so etwas zu denken. Ich bin in seinen Augen viel zu unbedeutend, als dass er sich meinetwegen irgendwelche Gedanken machen würde. Aber es wäre doch ein Leichtes, den Herrn auf die Idee zu bringen, dass er einen jüngeren Pferdepfleger brauche. Hippias fürchtet sich so sehr davor, verkauft zu werden. Seit er sich das Bein gebrochen hat, hat er große Angst ausgestanden.»

«Hat er dich gebeten, mich zu fragen?»

Wieder schüttelte Beric den Kopf. «Nein, o nein. Das war ganz allein meine Idee. Es tut mir leid, wenn sie schlecht war.»

Die junge Herrin Lucilla stand auf. «Aber nein, sie war sehr gut», sagte sie. «Ich werde Vater heute Abend um Hippias bitten, und wenn er ihn mir schenkt, wird er nie mehr verkauft werden. Das verspreche ich dir.»

«Ich danke dir, Herrin.» Beric ergriff ihre beiden Hände, die sie ihm entgegenstreckte, und merkte erst jetzt, dass er immer noch ihren Mantel über seinem Arm trug. «Herrin, dein Mantel. Ich habe ihn als Ausrede benützt, um hierherkommen zu können. Möchtest du ihn?»

«Gib ihn mir. So, und jetzt musst du schnell zurückkehren.»

Beric zögerte. «Du solltest nicht alleine hier sein, Herrin.»

«Ich bin nicht allein. Ich habe Agläa und den Priester dort hinten. Und im Übrigen kommt keine Menschenseele hierher, höchstens mal ein Bauer oder ein Hirte, der einen Tag in Rom verbringt.» Sie sah sich in dem zugewachsenen Garten um. «Das sieht man ja deutlich genug.»

«Nein, wegen der Tempelbesucher ist es ja auch nicht», beharrte Beric. «Aber die Subura* ist ganz in der Nähe.»

«Hier wird niemand eindringen. Stell dir vor, der alte Priester hat mir einmal erzählt, dass hier sogar nachts niemand herkommt, wenn sonst jeder Winkel in Rom voller Bettler, Diebe und armer, obdachloser Menschen ist. Selbst die Wache steckt nachts nur einmal kurz ihre Nase in den Garten und zieht dann weiter. Der Priester sagt, dass die Leute zwar nicht mehr an Pan glauben, wenn sie ihre Opfergaben bringen müssen, aber dass sie immer noch Angst davor haben, hier in seinem Garten einen Hauch von Ziegengeruch zu erwischen.» Ihre Stimme, die sehr leise geworden war, wurde wieder lauter und alltäglich. «Du musst jetzt gehen. Es ist besser, wenn Glaucus nicht erfährt, dass wir zusammen waren, auf jeden Fall nicht, bevor ich Vater gefragt habe. Daher musst du vor ihm zurück sein.»

Sie hatte recht. Beric berührte seine Stirn mit der Innenfläche

* Subura war in der Antike der Name eines Stadtviertels in Rom, das als Gegend der Armen bekannt und berüchtigt war.

der Hand, drehte sich um und eilte den Weg zurück, den er gekommen war.

Drei Tage später stand er mit den übrigen Sklaven am Eingang zum Atrium, in dem sich die Hochzeitsgäste drängten, um zuzuschauen, wie die junge Herrin Lucilla in ihrem prachtvollen Brautgewand, mit Myrten und Rosmarin bekränzt und in ihren flammend roten Schleier gehüllt, zu ihrer Trauung heruntergebracht wurde.

Valarius und seine Freunde trafen ein, und die Zeremonie begann. Süßlich scharfer Weihrauch stieg in blauen Spiralen von den Altären der Hausgötter auf, Gelübde wurden abgelegt, und Opfergaben aus Korn, Wein und Milch dargebracht. Und inmitten dieser ganzen Feierlichkeiten die junge Herrin Lucilla, die in ihrem Hochzeitsstaat klein und ziemlich verloren wirkte.

Würde sie es gut haben? fragte sich Beric, als er den Hals reckte und ihre kleine mollige Gestalt neben dem hochgewachsenen, militärisch aufrechten Valarius erblickte. Doch als die Zeremonie vorüber war, das Paar sich der Menge zuwandte und Lucilla ihren flammend roten Schleier zurückschlug, fühlte er sich beruhigt, und zwar nicht durch Lucillas Gesichtsausdruck, denn sie sah blass und verängstigt aus, sondern durch die Art, wie Valarius ihre Hand nahm und auf sie hinunterblickte. Die junge Herrin Lucilla würde es gut haben.

Als das Gastmahl, das auf die Zeremonie folgte, vorüber war und die Dämmerung anbrach, versammelten sich die Gäste, zum Teil mit Fackeln in den Händen, im äußeren Hof. Die Braut wurde zu ihnen hinausgeführt. Sie trug drei Denare in der Hand, einen für ihren Gatten, einen für die Götter ihres neuen Hauses und einen für die Götter des nächsten Kreuzweges. Zwei ihrer Freundinnen, die oft mit ihr im Garten gewesen waren, folgten ihr mit Spindel und Spinnrocken, dann schlossen Valarius und seine Freunde um sie auf und führten sie durchs Tor in ihr neues Leben hinaus. Eine große Schar von

Gästen strömte hinter ihr her, und ganz am Schluss des Zuges kamen Agläa mit dem kleinen weißen Kätzchen in einem Korb und Hippias, der immer noch nicht begreifen konnte, warum er der jungen Herrin Lucilla überhaupt folgen sollte. Er war zwar sehr betrübt, dass er seine Pferde verlassen musste, aber zugleich auch unaussprechlich erleichtert, dass er zu einem Herrn kommen würde, der seine Sklaven nicht verkaufte, wenn sie alt wurden.

Beric stand mit den anderen Sklaven im Schatten und beobachtete die fröhliche kleine Prozession, die im Fackelschein durch den Torbogen hinauszog und die beiden einzigen Freunde, die er auf der Welt besaß, mit sich führte.

Das Maß läuft über

Ich habe beschlossen, deinen Namen zu ändern», sagte Glaucus am Tag nach der Hochzeit und rekelte sich auf seinem Bett, während Beric vor ihm stand. «Von jetzt an wirst du Hyacinthus heißen.»

Nun sollte ihm also auch noch sein Name genommen werden, das Einzige, was ihm geblieben war, das, was ihn zu einer ganz bestimmten, unverwechselbaren Person machte. Plötzlich stieg Panik in ihm auf, als würde der letzte dünne Faden, der ihn noch mit seinem alten Leben verband, von den schlanken, rücksichtslosen Händen seines neuen Herrn zerrissen.

«Mein Name ist Beric», beharrte er.

«Beric ist kein Name, das ist nichts als ein Laut; für die Wilden, die dich so riefen, zweifellos gut genug, aber nicht gut genug für mich», sagte Glaucus gelangweilt, als wäre dies eine so offensichtliche Tatsache, dass man sie kaum zu erwähnen brauchte. «Von jetzt an ist dein Name Hyacinthus. Hast du verstanden?»

«Ich – habe verstanden.»

«Oh, noch etwas, eh ich's vergesse. Ich will dich nicht mehr im Stall sehen. Jetzt nachdem mein Vater einen anständigen Sklaven anstelle des alten Trottels Hippias gekauft hat, wird deine Hilfe bei den Pferden nicht mehr benötigt. Du wirst dich also überhaupt nicht mehr in den Stall begeben, es sei denn auf meinen Befehl hin, um den Wagen herauszuholen. Die Pflege des Gespanns gehört nicht mehr zu deinen Aufgaben.»

«Es ist aber immer besser, wenn das Gespann den Mann kennt, der es lenkt», wandte Beric ein.

«Vielleicht bei den Barbaren, bei mir jedoch nicht. Du hast deine Befehle, und wenn du sie vergessen solltest, werde ich dein Gedächtnis mit der Peitsche auffrischen. Verschwinde jetzt.»

Ohne die übliche Verbeugung machte Beric wortlos kehrt, obwohl ihm dabei deutlich bewusst war, wie sinnlos dieser Trotz war. Und fast noch im selben Augenblick vernahm er hinter sich eine rasche Bewegung. Glaucus war vom Bett aufgesprungen und packte ihn jetzt an den Schultern und riss ihn zu sich herum.

«Hast du nicht etwas vergessen?», fragte Glaucus sanft und bohrte seine Finger in Berics Schulter. Beric blieb stumm. «Es steht dir nicht zu, meine Gegenwart ohne eine Verbeugung zu verlassen, denn du bist ein Sklave, und ich bin dein Herr. Du gehörst mir, wie mir meine Sandalen gehören.»

Beric blieb mit angespannten Muskeln unter dem Griff stehen. Bei einem Hund hätten sich jetzt die Nackenhaare gesträubt, und etwas von dieser Empfindung musste sich auf seinem Gesicht gespiegelt haben, denn Glaucus fuhr ihn scharf an: «Wage nur nicht, mir die Zähne zu zeigen, du barbarischer Wolf!» Er zog seine Hand zurück und versetzte Beric einen scharfen, gezielten Schlag auf die Wange. «Geh jetzt, Hyacinthus!»

Einen Augenblick noch blieb Beric regungslos stehen, indes die brennenden Abdrücke der vier Finger sich dunkel auf seiner Wange abzeichneten. Dann verneigte er sich, drehte sich um und schritt davon und hatte dabei das Gefühl zu ersticken.

Er war Hyacinthus, Glaucus' Sklave, für ihn gab es keine Hoffnung mehr.

Die darauffolgenden Monate waren schlimm, eine düstere Zeit voller Ungerechtigkeit und scheinbar zufälliger Grausamkeiten und Demütigungen, die ihm heftig zusetzten. Ohne einen Freund in dem großen Haus und ohne die Gesellschaft der Pferde, ohne die geringste Hoffnung auf eine bessere Zukunft, schleppte er sich irgendwie durch die trostlosen Tage. Ab und zu kam Lucilla, um ihre Mutter zu besuchen, doch es gelang ihm selten, mehr als nur einen Blick von ihr zu erhaschen. Dafür wusste Glaucus zu sorgen.

Publius Piso bemerkte, er habe schließlich doch recht gehabt, der Sklave sei tatsächlich störrisch. Ein guter Arbeiter, ohne Zweifel, auch ein tüchtiger Wagenlenker, aber störrisch. Er irre sich nie.

So zogen sich die Dinge bis zu jenem Abend hin, als Publius Piso ein Essen gab, um seine Wahl zu einem der vier Ädilen* der Stadt für das kommende Jahr zu feiern.

Es war ein großes Festmahl, und Beric war herbeigeordert worden, um die Anzahl der Tischsklaven zu vergrößern, wie das schon häufiger vorgekommen war. Am frühen Abend hatte er mit den anderen vor Nigellus zur Inspektion antreten müssen; alle trugen neue Tuniken, die zu diesem Anlass verteilt worden waren, und jetzt, da der erste Gang, der aus Eiern, Sardellen und scharfschmeckenden Kräutern bestand, soeben aufgetragen worden war, stand Beric an der freskengeschmückten Wand und sah sich um. Die ganze Szenerie schien in honigfarbenem Licht zu baden, das aus den hohen silbernen Wandleuchtern herabströmte und aus den Lampen auf dem Tisch aus poliertem Zitronenholz aufstieg. Auf den Holzkohlen der Kohlebecken brannte Zedernholz und vermischte seinen weihrauchähnlichen Duft mit dem der Blumen auf dem Tisch: Winterzyklamen, Anemonen und aromatische Rosmarinzweige, die zwischen den funkelnden Schüsseln verstreut und um die silbernen Statuen der Hausgötter gehäuft waren. Die Gäste, die auf den weich gepolsterten Speiseliegen ruhten, waren ebenfalls alle mit Blumen bekränzt, und wenn ihm das Lachen nicht schon längst vergangen wäre, hätte Beric den Anblick der meisten von ihnen ausgesprochen komisch gefunden. Sein Blick wanderte über die Gesichter

* Die vier Ädilen, von denen je zwei von den Plebejern und den Patriziern gestellt wurden, hatten in Rom die Aufsicht über öffentliche Gebäude, die Thermen, die Aquädukte, die Straßen, den Verkehr, das Bauwesen, die Märkte. Ihre populärste Aufgabe war die Veranstaltung von Gladiatorenspielen.

der Gäste, die alle ihrem Gastgeber zugewandt waren. Publius Piso brachte soeben den Hausgöttern den ersten Trank dar. Es waren ausschließlich Männer am Tisch (selbst die Herrin Poppäa war zum Essen in ihr Zimmer verbannt worden), vorwiegend Magistratskollegen des Hausherrn. Valarius hätte natürlich auch teilnehmen müssen, war aber geschäftlich im Süden unterwegs. Glaucus, der einzige junge Mann in der Runde und der Einzige, der mit seinem Blütenkranz nicht lächerlich wirkte, spielte seine Rolle als Jüngling inmitten erfahrener Männer einwandfrei. Er wandte sich den einzelnen Grauköpfen mit genau dem richtigen Maß an Ehrerbietung zu, das ihnen ein Gefühl der Überlegenheit gab, ohne dass sie sich deshalb alt fühlen mussten.

Das machte er wirklich geschickt, dachte Beric, der ihn von seinem Platz an der Wand aus mit dem stillen abwartenden Hass seines keltischen Stammes beobachtete.

Doch Berics Aufmerksamkeit, die sich bisher wie zwanghaft immer ausschließlich auf seinen Herrn konzentriert hatte, wurde heute allmählich von einer anderen Person in Anspruch genommen: von einem Mann mit der typischen Haltung des Berufssoldaten, der dem Sohn des Hauses genau gegenübersaß und sich angeregt mit einem älteren Senator unterhielt. Beric, der den Mann schon früher gesehen hatte, wenn auch nicht aus der Nähe, wusste, dass dies Titus Drusus Justinianus war, einer der obersten Zenturionen der Legion und ein bekannter Straßenbauer, der in den entlegensten Randgebieten des Imperiums Sümpfe trockenlegte. Doch es war weniger sein Ruf als vielmehr der Mann selbst, der den Jungen fesselte. Und Justinianus war tatsächlich eine Gestalt, die in jeder Gesellschaft aufgefallen wäre: untersetzt, mit einem mächtigen Brustkasten, gewaltigen Schultern und Armen, deren Länge ihm ein groteskes Aussehen verliehen, wenn er stand. Sein dunkles hageres Gesicht mit der Hakennase und den schwarzen Brauen, die unter dem Mithraszeichen auf seiner Stirn fast zusammenwuchsen, hätte ohne weiteres das Gesicht eines Wüstenarabers sein können, doch wenn er seine Augen vom Weinbecher in seiner Hand erhob, funkelten sie einem nicht, wie erwartet, schwarz entgegen, sondern strömten das ruhige, kalte Grau der nördlichen Meere aus. Es waren die Augen eines Mannes, der mitunter wohl erbarmungslos sein konnte, aber niemals ungerecht. Einem solchen Mann zu dienen, wäre gut. «Wenn ich nur sein Sklave wäre!», dachte Beric. «Oh, wenn ich doch nur sein Sklave wäre!»

Der scharfe, appetitanregende erste Gang war beendet, und es wurde Zeit, die Schüsseln mit parfümiertem Wasser und die weichen Leinentücher zu bringen, damit die Gäste sich die Finger waschen konnten. Dann wurde der nächste Gang aufgetragen: riesige Steinbutte auf Platten, die so groß wie Schilde waren, in Milch gekochte Zicklein mit süßen Kräutern, geröstete Flamingos, die in ihrem vollen weiß-roten Federkleid auf den Tisch kamen. Crito, der erste Tischsklave, schnitt das Fleisch vor seinem Herrn auf, und eine Zeit lang waren Beric und seine Kameraden vollauf damit beschäftigt, Teller und Schüsseln herumzureichen und dafür zu sorgen, dass die Weinbecher mit rotem Falerner oder goldenem Griechenwein gefüllt blieben.

Als der zweite Gang ebenfalls beendet war, begann die Stimmung der Gesellschaft, die ursprünglich etwas zurückhaltend gewesen war – Publius Pisos Gastmähler verliefen häufig in einer etwas frostigen Atmosphäre –, in Fröhlichkeit umzuschlagen. Man lockerte die Gürtel, die Stimmen wurden lauter und die Augen glänzender; Gelächter erklang, und die Kränze rutschten langsam ein wenig schief auf die Seite.

«Auf unseren neuen Ädilen!», rief jemand aus und hob einen frischgefüllten Becher. «Wir wünschen ihm viel Erfolg und dass er Anlass haben möge, seinen Bewunderern noch mehr solche Festessen zu geben!»

Alle am Tisch erhoben ihre Becher. «Auf den neuen Ädilen!»,

tönte es von allen Seiten. Publius Piso war in seinem Element, er verneigte sich, bedankte sich strahlend und schien in der Wärme ihres freundlichen Gelächters geradezu anzuschwellen und aufzublühen.

Der Hauptteil des Essens war jetzt vorüber, und Beric und die anderen Sklaven hatten die Schüsseln abgeräumt und dafür Schalen mit süßem Gebäck und silberne Körbe, die voller kandierter Aprikosen und grüner und blauer Weintrauben waren, hingestellt. Beric, der aufmerksam an seinem Platz stand, hörte das Gelächter und die fröhlichen Scherze ringsum lauter werden.

«Heute in vier Jahren!» Ein munterer kleiner Mann zwinkerte seinem Gastgeber mit dunklen Vogelaugen zu. «Dann ist es soweit, nicht wahr, Publius?»

«Publius Piso als Konsul!», rief jemand vom unteren Tischende her.

«Wählt Piso! Mehr Spiele und weniger Steuern!», stimmte ein Dritter ein, und allgemeines Gelächter folgte auf seine Worte.

«Ich werde dich wählen, wenn du mich wieder zum Essen einlädst und mir noch etwas von diesem Jahrgang anbietest!», versprach der Mann mit den Amselaugen.

Publius Piso senkte den Blick, er war einerseits geschmeichelt, konnte aber andererseits so viel leichtsinniges Gerede über ein so ernstes Thema nicht gutheißen. «Wenn mir meine Mitbürger zur gegebenen Zeit die außerordentliche Ehre erweisen würden, mich zum Konsul zu wählen», sagte er, «so rechne ich damit, dass ihr, meine Freunde, mir alle vollzählig die Freude, die sehr große Freude bereiten werdet, euch am dritten Tag nach meiner Wahl an meiner bescheidenen Tafel sehen zu dürfen.»

«Angenommen! Angenommen!», schrien die Gäste, und ein Mann mit einem Kranz aus weißen Zyklamen, der ihm langsam über die lange rote Nase rutschte, versicherte mit dem

Ausdruck größter Würde: «Ich hoffe, ich darf für die ganze hier anwesende Gesellschaft sprechen – obwohl eigentlich nicht einzusehen ist, warum gerade ich –, wenn ich sage, dass wir – äh, also, wenn wir der Schere der Atropos* entgehen, wird jeder Einzelne von uns bei diesem – äh – erfreulichen Anlass hier anwesend sein. Ein jeder von uns! Bitte, nimm du zuerst von dem Mandelgebäck, Claudius.»

«Es stimmt nicht ganz, dass ein jeder von uns hier sein wird», bemerkte der alte Senator ruhig. «Einer aus unserem heutigen Kreis wird vermutlich zu weit entfernt von Rom tätig sein, um herkommen zu können.» Dabei blickte er auf den Zenturio, der neben ihm saß.

Die Aufmerksamkeit der anderen wandte sich dem Offizier zu.

«Bei Zeus! Ich dachte, du hättest inzwischen genug von den Außenposten des Imperiums!», rief der vogeläugige Mann.

«So, das dachtest du?», sagte der Zenturio gelassen und beteiligte sich damit zum ersten Mal an der allgemeinen Unterhaltung.

«Und wohin wird es dich diesmal verschlagen?»

«Immer noch nach Britannien», sagte der Zenturio. «Immer noch nach meiner alten Marsch und meiner alten Aufgabe.»

Die ruhig ausgesprochenen Worte trafen Beric wie ein lauter Aufschrei, und sein Blick, der wieder auf seinen Herrn konzentriert gewesen war, richtete sich erschrocken und eindringlich zugleich auf den Zenturio.

«Wann kehrst du dorthin zurück?», wollte jemand wissen.

«Heute in drei Tagen segle ich von Ostia ab.»

Ringsum war lebhaftes Stimmengewirr entstanden.

«Mir war gar nicht klar, dass du wieder nach Norden zurück-

* Eine der drei Schicksalsgöttinnen (Moiren, Parzen), die das Menschenschicksal spinnen, wobei Atropos (die Unabwendbare) den Faden abschneidet.

kehren würdest», sagte ein Mann am unteren Tischende und langte nach einer kandierten Aprikose. «Stehst du denn nicht kurz vor der Beförderung?»

«Doch, das stimmt. «

Die gesamte Tischrunde sah ihn verwundert an, und Glaucus platzte heraus: «Willst du damit etwa sagen, dass du dir deine Beförderung für ein paar Tagwerke sumpfiges Land entgehen lassen willst?»

Mit gespielter Bestürzung unterbrach er sich: «Oh, vergib mir, Zenturio! Es kommt mir nicht zu, das zu sagen.»

Der Zenturio Justinianus winkte ab. «Genau das will ich sagen», erwiderte er. «Die Aufgaben eines Lagerkommandanten sagen mir nicht sonderlich zu, und zu den Prätorianern, wo das Leben aus einer einzigen feierlichen Parade besteht, zieht es mich noch weniger. Meinen Fähigkeiten als Präfekt stehe ich sehr skeptisch gegenüber, dagegen bin ich ein wirklich guter Ingenieur.» Er sah sich in der Runde um, und seine Stimme verlor ihren leicht spöttischen Unterton. «Ich habe die Trockenlegung dieses Marschgebietes von Anfang an geleitet, seit der ersten Inspektion vor vier Jahren. Es ist das letzte Stück Marschland, das ich dem Meer abtrotzen werde, und ich möchte diese Aufgabe gut zu Ende führen, bevor ich meinen Abschied nehme und den Adlern endgültig Lebewohl sage.»

«Ich glaube, deine Sümpfe und deine Straßen sind dir wichtiger als dein eigen Fleisch und Blut», bemerkte Publius Piso fast etwas gereizt.

«Wichtiger als Weib und Sohn auf jeden Fall!», rief der vogeläugige Sohn lachend. «Eine Marsch als Frau und eine gerade, gut gepflasterte Straße als Sohn – was ein rechter Ingenieur ist, gibt sich damit zufrieden!»

Der Zenturio schwenkte langsam den Wein in seinem Becher und beobachtete die kreisende Bewegung. Auf seinen Lippen lag ein eigenartiges, verhaltenes Lächeln, er sagte jedoch nichts.

«Dann werden wir dich also nicht mehr zu Gesicht bekommen, bevor du deine Marsch da oben endgültig dem Meer abgerungen hast?», brach jemand das kurze Schweigen.

Justinius setzte behutsam den Weinbecher ab und hob seine scharfen grauen Augen. «Ich möchte sehr bezweifeln, mein lieber Fulvius, ob du mich selbst dann wieder zu Gesicht bekommen wirst. Ich habe das Gefühl, dass ich oben im Norden Wurzeln schlagen werde. Meine Mutter hatte immerhin britisches Blut in den Adern.»

Fassungslos starrten ihn die Übrigen an.

«Bei Zeus!», rief sein Gastgeber aus, um dann rasch hinzuzufügen: «Nun ja, Durinum soll ja angeblich sehr hübsch sein, und auch in Aquae Sulis kann man seinen Lebensabend gewiss sehr angenehm verbringen.»

Der Zenturio schüttelte den Kopf. «Ja, bestimmt sehr hübsch und sehr angenehm, aber nicht für mich. Als ich das erste Mal hinkam, übernahm ich ein verfallenes Gehöft auf einer Anhöhe am Rande der Marsch, dort brachte ich einen alten Diener und seine Frau unter, die sich darum kümmern sollten. Anfangs wollte ich es nur vorübergehend als Winterquartier benützen, doch inzwischen ist es mein Zuhause geworden. Servius hat schon wahre Wunder vollbracht, und wenn wir das Land erst fertig gerodet und in Ordnung gebracht haben, werden wir ein paar Pferde darauf halten. Das ist für mich die beste Art des Ruhestandes – besser, als in Aquae Sulis die Heilquellen zu besuchen.»

«Und glaubst du nicht, dass du dich irgendwann einmal nach der Zivilisation sehnen wirst?»

«Nein. Ich habe meinen Urlaub in Rom genossen, aber ich habe doch schon zu lange in der Wildnis gelebt, um mich im Stadtleben zurechtzufinden. Ich fühle mich von der Zivilisation beengt, als hätte ich zu wenig Luft zum Atmen.» Sein strenger Gesichtsausdruck wurde etwas milder. «Ich brauche den weiten Himmel über der Marsch, meinen kleinen einsamen Hof und die Wildgänse, die mit den Herbststürmen aus dem Norden angeflogen kommen.»

Seine Worte trafen den jungen Sklaven an der Wand mitten ins Herz. «Ich auch, ich brauche auch meinen eigenen Himmel und meine eigenen Berge!», hätte er am liebsten laut hinausgeschrien. Einen Augenblick lang löste sich der helle erleuchtete Raum vor ihm auf, er war tausend Meilen und zwei lange Jahre entfernt und frei. Nur einen Augenblick lang, dann drängte sich der Raum wieder in den Vordergrund, und Beric bemerkte, dass Glaucus, dessen Gesicht jetzt sehr gerötet war, seinen geleerten Weinbecher abgesetzt hatte und mit glänzenden Augen ungeduldig einen Finger krümmte, damit einer der Sklaven ihn fülle.

Automedan, der auch bei Tisch mit aushalf, schenkte soeben einem anderen Gast ein, und Beric stand Glaucus am nächsten. Er trat vor und beugte sich vor, um den Becher in der Hand seines Herrn aus dem zierlichen Krug mit rotem Falerner, den er hielt, zu füllen.

Er hatte gelernt, aus ziemlicher Entfernung einzuschenken, sodass der Wein in einem dünnen Strahl in den Becher unterhalb hinabströmte. Doch als er diesmal den Krug nach vorn senkte, fing er im Augenwinkel eine leichte, unerwartete Bewegung auf, worauf sein Blick kurz nach oben schoss, um den Augen des Zenturios zu begegnen, die erschrocken und eindringlich auf ihn gerichtet waren und so begierig in seinem Gesicht forschten, dass es fast wehtat. Für den Bruchteil einer Sekunde trafen sich ihre Blicke mit einer solchen Kraft, dass es schon fast wie eine Berührung war, dann senkte Beric die Augen wieder auf den Weinkelch in der Hand seines Herrn, doch da war das Unglück schon geschehen: seine Hand, die im falschen Moment innegehalten hatte, hatte den gleichmäßigen Weinstrahl unterbrochen, und nun spritzten ein paar wenige Tropfen funkelnd wie Blut auf Glaucus' Handgelenk und auf den juwelenbesetzten Ärmel seiner Tunika.

Glaucus unterbrach sich mitten in einer Bemerkung an seinen Nachbarn und sah mit einem scharfen, ärgerlichen Ausruf auf, um festzustellen, wer der ungeschickte Sklave gewesen war. Als er sah, dass es Beric war, schlug er ihm mitten ins Gesicht.

Der Schlag war nicht besonders hart und war gewiss auch nicht der erste, den sein Sklave von ihm erhalten hatte, doch der schwere Siegelring, den er am Finger trug, riss Beric die Lippe auf, und als der gleichzeitig süße und salzige Blutgeschmack Beric zwischen die Zähne drang, war es um seine schwer errungene Selbstbeherrschung geschehen. Vielleicht trug dazu auch jener gerade durchlebte Augenblick bei, in dem die Freiheit und seine eigene Welt ihm so deutlich vor Augen gestanden hatten … Plötzlich konnte er es nicht mehr ertragen.

Er war sich nicht einmal bewusst, dass er den Weinkrug fester packte und den ganzen Inhalt in das hübsche, verhasste Gesicht vor sich schüttete. Erst als er sah, wie der Falerner an Glaucus' Kinn hinuntertropfte und sich in einem leuchtend roten Fleck auf seiner Brust und seinen Schultern ausbreitete, merkte er, was er getan hatte.

Das plötzliche Schweigen wurde zu einer Blase aus absoluter Stille, die immer mehr anschwoll und sich ausdehnte, bis sie platzte und von allen Seiten lauter Tumult hereindrang. Publius Piso stieß einen wütenden Schrei aus, und die aufgebrachten Gäste schossen von ihren Liegen hoch, während Berics Mitsklaven sich auf ihn stürzten wie auf einen plötzlich toll gewordenen Hund. Binnen weniger Augenblicke war alles vorbei; er wurde nach hinten gezerrt und stand jetzt von vielen Händen gepackt hilflos da, mit auf den Rücken gedrehten Armen.

Der Aufruhr endete ebenso rasch, wie er begonnen hatte. Nur Publius Piso, der vor Zorn blau angelaufen war und dessen Veilchenkranz ihm bedrohlich schief über ein Auge gerutscht war, stieß kaum verständliche Ausrufe und Befehle an seine

Sklaven und erregte Entschuldigungen an seine Gäste aus, die ebenso sehr dem schändlichen Benehmen seines Sohnes zu gelten schienen als irgendwelchen anderen Vorkommnissen. Glaucus schüttelte die Sklaven ab, die herbeigesprungen waren, um ihn abzutrocknen, und drehte sich zu Beric um, der nun keuchend im Griff der anderen Sklaven vor ihm stand. Wieder verengten sich die Augen des jungen Römers wie die einer Katze vor dem Angriff.

«Du musst den Verstand verloren haben», sagte er sehr leise. «Das ist noch das Barmherzigste, was man von dir sagen kann. Für einen wahnsinnigen Sklaven gibt es nur einen Ort – die Salzminen! Wir müssen dafür sorgen, dass du dorthin befördert wirst, Hyacinthus!»

Abscheu malte sich auf den Gesichtern der Gäste; ein paar zuckten die Schultern und sahen sich mit hochgezogenen Brauen an, doch nur ein Einziger brach die Gesetze von Sitte und gutem Benehmen, um zugunsten des unglücklichen Sklaven zu sprechen, und das war Justinius, der die Gepflogenheiten der Zivilisation wohl vergessen hatte.

«Sei kein Narr, Glaucus; es war allein meine Schuld, dass er den Wein verschüttete; ich habe mich hastig bewegt, und diese Bewegung lenkte sein Auge ab. Du hattest keinen Grund, ihn zu schlagen, und wenn du es dir zur Angewohnheit gemacht hast, ohne Grund zu schlagen, brauchst du dich nicht zu wundern, wenn die Schläge zurückkommen.»

«Soll das etwa heißen, dass wir alle jedes Mal, wenn ein Sklave uns Wein einschenkt, wie Wild, das Gefahr wittert, erstarren müssen, um ihn nur ja nicht abzulenken?», fuhr Glaucus den Gast seines Vaters an, um sich dann auf seine Manieren zu besinnen und hinzuzufügen: «Verzeih mir, aber ausgerechnet diesen Sklaven und seine Verdienste kenne ich besonders gut.» Seine verengten, funkelnden Augen blieben an Berics Gesicht hängen, blickten dann zu den Sklaven hinüber, die ihn festhielten, und wieder zu Beric zurück.

«Dreißig Peitschenhiebe halte ich für angemessen für einen tollwütigen Hund. Doch das hat Zeit bis morgen. So hat er wenigstens etwas, worauf er sich die Nacht über freuen kann. Führt ihn weg und kettet ihn an, damit er niemanden beißen kann!»

Die Flucht

Beric wurde aus dem Raum geschoben, die vertrauten Säulengänge und Flure entlanggezerrt und schließlich ein paar Stufen hinab in einen kleinen, unbenutzten, unterirdisch gelegenen Vorratsraum gestoßen. Der Raum war eisig kalt, und wie im Licht der Fackel, die einer der Sklaven hinter Beric hereingetragen hatte, zu sehen war, ganz leer bis auf einen Haufen vergessener Gartengeräte und ähnlicher Dinge, die in einer Ecke herumlagen. Beric leistete keinen Widerstand, als er zu einer dicken Krampe hinübergestoßen wurde, die aus der unebenen Tuffsteinmauer herausragte – der Raum war schon früher als behelfsmäßiges Gefängnis benützt worden –, und er wehrte sich auch nicht, als ihm eine eiserne Handfessel angelegt wurde, von der eine dünne, aber kräftige Kette zur Wandkrampe führte, wo sie mit einem Schloss befestigt wurde. Danach drängten sich die anderen hinaus, die Tür fiel hinter ihnen zu, und der schwere Schlüssel drehte sich im Schloss. Eine recht unnötige Maßnahme, dachte Beric benommen.

Doch fast unmittelbar darauf wurde der Schlüssel wieder umgedreht, die Tür ging auf, und Nigellus tauchte in der Öffnung auf, von hinten schwach beleuchtet. «Hier, du wirst einen Mantel brauchen», sagte er beinahe freundlich und warf Beric etwas zu, das ihm in schweren Falten über die Füße fiel. Danach zog er die Tür wieder zu und verriegelte sie. Wieder stand Beric im Dunkeln.

Er machte keine Anstalten, den Mantel aufzuheben, bewegte sich lange Zeit überhaupt nicht. Er war wie betäubt. Ganz allmählich kehrten die Gedanken wieder in sein benommenes Gehirn zurück, langsam und schmerzhaft, wie wenn das Gefühl in ein eingeschlafenes Glied zurückkehrt. Nun begann er zu begreifen, was geschehen war und was geschehen würde.

Immer noch aufrecht, starr in die Dunkelheit vor sich blickend, die wie eine schwarze Binde über seinen Augen lag, dachte er an das, was auf ihn zukam. Nicht an die Peitschenhiebe, die ihn morgen erwarteten, sondern an das Entsetzen, das dahinter lauerte. Die Salzminen!

Er wusste nur allzu gut, dass dies keine leere Drohung gewesen war. Wer in die Salzminen geschickt wurde, brauchte manchmal Jahre, um zu sterben, zuvor fielen ihm aber die Zehen und Finger ab, wie bei einem Aussätzigen. Die meisten wurden außerdem wahnsinnig.

Sein Hirn arbeitete immer noch langsam und unkonzentriert, doch ein Gedanke kristallisierte sich aus dem Knäuel an Überlegungen heraus. Flucht! Was immer er jetzt auch tun mochte, etwas Schlimmeres als die Salzminen konnte ihm nicht zustoßen. Er hatte nichts zu verlieren. Die Gründe, die ihn und viele andere seiner Leidensgefährten von der Flucht abgehalten hatten, kamen ihm wieder in den Sinn, doch diesmal schob er sie beiseite. Es hatte keinen Sinn, jetzt schon zu überlegen, was er hinterher tun sollte. Als Allererstes musste er fort. Fort von hier!

Wenn er den Kopf etwas drehte, konnte er das blasse Viereck der kleinen Fensteröffnung hoch oben an der Wand erkennen. Es war zwar ein sehr kleines Fenster, aber wenn er sich nur erst von der Krampe befreien könnte, an die er angekettet war, wäre er wahrscheinlich in der Lage, sich hindurchzuwinden. Er streckte eine Hand hinter sich in die Dunkelheit, fand die Krampe und rüttelte versuchsweise daran. Sie schien hoffnungslos festzusitzen, als müsste man die ganze Mauer einreißen, um sie herauszubekommen. Doch die Krampe war seine einzige Hoffnung, da die Kette sich ganz gewiss nicht zerreißen lassen würde. Er wand sich die Kette um die Hände, stemmte die Füße gegen die Mauer und warf sich zurück, spannte sämtliche Muskeln bis zum Äußersten, änderte kurz die Stellung und versuchte es noch einmal, zerrte und zog, bis ihm der Schweiß aus den Poren strömte, sein Herz gegen die Rippen hämmerte und seine Hände zerschnitten und blutig waren. Doch die Krampe saß genauso fest wie zuvor.

Er brauchte irgendein Werkzeug, etwas, das er als Hebel benützen könnte. Vielleicht enthielt der Haufen in der Ecke etwas Geeignetes, wenn er nur hinreichen könnte. Er streckte sich, so weit es die Kette erlaubte, und versuchte, den Gerümpelhaufen mit seiner freien Hand zu erreichen. Nein, so ging es nicht. Er hockte sich hin, kroch so weit er konnte vor und tastete den Boden mit einem ausgestreckten Fuß ab. Seine Zehen stießen in der Dunkelheit auf etwas, das er zu sich heranangelte. Mehrere Teile aus dem Stapel krachten mit lautem Gepolter zusammen, das in seinen Ohren so klang, als wäre ganz Rom zusammengestürzt. Einen endlosen Augenblick lang lag er mit angehaltenem Atem wie erstarrt auf dem Boden und horchte auf erregte Stimmen und eilige Schritte. Doch die Mauern des Vorratsraumes waren so dick, dass nichts von dem Gepolter nach außen gedrungen war. Er zog den Haufen, der auf seinen Fuß gefallen war, zu sich heran und fand eine Heckensichel darin, mit deren Hilfe er noch mehr Teile aus dem Stapel an sich heranziehen konnte. Beinahe sofort fand er, was er brauchte: den Rest einer eisernen Harke, die für die offene Feuerstelle benützt worden war. Der vordere Teil war stark von Rost zerfressen, doch das hintere Ende des Schafts war noch fest und ganz. Er nahm die Harke und drehte sich damit zur Krampe um, zögerte, legte sie wieder hin und tastete nach der zerbrochenen Heckensichel, mit deren schartigem Ende er am Mörtel, der die Krampe umgab, zu kratzen und zu graben begann.

Der Mörtel war alt, und Beric spürte fast sofort, wie das Gerät sich in der Wand festhakte, und hörte das schwache Rieseln des Mörtelstaubes, dem ein Prasseln folgte, als größere Stücke herausbrachen. Er arbeitete beharrlich weiter. Eine seltsame Ruhe war über ihn gekommen, die keine panische Eile zuließ. Nachdem er schließlich alles getan hatte, was sich mit der Sichel erreichen ließ, legte er sie hin und nahm die eiserne Harke, schob ein fingerlanges Stück des Schaftes durch die Krampe und begann, es als Hebel zu benützen. Eine wahre Ewigkeit lang bekämpfte er die Krampe, als wäre sie ein lebendiger Feind. Er troff vor Schweiß und rang schluchzend nach Atem, das Trommeln seines Herzens machte ihn fast taub, doch endlich krachte es in der Mauer, ein Knirschen, das scharfe Prasseln von fallendem Mauerwerk – und er hielt die Krampe in den Händen.

Er blieb kurz stehen, rang nach Luft und bemühte sich, durch das Rauschen des Blutes in seinem Ohr hindurch Geräusche von außen wahrzunehmen. Dann streifte er die Kette sorgfältig von der Krampe ab, legte die Krampe mit der eisernen Harke auf den Boden, wand die Kette um sein gefesseltes Handgelenk, barg das Schloss in der Handfläche und tastete dann nach dem Mantel, den Nigellus ihm gebracht und den er mit dem Fuß in eine Ecke geschleudert hatte. Nachdem er ihn schließlich gefunden hatte, trat er an das Fenster, streckte sich hinauf, schob das Mantelbündel hindurch und hörte es draußen weich aufs Pflaster gleiten. Dann legte er die Hände auf den steinernen Sims, um sich hochzuziehen. Das war nicht einfach: er musste das Schloss loslassen, um mit seiner linken Hand Halt zu finden, und er hörte, wie es gegen den Stein schlug und rasselte, während er sich hinaufzog. Das Fenster war sehr klein – so klein, dass er nicht hindurchgekommen wäre, wenn er ein, zwei Jahre älter gewesen wäre. Doch obwohl er schon seine volle Größe erreicht hatte, waren seine Schultern noch nicht so breit wie die eines Mannes, und außerdem war er geschmeidig wie ein Fischotter. Auch so passte er nur um Haaresbreite hindurch. Irgendwie schaffte er es jedoch, und als seine Schultern erst einmal hindurch waren, war der Rest einfach, denn das Fenster, das von innen so hoch in der Wand des Vorratsraumes saß, war von außen fast ebenerdig, sodass Beric sich nur mit den Händen über den schon dort liegenden Mantel vorwärtsziehen musste. Er zog seine Beine nach, stand auf und stellte fest, dass er sich in dem engen Durchlass befand, der vom Sklaventrakt in den äußeren Hof führte.

Er bückte sich nach dem Mantel und warf ihn sich um die Schultern, da er plötzlich spürte, dass die Februarnacht mit eisiger Kälte durch seine schweißnasse Tunika drang. Kaum hatte er ein paar Schritte getan, als Fackelschein und Stimmen an der Mündung des schmalen Ganges ihn zwangen, sich flach an die Mauer zu pressen, regungslos erstarrt wie ein Wild, das den Jäger wittert. Offensichtlich war das Fest nach der Unterbrechung weitergegangen, da die Gäste erst jetzt den Heimweg antraten. Während der Schein vieler Fackeln über den Hof flackerte und Stimmen und Schritte ertönten, betete Beric, dass das Licht ihn nicht erreichen und dass niemand den Weg zum Sklaventrakt einschlagen möge. Jemand machte einen Scherz, ein anderer lachte, und das Gelächter hallte sehr laut und nah durch den Gang. Doch schließlich lag der äußere Hof wieder dunkel und still da. Beric wartete und zählte auf fünfzig, nachdem der Widerschein der letzten Fackel auf der gegenüberliegenden Mauer erloschen war.

Noch länger stehen zu bleiben, wagte er nicht, da jeden Augenblick ein Sklave kommen konnte, für den der Durchlass der kürzeste Weg zum Schlafsaal war. Er rannte auf die Mündung des Ganges zu, blieb kurz stehen, lauschte und begann dann, kurz entschlossen den Hof zu überqueren. Je kühner, desto besser, denn wenn ihn jemand dabei beobachten sollte, würde er umso weniger Verdacht schöpfen.

Er hatte immer gewusst, dass der äußere Hof sehr groß war, doch heute Nacht schien er sich wie eine Wüste in einem Albtraum auszudehnen, und als Beric endlich die halbe Strecke hinter sich gebracht hatte, konnte er sich nur mit Müh und Not daran hindern, loszurennen. Schließlich war er am anderen Ende angelangt; dort schlüpfte er zwischen zwei Gebäuden hindurch, bog um eine Ecke, erklomm ein paar flache

Stufen und kroch einen Augenblick später unter das dichte Laubwerk der Stechpalmen und Oleander. In diesem kalten Schlupfwinkel blieb er zusammengekauert sitzen, horchte und beobachtete angespannt und wartete, bis die Lampen zuerst im Säulengang und dann in den dahinterliegenden Räumen gelöscht wurden und alles still war. Das große Haus schlief, nur Priscus, der Wächter, nicht, der bis auf ein gelegentliches Nickerchen zwischen seinen Runden die ganze Nacht wach bleiben musste. Endlich erhob sich Beric steif und halb erfroren aus dem Gebüsch und stahl sich zu dem Schuppen hinüber, wo die Gartengeräte und sonstigen Werkzeuge aufbewahrt wurden.

Es gelang ihm, die Tür geräuschlos zu öffnen und hineinzuschlüpfen. Doch dann in der Dunkelheit das zu finden, was er brauchte, war nicht so einfach, vor allem, da er ständig befürchtete, aus Versehen einen ganzen Berg von Werkzeugen umzustoßen und dadurch einen solchen Lärm zu erzeugen, dass das ganze Haus aufwachen und Priscus mit seiner Laterne und seinem Knüppel herbeieilen würde. Schließlich aber fanden seine behutsam tastenden Finger das, was sie suchten – eine schwere Feile. Er nahm das Gerät, schlüpfte aus dem Schuppen, schloss die Tür mit angehaltenem Atem und begab sich zur Terrasse am unteren Ende des Gartens.

Neben dem Feigenbaum, dessen Früchte er und Lucilla im vergangenen Sommer geerntet hatten, kletterte er auf die Balustrade. Der Baum war jetzt ohne Blätter und zeichnete sich knorrig und dürr gegen den von Sternen übersäten Himmel ab. Aber Beric konnte schon die kleinen dunklen Rundungen erkennen, aus denen die Feigen des kommenden Sommers entstehen würden, und an dem Zweig, den er in der Hand hielt, spürte er die Ahnung von schwellenden Blattknospen. Tief zu seinen Füßen leuchteten noch einige Lichter wie verstreute Juwelen in der schwarzen Senke zwischen den Hügeln.

«Pass auf!», hatte Lucilla gesagt. «Wenn du ausrutschst, wirst du in tausend Stücken unten auf dem Forum landen!» Doch das wäre immer noch besser als die Salzminen. Er sprang hinunter, fand unterhalb der Mauer auf einem schmalen Absatz Halt für die Füße und hatte kurz darauf eine Stelle erreicht, wo er den felsigen Hang hinaufklettern konnte, der steil hinter dem Badehaus der Sklaven hinaufragte. Er kam an eine weitere Mauer, schwang sich darüber und stand jetzt in einer engen Passage zwischen dem Haus des Publius Piso und dem seines Nachbarn. Beric überquerte die Straße und bog dann in den vertrauten engen Weg ein, der zwischen den Häusern hügelabwärts führte.

Als Erstes musste er jetzt einen ruhigen Ort finden, wo er sich ungestört von seiner Fessel befreien konnte. Instinktiv schlug er den Weg zu dem einzigen solchen Ort ein, den er in ganz Rom kannte. «Hierher kommt kein Mensch; selbst die Wache steckt ihre Nase nachts nur einmal kurz durchs Tor, um dann weiterzuziehen», hatte Lucilla gesagt. Er erreichte das zerbröckelnde Tor und trat unter den herabhängenden Zweigen der Zitronen- und Erdbeerbäume in den Garten des Sylvanischen Pan, der im Sternenlicht bei weitem nicht so freundlich wirkte wie sonst, sondern eher etwas Abweisendes an sich hatte. Der Tempel sah fast wie eine Ruine aus, eine Ruine in einer verlorenen Welt. Die Dunkelheit und das Gewirr der Stechpalmen-, Zitronen- und Oleanderzweige kamen ihm hier finsterer und geheimnisvoller vor als in Pisos Garten. Einen kurzen Augenblick lang strich die Furcht über ihn hinweg und raschelte wie der Nachtwind im Gras – und zwar nicht die Furcht vor Entdeckung, sondern vor etwas, für das er keinen Namen wusste, vor etwas, das schön und schrecklich zugleich war und nach Ziege roch. «Der Priester sagt, die Leute hätten den Sylvanischen Pan vergessen, wenn es darum gehe, ihm Opfer zu bringen, dass sie aber immer noch Angst davor hätten, hier in seinem Garten plötzlich einen Hauch von Ziegengeruch zu erwischen.»

Dieses seltsame Gefühl verflog fast noch schneller als es

gekommen war, und Beric ging weiter, auf jenen Teil des Gartens zu, der von der Zelle des alten Priesters am entferntesten lag. Dort, im schwarzen Schatten unter einem wirren Gestrüpp von Immergrün, setzte er sich mit der gestohlenen Feile hin. Die Arbeit ging geradezu aufreizend langsam voran, und jeden Augenblick konnte Glaucus in die Vorratskammer hinunterkommen, um sich am Anblick des Gefangenen zu weiden, und seine Flucht entdecken. Beric war mehr als einmal versucht, seine Feile zu packen und mit der Fessel am Arm wegzurennen, solange er noch die Möglichkeit dazu hatte, aber um Rom zu verlassen, musste er eines der Tore passieren, und dort bestand jederzeit die Gefahr, kontrolliert zu werden. Daher biss er immer wieder die Zähne zusammen und feilte geduldig an der Scharte weiter, die nach und nach zu einer breiten tiefen Furche auf der Oberfläche seiner Fessel wurde. Von Zeit zu Zeit setzte er ab, um festzustellen, wie tief die Kerbe war, dann nahm er das gleichmäßige Hin- und Herfeilen wieder in Angriff. Noch einmal streifte ihn die Furcht – mit sanftem Flüstern zog sie als Nachtwind durch die Blätter der Stechpalmen und ließ ihn fröstelnd zurück. Einmal glaubte er, die fernen Töne einer Hirtenflöte zu hören, doch als er das raspelnde Feilen unterbrach, um mit klopfendem Herzen und Gänsehaut zu lauschen, vernahm er nur den Ruf eines Vogels, der aus den Granatapfelgärten des Esquilins jenseits des Tales über das Rauschen der Stadt zu ihm herübertönte.

Beric hatte annähernd eine Stunde mit seiner Arbeit verbracht, als die klirrenden Schritte der Wachpatrouille durch die Gasse klangen. Er erstarrte inmitten einer Bewegung, als die Soldaten am Tor hielten. Durch das Blattwerk hindurch sah er stählerne Hauben und Harnische im Laternenschein aufblitzen. Doch gleich darauf ertönte ein kurzer Befehl, das flackernde Licht der Laterne verschwand, und die klirrenden Schritte verhallten. Die junge Herrin Lucilla hatte recht gehabt.

Mit einem erleichterten Seufzer machte Beric sich wieder an die Arbeit. Kurz darauf durchbrach die Feile das letzte Stück Metall. Jetzt konnte er die Fessel auseinanderbiegen und von seinem Handgelenk abstreifen. Als Nächstes war der silberne Armreif an der Reihe, der ihn als Sklaven aus dem Hause des Publius Piso kennzeichnete. Damals, als er ihn von Nigellus erhalten hatte, war der Reif schon schwer genug über den Ellenbogen gegangen, und seither war Berics Arm kräftiger geworden, doch nachdem er sich in die Hand gespuckt und die kräftigste Stelle seines Ellenbogens ordentlich mit Speichel eingerieben hatte, brachte er den Reif schließlich doch herunter.

Jetzt konnte er sich endlich auf den Weg machen! Die Feile brauchte er nicht mehr, also stieß er sie in die weiche Erde und stand auf. Wieder glaubte er auf dem Weg durch den Garten schwache Flötentöne zu vernehmen, doch als er innehielt, um zu lauschen, waren sie wieder verstummt. Noch ein weiteres Mal blieb er stehen, diesmal um von einem Busch neben dem Tor einen Rosmarinzweig abzubrechen. Dann stand er wieder draußen in der Welt der Menschen, draußen in der engen Gasse.

Er ging denselben Weg zurück, den er gekommen war, schlang im Gehen die Kette um Fessel und Armring und wand den Rosmarinzweig um das Ganze. Über den Rücken des Viminal und durch das dahinterliegende Tal gelangte er durch verwinkelte Gassen auf den Pincian hinauf. Er fand Valarius' Haus sofort, obwohl er es noch nie betreten hatte; vor dem Portikus blieb er stehen und blickte an den dunklen Gebäudemassen hinauf, die den Vorhof umgaben. Irgendwo hinter diesen Mauern schlief die junge Herrin Lucilla. Kurz blieb er stehen und überlegte, dann riss er einen Streifen von seinem ohnehin schon zerlumpten Umhang, wickelte die Fessel und den Armring darin ein und betrat den Portikus. Zwischen dem oberen Ende des Tores und dem steinernen Gewölbebogen war eine

Lücke, durch die er das Bündel sorgfältig zielend hindurchschleuderte. Es fiel auf der anderen Seite mit schwachem Klirren dumpf auf den Boden. Dann wandte er dem schlafenden Haus den Rücken.

Am nächsten Morgen würde irgendjemand das Bündel mit der durchgefeilten Fessel und dem Armreif des Publius Piso, von einem Rosmarinzweig umwunden, finden und es Valarius bringen. Nein, der war ja auf Reisen. Dann der Herrin Lucilla, die sich zuerst wohl etwas wundern würde. Doch nachdem sie erfahren hätte, was geschehen war, würde sie es verstehen und wissen, dass er in der Dunkelheit hergekommen war und diese Dinge für sie dagelassen hatte, da er keine andere Möglichkeit sah, ihr Lebewohl zu sagen.

Beric bog in die nächste Straße ein, die bergabwärts führte, und gelangte nach einiger Zeit auf die Via Flaminia, die große Straße, die vom Forum durch das Flaminische Tor mehr als zweihundert Meilen nordöstlich nach Rimini führte.

Die Via Flaminia war jetzt, in der dunkelsten Stunde der Nacht, mindestens so bevölkert und noch viel lärmender als tagsüber, denn obwohl weniger Fußgänger unterwegs waren und die meisten Läden geschlossen hatten und die Sänften und Wagen der Vornehmen fehlten, rumpelte der schwere Lastverkehr, der tagsüber in den Straßen Roms verboten war, pausenlos straßauf, straßab. Endlose Ströme von Marktkarren zogen hinauf und hinab, große Wagen voller Lasten holperten schwerfällig vom Tiberufer herauf, Viehherden wurden zum Schlachten getrieben. An einer Stelle war ein riesiger, mit Blöcken gelben lydischen Marmors beladener und von mehreren Ochsengespannen gezogener Rollwagen mit einem Rad in einer Wagenrinne stecken geblieben und blockierte nun den Verkehr von drei Straßen, während ein Knäuel schwitzender, fluchender Männer sich beim Schein einiger Laternen abmühte, das Rad freizubekommen.

Das Flaminische Tor erhob sich hell in dem erbarmungslosen Licht zahlreicher Laternen und Fackeln, und die vielen Menschen, die vorher nur vorbeieilende Schemen gewesen waren, nahmen im Umkreis des Tores plötzlich scharfe Umrisse an. Beric zögerte kurz im Schatten einer Toreinfahrt, um den hinausziehenden Verkehrsstrom zu beobachten und um sich selbst zu versichern, dass ihn nichts verraten könne, selbst wenn er je kontrolliert werden sollte, was an den Toren mitunter vorkam. Das hieß, dass die schöne neue Tunika unter dem fadenscheinigen Mantel niemandem seltsam vorkommen durfte, dass seine Haussandalen nicht verdächtig wirken durften, sein Sklavenring keine verräterischen Abdrücke an seinem Arm hinterlassen haben durfte und dass seine aufgerissene Lippe, zerschundenen Hände und blauen Flecken keine verräterische Sprache sprechen durften und – und –. Er hatte das Gefühl, die Wörter «Entflohener Sklave» für alle sichtbar auf seiner Stirn zu tragen. Aber es hatte dennoch wenig Sinn, hier stehen zu bleiben, bis die Sonne aufging und seine Flucht entdeckt worden war.

Er nahm all seinen Mut zusammen, wie vor einem Sprung ins kalte Wasser, und betete zu allen Göttern, von denen er je gehört hatte, vom Sylvanischen Pan bis zu Lugh vom Glänzenden Speer, und tauchte dann hinter einem alten Mann von vertrauenswürdigem Aussehen in den Verkehrsstrom ein. Der alte Mann führte einen Esel, dessen leere Tragkörbe gewiss voller Gemüse für den Markt gewesen waren. Immer näher und näher rückte das bedrohliche Tor; jetzt befand sich der Junge mitten im vollen Licht vieler Fackeln. Er ging ruhig weiter und hielt sich dabei dicht hinter dem alten Mann, damit die Wachen, die den Alten und seinen Esel bestimmt schon oft gesehen hatten, annehmen sollten, dass sie zusammengehörten.

Jetzt wölbte sich der erleuchtete Torbogen genau über ihm, seine Schritte hallten hohl in dem hohen Raum; noch drei Schritte – zwei – einer. Aus den Augenwinkeln sah er einen

Legionär der Torwache den Arm heben. Beric bekam einen so trockenen Mund, als hätte er auf eine Schlehe gebissen, doch dann streckte er die Hand aus und legte sie auf das magere Hinterteil des kleinen Esels, als wäre ihm dieses bestens vertraut. Hoffentlich nahm der Esel ihm das nicht übel! Der Esel nahm es ihm nicht übel, und der Legionär, den es nur plötzlich gejuckt hatte, begann seine Nase so heftig zu reiben, als hätte er vor, sie abzureißen.

Er war hindurch! Ein paar Schritte noch, und der Fackelschein hinter ihm wurde schwächer. Der alte Mann und der Esel zogen weiter, und Beric folgte der dunklen Straße nach Rimini, an den Grabmälern, schwarzgefiederten Zypressen und niedrigen Hütten und Schuppen vorbei, von denen Rom umgeben war. Währenddessen nahm der Verkehr zusehends ab, da die Karren, Esel- und Maultiergespanne immer häufiger in Seitenwege abbogen, die zu Gehöften und Gemüseplantagen führten.

Gleich hinter dem dritten Meilenstein senkte sich die Straße steil zu einer Brücke über den Tiber und bog dann nach rechts, wo sie dem weidengesäumten Flussufer folgte, während die Via Claudia hier abzweigte und geradeaus steil bergan nach Norden führte. Beric überquerte den gelbbraunen Fluss und folgte der Via Claudia in die Höhe hinauf, wo er kurz vor Sonnenaufgang die Straße ganz verließ und sich in die Berge schlug.

Sein Ziel war die große Küstenstraße, die Via Aurelia. Er hätte Rom von Anfang an auf dieser Straße verlassen können, die ersten Meilen waren ihm wohlvertraut, da er die Pferde seines Herrn des Öfteren dort ausgefahren hatte. Doch dann hätte er die Befestigungsanlagen des Janiculum passieren und bis zur Küste einen großen Bogen machen müssen, sodass er am Abend kaum weiter nach Norden gekommen wäre als zu Beginn seiner Wanderung. Da war es schon besser, sich auf diesem Weg allmählich der Küste zu nähern.

Als er einmal mit den Pferden draußen vor dem Janiculum

gewesen war, war er einer Kohorte Legionäre begegnet, die mit so festem, gleichmäßigem Marschtritt an ihm vorbeigezogen war, als wäre sie seit mindestens tausend Meilen ohne Unterbrechung so unterwegs. Als der Kohortenführer und seine hageren braunen, staubigen Männer an ihm vorbeigezogen waren, hatte er einen Bauern, der wie Beric zur Seite getreten war, um die Soldaten passieren zu lassen, beiläufig gefragt, woher die Kohorte wohl komme.

«Sie tragen den angreifenden Eber auf ihrer Standarte», sagte der Mann, «dann wird es eine Kohorte der Zwanzigsten sein, und die ist, soviel ich weiß, in Britannien stationiert, und das schon seit nahezu hundert Jahren.»

Beric hatte hinter ihnen hergestarrt, bis sich Staubwolken zwischen ihm und dem Tross erhoben hatten; dann hatte er sich umgedreht, um die lange gepflasterte Straße, die sie gekommen waren, hinaufzuschauen. Jäh flammte die alte Sehnsucht nach seiner Heimat in ihm auf. «Dann braucht man also nur dieser Straße zu folgen, um nach Britannien zu kommen», hatte er gefragt.

«Das schon, wenn einer so verrückt ist, das zu versuchen», hatte der Bauer geantwortet und in den Graben gespuckt.

Beric bildete sich zwar nicht ein, dass er allein, gejagt und ohne Geld nach Britannien gelangen könnte, wenn er nur der Via Aurelia oder einer anderen Straße folgte; es zog ihn vielmehr einfach in Richtung Heimat, blindlings und ohne Überlegung folgte er dem gleichen Instinkt, der die Wildgänse im Frühling nach Norden zieht.

Die Sonne glitt über die landeinwärts gelegenen Hügelketten. Ihr plötzliches Auftauchen überraschte Beric immer noch jedes Mal aufs Neue, da er ja an das lange Zwielicht des Nordens gewohnt war. Im einen Augenblick lag die Welt noch im Dunkeln, und im nächsten hatte sich die Dunkelheit in einen zarten Lichthauch verwandelt, der wie der Hauch einer Weintraube auf der Welt ruhte, während der Himmel darüber immer heller und leuchtender wurde, bis das Licht zu singen schien. Und dann strömte das Licht über, sprühte durch die noch kahlen Eichenwälder und tröpfelte in rosigen und goldenen Bächen die Schluchten des fernen Appenins hinab. Die Welt erblühte in Farben, in den silbrigen, staubigen Farben des Südens – das sanfte Graugrün der Olivenbäume, die dramatische Schwärze der Pinien. In den Eichenhainen an den Hängen sangen die Vögel, und der dunkle Efeuteppich unter den Bäumen wies vereinzelte Tupfen aus winzigen rosa Zyklamenblüten auf. Beric spürte die Sonne warm auf dem Rücken, während er bergan kletterte.

Hinter ihm, in Rom, würde die Jagd jetzt beginnen.

Ganz langsam begann Beric aufzuwachen, als würde die Sonnenwärme etwas in ihm auftauen und wieder zum Leben erwecken. Seit jenem Augenblick in der vergangenen Nacht, als er in dem dunklen Vorratsraum wieder zu sich gekommen war und sich die Schreckensbilder der Salzminen ausgemalt hatte, schienen alle seine Handlungen von einem Teil seines Selbst diktiert worden zu sein, das sonst nichts mit seinem Denken zu tun hatte. Jetzt konnte er wieder so denken wie immer, und als er sich die Ereignisse der Nacht noch einmal durch den Kopf gehen ließ, kam ihm alles ganz unwirklich vor, bis auf die wenigen Augenblicke, als er vor Valarius' Haus stand, um sich von der Herrin Lucilla zu verabschieden. Jetzt spürte er auch zum erstenmal seinen leeren Magen. Doch dagegen ließ sich gegenwärtig nichts tun, also bemühte er sich, seinen Hunger zu vergessen.

Stunde um Stunde wanderte er nun durch sumpfige Täler und über bewaldete Hügel, immer der Küste entgegen, und in den späten Stunden des Nachmittags sah er von einem Hügelkamm aus zum erstenmal das Meer aufblitzen.

Gegen Abend, als er gerade wieder einen weiteren Hügel erklommen hatte, blieb er zwischen den Pinien auf dem Kamm stehen und blickte auf einen kleinen, einsam gelegenen Hof inmitten der Hügel hinunter. Der Fluss, der an dem Gehöft vorbeiströmte, war von Weiden gesäumt, und die Weiden waren über und über mit golden gepuderten Weidenkätzchen geschmückt. Seltsam, in Rom hatte er gar nicht bemerkt, dass es Frühling wurde. Im Pisogarten hätte er die Anzeichen eigentlich auch erkennen müssen, aber Narzissen und Anemonen waren eben fremde Blumen, die nicht zu ihm sprachen, während er die Sprache der Weidenkätzchen kannte und verstand. Im letzten Jahr dagegen hatte er selbst in Rom gemerkt, als der Frühling nahte, denn obwohl er auch im letzten Jahr unglücklich gewesen war, so war er damals doch noch nicht Glaucus' Sklave gewesen.

Mehr als einmal war er an diesem Tag auf bebaute Felder gestoßen, hatte sich aber jedes Mal abgewandt und den Schutz der Wälder nicht aufgegeben. Diesmal war er jedoch allzu müde und hatte einen geradezu unerträglichen Hunger, und außerdem waren die Sohlen seiner Sandalen schon längst durchgelaufen, und da er schon so lange barfuß gelaufen war, waren seine Füße jetzt wund und blutig. Dieser kleine versteckte Hof in der Wildnis konnte doch unmöglich Gefahren bergen. Das Gehöft sah recht ärmlich aus und bestand nur aus ein paar notdürftig gedeckten Schuppen, einigen Olivenbäumen und verkümmerten Weinstöcken am terrassierten Hang, einem halb zugewachsenen Kürbisbeet, einer kleinen Ziegenherde, die unbeaufsichtigt daneben graste – eine kleine, hartnäckige Lichtung inmitten der anbrandenden Flut von Wacholder und Mastix, wildem Wein, Ginster und Rosmarin, die sämtliche offenen Flächen der Berge zu bedecken schien und bis an die hintere Mauer des Anwesens heranströmte. Eine dünne Rauchsäule stieg von der Hütte in die Luft, und als Beric noch zögernd auf dem Hügelkamm stehen blieb, die Ohren voller Piniengesumme, trat eine Frau mit einem Eimer in der Hand hinter einem der Nebengebäude vor. Ihre Tunika hatte die verblasste blaue Farbe welker Flachsblüten.

Dieser Anblick hatte etwas so Vertrautes und Freundliches an sich, dass Beric sich ohne weiter zu überlegen dazu entschloss, aus dem Pinienwald zu treten und erschöpft über den Hang zu der Frau hinunter stolperte.

Der Hof in den Bergen

Die Frau hob den Kopf und sah ihn kommen, dann blickte sie rasch und unsicher zum Haus hinüber und wieder zu ihm hinauf. Sogar aus der Entfernung war ihr anzumerken, wie sehr sie erschrocken war – und das war nicht weiter verwunderlich, dachte Beric, da es bestimmt nur selten vorkam, dass ein Fremder sich hier in die Berge hinauf verirrte. Inzwischen hatte die Frau den Eimer hingestellt und stand jetzt, die Hände in die Hüften gestemmt, wartend da.

«Glück dem Haus und der Frau des Hauses», grüßte Beric höflich, als er an dem Ziegenpferch und dem fliegenumsummten Misthaufen vorbei den Hof erreicht hatte.

«Glück können beide brauchen, da der Hausherr immer nur seinen eigenen Geschäften nachgeht und den Wein verkommen lässt», erwiderte die Frau. Sie sah wie eine dürre, runzlige kleine Ratte aus, mit einem spitzen scharfen Gesicht, wirkte aber nicht unfreundlich. «Wenn du zu meinem Mann willst, kommst du vergeblich. Er ist nämlich wie üblich unterwegs.»

Beric schüttelte den Kopf. «Ich will nicht zu deinem Mann. Ich bin nach Norden unterwegs, um – um meine kranke Schwester zu besuchen. Irgendwie muss ich vom Weg abgekommen sein, und als ich diesen Hof hier sah …»

«Wenn es die Via Aurelia ist, von der du abgekommen bist, dann hast du dich tatsächlich verirrt. Die liegt drei Meilen weiter in dieser Richtung», unterbrach ihn die Frau und deutete hinüber. «Vor Einbruch der Dämmerung wirst du sie kaum erreichen, und vor der nächsten Zwanzig-Meilen-Station gibt es kein einziges Gasthaus.»

Beric verzog den Mund. «Dass unterwegs kein Gasthof zu finden ist, ändert wenig für mich, da ich sowieso kein Geld habe. Ich – ich bin in ziemlicher Eile aufgebrochen.»

Die Frau betrachtete ihn mit geradezu unangenehm durchdringendem Blick, allerdings auch mit einer Art verächtlicher Freundlichkeit.

«So, so, du bist also in ziemlicher Eile aufgebrochen? Und deinem Aussehen nach zu urteilen, hat sich jemand große Mühe gegeben, dich überhaupt am Aufbrechen zu hindern.»

Als Beric schwieg, lachte sie. «Schon gut. Mir ist es ganz gleich, wer du bist, oder wie du aufgebrochen bist. Was möchtest du denn?»

Berics Blick fiel auf den Eimer. Wie er gehofft hatte, war Milch darin. «Wenn du etwas Milch für mich übrig hättest», sagte er, «und ein paar Lumpen, um meine Füße damit zu verbinden. Ich bin das Barfußlaufen nicht mehr gewohnt.»

Die Frau senkte den Blick und sah die zerfetzten Überreste seiner Sandalen und das Blut, das aus einer Wunde unter seinem großen Zeh hervorsickerte. Ihr scharfes Gesicht nahm einen etwas weicheren Ausdruck an.

«Deine Milch kannst du haben», sagte sie fast trotzig, «und die Lumpen auch. Im Haus wartet Arbeit auf mich, und wenn du die Ziegen in den Pferch treibst und noch das eine oder andere für mich erledigst, damit ich fertig werde, kannst du auch etwas zu essen haben. Wenn du willst, kannst du heute Nacht in einem der Schuppen schlafen.» Damit reichte sie ihm den Eimer und ließ ihn so viel warme, süße Ziegenmilch trinken, wie er wollte.

«Du brauchst ihnen nur zu pfeifen, dann machen die Ziegen dir keine Schwierigkeiten. So, jetzt treib sie erst einmal in den Pferch und sage mir, wenn du fertig bist.»

Mit diesen Worten nahm sie den Eimer wieder auf und begab sich mit einem abschließenden kurzen Nicken ins Haus zurück.

Vor Erleichterung und Müdigkeit war ihm fast schwindelig, aber dennoch machte sich Beric an die Aufgabe, die Ziegen hineinzutreiben, was ihm nicht allzu schwer fiel, da der große

Bock auf seinen ersten Pfiff hin von allein zum Pferch herunterkam und die Ziegen mit ihren Zicklein ihm auf der Stelle folgten. Nachdem er noch Wasser aus dem Fluss geholt und Feuerholz vom Holzstapel klein gemacht und ins Haus getragen hatte, erhielt er die versprochene Mahlzeit.

Die rauchgeschwärzte Hütte sah innen genauso trostlos und verkommen aus wie das ganze übrige Gehöft, aber immerhin brannte ein munteres Feuer im Herd, von dem lediglich ein dünner Rauchfaden durch ein Loch im Dach nach oben stieg, indes der Rest als dicke blaue Wolke unterhalb des Dachgebälks hängen blieb. Die Frau wies Beric einen Schemel neben dem Feuer und gab ihm Gerstenbrot, kräftigen Ziegenkäse und Rettiche, die so scharf waren, dass ihm die Tränen in die Augen schossen. Sie ließ ihn in Ruhe essen und stellte keine Fragen, und Beric war ihr unsäglich dankbar.

Das Essen weckte seine Lebensgeister so weit, dass er sich umzusehen begann und Dinge bemerkte, die er anfangs vor lauter Müdigkeit gar nicht wahrgenommen hatte – kleine Dinge, die ihn verwirrten. Er stellte fest, dass die verblasste, schmutzige Tunika der kleinen Frau mit dem scharfen Gesicht, die sich jetzt an ihr Spinnrad gesetzt hatte, an der Schulter von einer fein gearbeiteten goldenen Brosche zusammengehalten wurde, die gewiss auch von der Herrin Poppäa nicht verschmäht worden wäre. Auf einer Truhe an der Wand lag ein Schal, der zwar sehr verdreckt war, aber dessen Stoff von Silberfäden durchwirkt und in feinen, zarten Farbtönen gehalten war. Seltsam, dass der Ertrag dieses halb verfallenen Hofes noch für solche Dinge reichte. Der Wein, den sie ihm in einem irdenen Becher gereicht hatte, war auch alles andere als das saure, trübe Getränk, das er erwartet hatte. Außerdem standen in der Hütte viel mehr Bänke und Schemel herum, als eigentlich nötig gewesen wäre – als ob hier häufig Gäste wären …

Doch die Wärme und das Essen machten Beric schließlich so schläfrig, dass er überhaupt nichts mehr wahrnahm.

Als er wieder zu sich kam, war es dunkel geworden, die Frau hatte eine kleine Lampe angezündet und forderte ihn nun ungeduldig auf, ihr zu folgen. Er erhob sich wie ein gehorsamer Hund und wankte hinter ihr her. Am hinteren Ende des Raumes öffnete sie eine Tür und führte ihn mit hochgehaltener Lampe hindurch. «Hier kannst du schlafen», sagte sie. «Ich könnte schwören, dass du schon schlechtere Schlafplätze gehabt hast.»

Benommen sah er sich im Lampenschein um und musste ihr recht geben. Es war eine Art Vorratsraum, aber im Gegensatz zu seinem Gefängnis in der vergangenen Nacht war dieser nicht leer. In einer Ecke, in die der Mond schien, waren Mehlkörbe aufeinandergestapelt, außerdem waren da noch Ölkrüge, einzelne Ackergeräte, ein Haufen getrockneter gelber Kürbisse und mehrere hohe Weinkrüge auf einem einfach gezimmerten Gestell. In einer anderen Ecke lag ein Stapel halb fertiggegerbter Ziegenfelle. Die Frau zeigte dorthin. «Da kannst du dir ein Bett machen; aber pass auf die Felle auf! Ich will sie noch verkaufen. Morgen früh gebe ich dir einen Lappen für deine Füße.»

Und bevor Beric auch nur ein schläfriges Dankeschön herausbrachte, war sie schon verschwunden. Die Tür rasselte hinter ihr zu, und er war allein in der Dunkelheit. In dem schwachen Lichtschein, der durch das Fenster hoch oben an der Wand hereinfiel, tastete er sich in die Ecke hinüber, die sie ihm gezeigt hatte, und legte sich hin. Er wickelte sich in seinen Mantel und zog ein paar der stinkenden Ziegenfelle über sich. Die Tür schloss nicht ganz dicht, und von seinem Lager aus konnte er einen breiten goldenen Spalt längs der ganzen Tür sehen, ein tröstlicher Anblick in der Dunkelheit. Er streckte sich aus, legte den Kopf auf den Arm und versank dann in den warmen Wellen des Schlafes.

Beric hatte keine Ahnung, wie lang er geschlafen hatte. Plötzlich fuhr er auf und hörte draußen Lärm und Durcheinander:

laute Stimmen und schwere trampelnde Schritte hinter der klapprigen Tür.

Mit einem Mal war die Nacht voller Gefahren. Eine der Stimmen gehörte der Frau. Sie klang erregt und erschrocken.

«Milo! Du arbeitest doch in den Albaner Bergen! Was in Typhons Namen hat dich denn so früh hierhergeführt?»

Eine tiefe Männerstimme antwortete mit unbekümmertem Lachen: «Nichts anderes als deine schönen Augen, Rhodope!»

Die Frau schnaubte ungeduldig. «Wahrscheinlich habt ihr Ärger gehabt!»

«Mehr als genug Ärger», brummte eine andere Stimme. «Wir hatten von einer reichen Karawane erfahren, aber Flores hatte schlechte Arbeit geleistet, und als wir ankamen, war sie doppelt so gut bewacht, wie wir angenommen hatten. Daher haben wir Carpus und den Zyklopen verloren und haben nicht einmal einen schäbigen Denar oder einen einzigen Tropfen Nardenöl dafür erhalten. Und jetzt hat Junius die Bande aufgeteilt, bis der Sturm sich gelegt hat.»

«Und wir sind wieder in unsere alten Jagdgründe zurückgekehrt», fiel eine dritte Stimme ein. «Und siehe da», auf ein brutales Lachen folgte metallisches Klimpern, als würde ein Beutel mit Münzen geschüttelt, «schon am ersten Tag hat sich unser Glück gewendet. Die kleinen Banden sind doch noch immer die besten.»

«Leg es ins übliche Versteck», sagte die Frau. «Und kräh lieber nicht zu laut, sonst forderst du nur dein Glück heraus!»

«Du scheinst über unser Erscheinen nicht gerade entzückt zu sein, Rhodope», sagte der Mann, den sie Milo nannten. «Du hast doch hoffentlich nicht hinter unserem Rücken einen Tribun von der Wache hier zu Gast gehabt?»

Rhodope lachte halb ärgerlich.

«Ihr habt mich erschreckt. Ich hatte euch nicht erwartet und glaubte, ihr wäret Räuber.»

Dieser Scherz wurde mit anerkennendem Gebrüll aufgenommen, und Beric, der auf seinen Ellenbogen gestützt wie erstarrt im Dunkeln lag, sagte sich, dass mindestens sechs Männer sich im Nachbarraum befinden mussten.

«Da ihr jetzt schon mal hier seid, wollt ihr wohl auch etwas zu essen haben, nehme ich an», sagte die Frau nicht eben liebenswürdig.

«Essen! Ja – Essen und Wein, viel Wein!», schrien mehrere Stimmen durcheinander. Das Geschrei schwoll zu einem heiseren Gejohle an, das stark an das Geheul eines Wolfsrudels erinnerte. «Bring uns Wein, Rhodope, viel Wein, damit wir bei Laune bleiben, während du das Essen bereitest!»

Schemel und Bänke wurden über den Boden gerückt, und Beric hörte, wie die Männer sich setzten, die Beine von sich streckten und ihre Waffen klirrend und rasselnd beiseite legten.

Als Rhodope wieder sprach, kam ihre Stimme direkt von der Tür zum Vorratsraum. «Nehmt erst mal mit dem Wein vorlieb, der noch in diesem Krug ist. Ich bringe mehr, bevor er leer ist.» Sie öffnete die Tür, schlüpfte rasch herein und zog die Tür hinter sich zu. Im nächsten Augenblick beugte sie sich über Beric, der sich bei ihrem Eintritt flach hingelegt und die Augen fest geschlossen hatte. Er hörte sie atmen, und das Licht der Lampe, die sie in der Hand hielt, schien rot durch seine geschlossenen Lider. Einen Augenblick lang war angespanntes Schweigen, dann flüsterte sie: «Du brauchst dich nicht schlafend zu stellen. Bei diesem Höllenlärm könnte nur ein Toter schlafen!»

Beric öffnete die Augen, um sie sogleich wieder von dem flackernden Licht geblendet zusammenzukneifen und sah ihr ins Gesicht, das mit seinen messerscharfen Zügen über ihm hing. «Du bist ein entflohener Sklave, nicht wahr?», flüsterte sie. Und als er Anstalten machte, aufzuspringen, fügte sie heftig hinzu: «Bleib liegen, wenn du die Sonne wieder aufgehen sehen willst, du junger Narr! Ich werde dich nicht an die Wache verraten, denn ich war selbst einst Sklavin. Und den Wölfen da draußen werde ich dich auch nicht ausliefern. Schließlich kannst du nichts über dieses Haus verraten, da die Wache genauso scharf auf dich ist wie auf uns! Wenn du irgendwelche Götter hast, kannst du ihnen für den weißen Streifen am Arm danken, der hat dir nämlich heute Nacht den Kopf gerettet. Verstehst du?»

Beric nickte stumm.

Einer der Männer draußen begann zu singen, die Frau blickte rasch zur Tür hinüber und fuhr dann atemlos fort: «Wenn sie wüssten, dass du hier bist, würde dich selbst der Streifen nicht retten; das sind Kerle, die es auf nichts ankommen lassen. Aber wenn du ruhig hier liegen bleibst, wird dir nichts geschehen, und bis zum Morgengrauen sind sie wieder verschwunden. Dann kannst du weiterziehen.»

Sie nickte kurz und energisch, wie um ihre Worte zu unterstreichen, drehte sich um und nahm einen großen Krug von einem Regal, den sie aus einem der Weinkrüge in der Ecke zu füllen begann. Die Stimmen hinter der Tür waren schon unruhig geworden, als sie die Lampe, die sie abgestellt hatte, ergriff und sie löschte. Dann nahm sie den Weinkrug und öffnete die Tür.

Die Stimmen schienen auf Beric einzustürmen, um dann wieder leiser zu werden, als die Tür sich hinter ihr schloss.

Die Männer begrüßten sie mit lauten Vorhaltungen, dass sie so lange weggeblieben und der Krug inzwischen leer sei.

«Der Docht der Lampe ist erloschen», hörte Beric sie erklären. «Es wird euch bestimmt nicht geschadet haben, zwischen den Schlucken auch mal Luft zu holen.»

«Hauptsache, wir haben jetzt etwas zum Schlucken!», rief einer.

Eine Weile lag Beric wie erstarrt auf seinem Lager, hellwach und angespannt, und lauschte dem Gemurmel im Nachbarraum. Die Männer schienen sich inzwischen etwas beruhigt zu haben, denn sie polterten nicht mehr ganz so wild wie zu

Beginn. Während er den hellen Türspalt angestrengt im Auge behielt, stieg ihm der Geruch nach gebratenem Fleisch und Knoblauch in die Nase. Dann übermannte ihn wieder maßlose Müdigkeit, und er fiel in einen unruhigen Halbschlaf, aus dem er immer wieder aufschreckte. Eigentlich wollte er unbedingt wach bleiben, um zu verhindern, dass er sich im Schlaf geräuschvoll umdrehte oder mit einem Arm etwas streifte und sich so verriet. Doch es half alles nichts – der Schlaf war stärker und zog ihn nach und nach zu sich herab.

Plötzlich schreckte er wieder hoch; diesmal hatte ihn das laute Meckern des großen Ziegenbocks geweckt, in das die übrigen Ziegen im Pferch schrill einstimmten. Fast im selben Augenblick vernahm er aus dem Nachbarraum erschrockenes Fluchen, ein paar gedämpfte Worte, denen hastige, leise Bewegungen folgten, dann erlosch das Licht im Türspalt. Er hörte ein scharrendes Geräusch, als würde die Truhe von der Wand gezogen und kurz darauf wieder zurückgeschoben, und bevor dieses letzte Geräusch ganz verstummt war, ertönten von draußen rasche, schwere Schritte, ein scharfer Befehl, und dann donnerten Faustschläge gegen die Haustür, die mit einem splitternden Krachen endeten, als die Tür nachgab. Der Raum erzitterte unter dem Trampeln vieler schwerer Stiefel.

Beric war inzwischen schon längst aufgesprungen und hockte nun an der Tür, um durch den Spalt hinauszuspähen. Bis auf die rotglühende Asche des ersterbenden Feuers war es dunkel in der Hütte, aber er konnte dennoch erkennen, dass der Raum voller Männer war, die ganz gewiss nicht die Männer von vorhin waren.

«Licht!», verlangte eine Stimme. «Licinius, mach doch endlich Licht! Bei sämtlichen Furien der Hölle! Wie sollen wir sie im Dunkeln denn aufstöbern?!»

Einer stieß seine Fackel in die rote Glut und schwenkte sie dann hin und her, bis sie zischend aufflammte und ihr scharfes, flackerndes Licht auf bronzene Schulterstücke, blanke Schwerter und den roten Helmbusch eines Zenturio warf. Soldaten rannten hin und her und suchten auf scharf erteilte Befehle hin sämtliche Ecken durch. «Typhon möge diese Ziegen holen!», fluchte der Zenturio. «Wenn sie das Gesindel nicht gewarnt hätten, hätten wir das ganze Pack jetzt schon erwischt!»

«Sie werden uns bestimmt nicht entkommen», sagte sein Zweiter Offizier. «An unseren Leuten draußen kommen sie nicht vorbei.»

Doch da war Beric schon zu der hohen Fensteröffnung hinübergestürzt; er musste fliehen, bevor es zu spät war. Zum zweitenmal innerhalb von vierundzwanzig Stunden langte er zum hohen Fenstersims eines Vorratsraumes hinauf, um sich hinaufzuschwingen. Dieses Fenster war größer als das erste, sodass er trotz seiner steifen, wunden Glieder mühelos hindurchklettern und hinunterspringen konnte. Unten angelangt landete er buchstäblich in den Armen der Legionäre, die einen Ring ums Haus gebildet hatten.

«Einen haben wir wenigstens!», rief eine erfreute Stimme, um dann scharf zu werden: «Willst du wohl? – o nein, so nicht, mein Lieber!»

Beric trat wild um sich und tauchte unter dem Arm des Mannes hinweg auf das schützende Gebüsch zu, das hinter der Hofmauer wuchs; doch da trat ihm schon ein anderer in den Weg, und als er diesem ausweichen wollte, fiel der Erste von hinten über ihn her und warf ihn zu Boden. Beric kämpfte wie eine Wildkatze um seine Freiheit, doch als sich immer mehr Männer um ihn drängten, wurden ihm schließlich trotz seines wütenden Widerstandes die Arme auf den Rücken gedreht und er selbst wurde auf die Füße gezerrt. Er wehrte sich immer noch, als er kurz darauf in der von Fackeln erhellten Hütte vor dem Zenturio stand. Die Hütte sah jetzt aus, als hätte ein Wirbelsturm darin gewütet. Die Truhe war von ihrem Platz gezerrt worden und enthüllte in der Wand dahinter ein Loch, das gerade groß genug war, um einen Mann durchkriechen zu lassen.

«Hier haben wir einen von ihnen!», wiederholte der Soldat, der Beric überwältigt hatte.

«Einer!», sagte der Zenturio angewidert. «Und der Rest auf und davon, dank dieser verwünschten Ziegen!» Der Mann mit dem scharf geschnittenen Gesicht und dem eckigen Kinn ließ seinen Blick über den keuchenden Gefangenen gleiten. «Du junger Narr», sagte er verächtlich. «Das endet doch immer auf den Galeeren oder am Kreuz. Warum hast du dich überhaupt mit dieser Bande eingelassen?»

«Ich bin kein …», begann Beric aufgebracht, verstummte dann jedoch jäh. Wenn er ihnen die Wahrheit sagte und sie ihm glaubten, würde er an Glaucus ausgeliefert werden, und das würde die Salzminen bedeuten, jetzt noch sicherer als zuvor. Wenn er nichts sagte, würde er als Räuber verurteilt werden, und das bedeutete die Galeeren oder das Kreuz. Die Galeeren waren jedoch wenigstens besser als die Salzminen, und das Kreuz? Nun, das ging immerhin schnell, dauerte höchstens ein paar Tage, manchmal sogar nur ein paar Stunden, wenn der verantwortliche Zenturio barmherzig war und einen vorher halb zu Tode peitschen ließ. Mit äußerster Verzweiflung traf Beric seine Wahl und wurde dann plötzlich ganz ruhig. Er hörte auf, sich gegen den Griff der Legionäre zu sträuben, schüttelte sich die Haare aus den Augen und starrte dem Zenturio mit trotzig zusammengebissenem Mund ins Gesicht.

«Wahrscheinlich bist du ein entflohener Sklave», sagte der Zenturio. «Das sind deinesgleichen fast immer. Doch das geht uns nichts an, solange sich dein Herr nicht meldet, und selbst das würde dir nicht viel nützen. Wie viele von euch waren hier? War Junius der Syrer einer von euch?»

Beric sagte kein Wort.

«Du wirst nichts aus ihm herausbringen», sagte der zweite Offizier. «Der ist völlig verstockt.»

Der Zenturio zuckte die Schultern. «Diese Bergwölfe haben ihr eigenes Gesetz. Also gut, schafft ihn fort. Binde ihm die

Hände vorne zusammen.» Damit drehte er sich um und sprach mit einem anderen Soldaten, der soeben hereingekommen war.

Beric wurde wieder in den Vorratsraum gestoßen, aus dem er soeben erst entflohen war. Mit vorne gefesselten Handgelenken wurde er der Obhut des Legionärs überlassen, der ihn gefangen hatte, während die Suche nach der restlichen Bande weiterging. Der Legionär war auf seine Art ein freundlicher Kerl und schien es Beric nicht zu verübeln, dass er ein Räuber war und dass er ihn vorhin getreten hatte. «Wenn du mir keine Schwierigkeiten machst, mach ich dir auch keine, in Ordnung?», sagte er, lehnte sich an den Türpfosten und beobachtete seinen Gefangenen im Licht einer Kerze, die er auf das Regal geklebt hatte.

Die Worte klangen irgendwie vertraut. Beric, der benommen vor Hoffnungslosigkeit an der Wand lehnte, schien sie wie aus einer weiten zeitlichen Entfernung zu hören. Aber ganz stimmten sie nicht, dachte er, nicht ganz … Und dann erinnerte er sich. «Wenn du keine Schwierigkeiten machst, brauche ich auch nicht an deinem Strick zu ziehen, klar?» Das hatte Ben Malachis Sklave an jenem Abend gesagt, als Beric in das Haus des Publius Piso verkauft worden war. «Wenn du keine Schwierigkeiten machst, brauche ich auch nicht …»

Im Nachbarraum war ein stetes Kommen und Gehen; draußen im Freien droschen sie auf das dichte Buschwerk ein, das bis an die Hofmauern heranwucherte. Jetzt würden sie allerdings keinen der Räuber mehr erwischen. Die Bande musste ihre geheimen Pfade durch das undurchdringliche Gestrüpp haben, die in den Schutz der Wälder führten. Beric war froh, dass sie Rhodope nicht erwischen würden, da sie ihm zu essen und einen Platz am Feuer gegeben hatte und ihn vor den anderen versteckt hatte. Die Ziegen waren verstummt. Er fragte sich, ob die Legionäre sie getötet hatten. Der Himmel hinter dem kleinen Fenster verblasste allmählich und nahm die Farbe des Aquamarins an. Bald würde die Sonne aufgehen. In Rom war heute Markttag, fiel ihm ein. Wo würde er am nächsten Markttag wohl sein?

Einer der Legionäre steckte den Kopf zur Tür herein und sagte: «Bring ihn nach draußen! Wir ziehen ab.»

«Habt ihr noch ein paar erwischt?», fragte Berics Wächter und richtete sich auf.

Der andere spuckte verächtlich aus. «Die haben sich samt und sonders in Luft aufgelöst. Das Gestrüpp ist voller versteckter Pfade.»

Sie führten Beric aus der Vorratskammer in den Hof hinaus, wo sie ihn in die Mitte eines Legionärtrupps hineinstießen, der auf dem Hof bereitstand. Vom Hang ertönte ein trotziges Meckern. Der Ziegenpferch war leer. Entweder waren die Ziegen ausgebrochen, oder jemand, vielleicht Rhodope, hatte sie herausgelassen.

Das Licht nahm sehr rasch zu, ein schärferes, flackernderes Licht als das des Tagesanbruchs. Als der Trupp sich auf Befehl des Zenturios in Bewegung setzte, gelang es Beric, einen Blick über die Schulter zu werfen. Sie hatten das Strohdach angezündet. Die Flammen schossen bleich und seltsam blutleer in die Dämmerung hoch.

Nach dem Halbdunkel des Mamertinischen Gefängnisses, in dem er vier Tage lang eingekerkert gewesen war, stach das Sonnenlicht Beric weiß und blendend in die Augen. Er blinzelte in die Helligkeit, die ihm in den Kopf einzudringen schien. Streng bewacht stand er im Hof eines der kleineren Gerichtshöfe der Stadt. Sein ganzer Körper juckte von Wanzenstichen, der Mistral blies und wehte von der Straße Abfall herein, der jetzt in den Winkeln und Ecken des Hofes herumwirbelte und raschelte.

An diesem Morgen waren schon mehrere Angeklagte wegen Räuberei, Brandstiftung, betrügerischem Wiegen und Beutelschneiderei in der unteren Stadt verurteilt worden.

Allmählich wurde es spät, und der zuständige Magistrat hatte es eilig. Jetzt war Beric an der Reihe – er wurde als Mitglied der Bande von Junius dem Syrer verhört, die vor sechs Nächten einen Kaufmann auf der Via Aurelia ausgeraubt hatte. Leider war Beric der Einzige, den man erwischt hatte. Der Kaufmann selbst, der mit dick verbundenem Kopf soeben seine Aussage gemacht hatte, konnte nicht beschwören, dass Beric zur Bande gehört hatte, die ihn angegriffen hatte, doch da es dämmrig gewesen war und er einen Schlag auf den Kopf erhalten hatte, war das kein Beweis. Seine Sklaven waren zu eifrig darauf bedacht gewesen, davonzurennen, um von Nutzen sein zu können. Nicht dass das von besonderer Bedeutung gewesen wäre – der Überfall war von der Bande des Junius ausgeführt worden, und Beric war offensichtlich ein Mitglied dieser Bande. Der Zenturio, der ihn gefangen hatte, beschrieb, wie Beric beim Versuch erwischt worden war, aus der Räuberhöhle zu entfliehen. Demnach musste er zweifelsohne auch an dem Überfall mitschuldig sein. Und als der Gefangene verteidigt werden sollte, war kein Verteidiger da.

Beric hatte sich manchmal während der Tage im Gefängnis gefragt, was wohl geschehen würde, wenn er die junge Herrin Lucilla irgendwie benachrichtigen könnte. Doch alles, was Lucilla seinetwegen unternehmen konnte, würde ihn letzten Endes doch wieder an Glaucus und die Salzminen ausliefern, und zwar ebenso gewiss, wie wenn Glaucus selbst in eben diesem Augenblick den Gerichtshof überqueren würde. Beric hatte diese ganzen fünf Tage lang hartnäckig an seiner Entscheidung festgehalten, doch jetzt wünschte er plötzlich, dass er das nicht getan hätte. Wildes Entsetzen vor dem, was ihn erwartete, stieg in ihm auf. Wenn er nun zum Kreuz verurteilt würde! Aus den Salzminen hätte er noch entfliehen können – das hatte zwar noch nie jemand geschafft, aber ihm wäre es vielleicht gelungen –, aber wenn das Kreuz auf ihn wartete, bliebe dazu keine Zeit mehr.

Er beugte sich vor und öffnete den Mund, um herauszuschreien, dass er kein Räuber sei, dass er ein Sklave aus dem Hause des Publius Piso und entlaufen sei, dass er nur deswegen in dem Gehöft gewesen sei, weil die Frau namens Rhodope ihm gestattet hatte, dort zu übernachten. Doch einer seiner Wächter legte ihm die Hand auf den Mund und befahl ihm zu schweigen, und so verstrich der Augenblick.

Jetzt fasste der Magistrat, der sich ganz offensichtlich in Eile befand, noch einmal alle Punkte zusammen. Der Magistrat war ein sehr großer, beleibter Mann mit gedunsenem, talgigem Gesicht. Er war gereizt und verdrossen, da er sich schon so sehr verspätet hatte. Jupiter allein mochte wissen, wann er zum Mittagessen nach Hause kommen würde, denn selbst wenn dieser verwünschte Junge für schuldig befunden werden sollte, bliebe immer noch das Urteil zu bestimmen.

Der Magistrat überlegte sich schon einmal das Urteil, während er mit wachsender Ungeduld auf die Entscheidung der Geschworenen wartete. Als kleinen Ausgleich für seinen Ärger wegen des verzögerten Mittagessens hätte er sich am liebsten fürs Kreuz entschieden, doch er war ein gewissenhafter Mann. Der Junge war offensichtlich kräftig und so gebaut, dass er einiges aushalten konnte, und seit der Pest im vergangenen Herbst war die Flotte vorübergehend etwas knapp an Galeerensklaven.

Die Geschworenen waren zu einem Entschluss gekommen und gaben nun ihre Stimmen ab, die sie auf gekennzeichneten Täfelchen in einen Topf fallen ließen. Ein Gerichtsdiener holte den Topf, stellte ihn vor den Magistrat und begann zu zählen.

«Schuldig!»

Beric fuhr sich mit der Zunge über die ausgetrockneten Lippen und wartete, während der Magistrat und seine Beisitzer die Köpfe zusammensteckten. Dann war der Augenblick gekommen: der Magistrat wandte ihm sein talgiges Gesicht voll zu. «Gefangener, für das abscheuliche Verbrechen, dessen du schuldig gefunden worden bist, verurteilen wir dich dazu, bis an dein Lebensende auf den Galeeren am Ruder zu sitzen.»

Beric hatte schon vorher versucht, sich vorzustellen, was er wohl empfinden würde, wenn das Urteil gefallen wäre. Er empfand gar nichts. Stattdessen sah er ein welkes Kohlblatt an, das der Mistral an den Fuß einer Säule in seiner Nähe hingeweht hatte, und stellte dessen Farbe fest – Graublau über milchigem Grün –, sah den gekräuselten Rand und den dunklen Schatten, der die Umrisse des Blattes so getreu darunter nachzeichnete. Er wusste, dass er die Farbe dieses Kohlblattes, die dicken verästelten Blattadern und den Schatten unterm Blattrand nie vergessen würde.

Die Alcestis von der Rheinflotte

Die weite Wasserfläche des Rheins fing das erste glitzernde Funkeln der frühen nördlichen Sonne auf. Das Wasser blitzte wie Silber, als es aus der nebelverhangenen Dunkelheit des Waldes strömte und an den Uferbefestigungen und Molen der Stadt Colonia Agrippina hochschlug. Am römischen Westufer lag die kleine Kolonialstadt, die Hauptstadt der unteren Rheinprovinz, fest hinter ihren Mauern verschanzt und von den üblichen einheimischen Hütten und dem großen Winterlager der Zweiundzwanzigsten Legion umgeben. Dahinter erstreckten sich Kornfelder und Weingärten, in denen die Weinstöcke schon junge Blätter trieben. Am Ufer gegenüber lagen die Wälder und Sümpfe des barbarischen Germaniens, und dazwischen strömte der breite Fluss, die Grenze, auf der die Patrouillengaleeren der Rheinflotte auf und ab zogen.

An diesem Morgen lag ein kleiner Konvoi von Transportschiffen in der Mitte des Stromes vor Anker. Ihre gedrungenen Formen standen im scharfen Gegensatz zu den langen, schlanken Umrisslinien der beiden Flottengaleeren, die sie eskortieren sollten. Die emsige Geschäftigkeit an Bord der Schiffe ließ erkennen, dass sie in Kürze auslaufen würden.

Eine Gruppe Männer kam durch das turmbewehrte Flusstor der Stadt heraus, drei davon in der Bronzerüstung und dem Rot der Legion, die übrigen eindeutig Beamte, und schlenderten in lebhafter Unterhaltung zur Mole hinunter.

«Eine sehr gute Mannschaft, die wir dieses Jahr haben», sagte ein kleiner, rundlicher Mann, dessen vielfach gefältelte Toga den Purpurstreifen des Magistraten trug. «Ja, ich schmeichle mir selbst, dass es wirklich eine ungewöhnlich gute Mannschaft ist, vor allem dank unserer großen kräftigen Burschen aus der Unteren Provinz.»

«Oh, gewiss, wenn die Größe das Einzige wäre, worauf es bei den Adlern ankäme.» Der Mann im vergoldeten Harnisch eines Legaten, der neben dem runden kleinen Mann einherschritt, stieß ein kurzes, scharfes Lachen aus. «Nein, es sei mir fern, als Fremder hier meine Unwissenheit gegen deine langjährige Erfahrung mit diesen Provinzen zu setzen. Ich gestehe, dass das Aufgebot der Oberen Provinz mich gestern auf dem Paradeplatz mehr beeindruckt hat, doch da mag mein Urteil durchaus von der landläufigen Meinung getrübt worden sein, dass die Bergbewohner allgemein die besten Soldaten abgeben.»

Das runde Gesicht des Provinzgouverneurs verzog sich wie bei einem Kind, das grundlos geohrfeigt worden ist. Den Offizier berührte das herzlich wenig. Er hatte den ganzen gestrigen Abend mit dem Gouverneur verbracht und dessen endlosen selbstzufriedenen Lobpreisungen der Unteren Provinz gelauscht. Mittlerweile hatte er einen Zustand erreicht, in dem ihn die einfachsten Bemerkungen des Gouverneurs reizten.

Hinter ihnen erwachte die Stadt zu einem neuen Tag. Die Sonne stieg höher und sog den süßen, harzigen Duft der Kiefernwälder auf, und der leichte Wind roch warm und würzig nach Wald. Cornelius Chlorus, der neue Legat der Zweiten Augusteischen Legion, nahm den Duft wahr, ohne sich daran zu freuen. Er hatte die germanischen Wälder satt, diese sumpfigen, nebeltriefenden, regengetränkten germanischen Wälder. Er dachte an die lange Inspektionsreise zurück, die ihn durch alle Befestigungen am Limes und Rhein geführt hatte. Während dieser Zeit hatte es nahezu pausenlos geregnet. Drei Monate lang nichts als Regen! Nun, Jupiter sei dank, diese Zeit war vorüber. Jetzt musste er nur die neuen rheinischen Rekruten nach Britannien bringen, dann konnte er dort sein Kommando übernehmen. Er hatte die neuen Rekruten gestern besichtigt und sie an Bord marschieren sehen: hochgewachsene, grobknochige, flachshaarige Burschen, zum größten Teil Nachkommen ehemaliger Soldaten der Zweiten Legion, die unter Agrippa und Germanicus hier gedient hatten und nach Beendigung ihrer Dienstzeit geheiratet und sich hier niedergelassen hatten. Jetzt war es an der Zeit, dass er sich an Bord begab.

Als er, von seinen zwei jungen Stabsoffizieren begleitet, das Ende der Mole erreichte, erklangen von einer der Galeeren klare, melodische Trompetentöne. Die Galeere hatte vor kurzem Anker gelichtet und lag jetzt wartend da, von langsamen Ruderschlägen gegen die Strömung gehalten. Jetzt schwenkte ihr Bug herum, der Takt der Ruderschläge wurde plötzlich schnell und entschieden, als ihre Ruderer sie rasch auf die Mole zuschießen ließen. Es war eine niedrige Galeere mit vierzig Rudern in einer Reihe – die hohen Galeeren des Südens mit dem dreifachen Ruderdeck waren bei dem heftigen Seegang der nördlichen Meere untauglich. Als er die schlanke geschwungene Linie des Schiffes und die vollendete Präzision der Ruderschläge beobachtete, tauchte zum ersten Mal ein Anzeichen von Freude auf dem harten Gesicht unter dem adlergeschmückten Helm des Legaten auf.

Mit rauschenden Bugwellen über dem tödlichen Unterwasserrammsporn kam die Galeere angeschossen, die Matrosen bereit, die hohe Gestalt des Kapitäns allein auf Vorderdeck. Immer näher schoss sie heran, bis es aussah, als müsste sie die Mole rammen. Dann, scheinbar im letzten Augenblick, fuhr die Hand des Kapitäns in die Höhe. Die Geste wurde vom Hortator, dem Rudermeister, am Heck wiederholt, worauf sich die Ruder in vollendetem Einklang senkten und sich gegen das Wasser stemmten.

«Bei Zeus! Ich dachte schon, sie würde sich wie ein Pferd aufbäumen!», sagte einer der Stabsoffiziere bewundernd, als die Galeere inmitten eines schäumenden Hexenkessels aus weißem Wasser zu stehen kam.

«Gewiss. Der Kapitän versteht sein Geschäft», nickte der Legat.

Der Arm des Kapitäns senkte sich, und der Hortator wiederholte die Bewegung, diesmal mit einer weit ausholenden Geste. Wieder beugten sich die Ruderer über die Riemen, doch jetzt bremsten die an Steuerbord, während die Backbordruderer nachgaben, sodass die Galeere mit der Längsseite herumschwenkte. Die Stimme des Kapitäns ertönte zum ersten Mal. «Das genügt.» Die Ruder glitten vor und zurück, bis die Galeere mit der Breitseite an den Fendern anlegte.

Die Matrosen sprangen an Land, um das Schiff zu vertäuen und um den Landesteg auszulegen. Der Trompeter stand bereit, um ein Signal zu blasen, wenn der Legat an Bord käme. Der Legat selbst erinnerte sich jedoch im letzten Augenblick an die Gebote der Höflichkeit. Er drehte sich um und verabschiedete sich in aller Form vom Provinzgouverneur und seinen begleitenden Beamten. Auf den Ruderbänken sanken die Galeerensklaven über ihren Rudern zusammen und verharrten regungslos, als hätte ihnen nur das Rudern Leben verliehen.

In der sechsten Reihe auf der Steuerbordseite vom Bug aus saß Beric, wie die Übrigen über dem Ruder zusammengesunken.

Es war annähernd zwei Jahre her, seit er mit vielen anderen, die ebenfalls zu den Galeeren verurteilt waren, hierher in den Norden kam, um die Lücken in der Rheinflotte aufzufüllen. Er wusste das so genau, da der Frühling seinem Ende zuging, als er zum ersten Mal an die Ruderbank gefesselt worden war, inzwischen hatte es noch einen weiteren Frühling gegeben, und jetzt war wieder Frühling. Der leichte Wind, der den Duft nach sonnenwarmen Kiefernwäldern mit sich führte, drang selbst durch den Gestank, der von den dicht bemannten Ruderbänken der *Alcestis* aufstieg. Früher, ja, sogar noch im letzten Frühling hatte dieser Duft noch alte Sehnsüchte in Beric geweckt und ihn unerträglich gequält, doch da hatte er erst ein Jahr auf den Galeeren hinter sich; jetzt, nach zwei Jahren, konnte ihn das nicht mehr berühren.

Er dachte kaum noch an Lucilla oder an den alten Hippias,

nicht einmal an Gelert, seinen Hund. Manchmal verweilten seine Gedanken bei Glaucus, doch nur, weil es ihm guttat, jemanden zu hassen. Was war er doch für ein Narr gewesen, dass er Glaucus seine Hilfe bei der Sache mit der Stute verweigert hatte! Was war damals nur in ihn gefahren? Er konnte sich nicht mehr daran erinnern und versuchte es auch nicht. Letzten Endes hatten Begriffe wie dein und mein doch überhaupt keine Bedeutung. Wer stärker war als die anderen, raffte so viel an sich, wie er konnte. So einfach war das. Beric scheute sich keineswegs, schwarze Bohnen und verfaulte Trockenfeigen vom Anteil eines anderen zu stehlen, wenn das Essen verteilt wurde – doch nur, wenn Jason, sein Rudergefährte, dadurch nicht weniger bekam. Da die Ruderklaven fortwährend Hunger hatten, versuchten alle ohne Ausnahme, bei jeder Gelegenheit mehr als ihren Anteil zu erwischen. Wenn der Aufseher das Essen brachte, begannen sie zu heulen wie die Hunde – Beric unterschied sich darin nicht von den anderen – und sich brüllend um die schwarzen Bohnen und den sauren Wein zu streiten, die von Bank zu Bank weitergereicht wurden. Manchmal kämpften die Ruderer von drei oder vier Bänken – mehr konnten einander wegen der Ketten an den Fußgelenken nicht erreichen – wie die Hunde um das Essen, bis sie von dem argusäugigen Aufseher, der mit der Peitsche in der Hand zwischen den Bänken auf und ab ging, wie Hunde auseinandergetrieben wurden.

Beric hob den Kopf ein wenig und blickte zum Heck hinüber, wo der Hortator an seinem Hammertisch saß. Er sah Paar um Paar von gebeugten Rücken, nackte, magere Rücken, von der Peitsche mit Narben gestreift. Lybische und skythische Rücken, goldbraune griechische und schwarze äthiopische, jüdische, gothische und gallische Rücken, der Abschaum des Imperiums, alle wie er selbst am Fußgelenk an die Bank und am Handgelenk an den jeweiligen Rudergefährten gefesselt. Manche von ihnen waren schon hier gewesen, als Beric zum ersten Mal an die Ruderbank gekettet wurde; andere waren Neulinge; ständig kamen neue Sklaven, um die Plätze derer einzunehmen, die vor Erschöpfung gestorben waren. Meistens verriet das Aussehen eines Sklaven, wie lange er schon am Ruder saß, und zwar ließ sich das nicht nur am Alter und an der Anzahl der Narben auf seinem Rücken ablesen oder an seinem ausgezehrten Leib, seiner rissigen, geschwärzten Haut oder der Tiefe der Wunden unter den Fesseln, sondern vor allem daran, dass alles Leben in seinen Augen erlosch, wie wenn ein Licht langsam erlischt. Nach einer gewissen Zeit war alles erloschen. Vielleicht war das besser so, vielleicht war es besser, das Denken aufzugeben. Das widerfuhr jedoch nicht allen, Beric zum Beispiel war bisher davon verschont geblieben, und obwohl er nicht begriff, wieso, wusste er, dass es irgendwie mit Jason zu tun hatte.

Auf der Mole verabschiedete sich der Legat immer noch mit ausgesuchter Höflichkeit von den Beamten, während die Galeere mit dem ausgelegten Landesteg und den in Reih und Glied aufgestellten Matrosen und Soldaten wartete. Umso besser, während des Wartens brauchte man nicht zu rudern. Von Beric aus konnte der Legat sich den ganzen Tag lang verabschieden, ja, hundert Tage lang. Wenn er erst einmal an Bord wäre, würden die Ruderer kaum noch zur Ruhe kommen, bevor sie ihn und seine sauberen, bartlosen Tribunen an das Ziel ihrer Reise gebracht hätten. Zum ersten Mal fragte Beric sich, was wohl das Ziel des Truppentransports sein mochte, doch diese Frage war für ihn so ohne Bedeutung, dass er sie gleich wieder fallen ließ.

Neben ihm stieß Jason ein kurzes ersticktes Husten aus, um jedoch sofort wieder zu verstummen. Der Aufseher warf ihm einen Blick zu und zuckte vielsagend mit der langen Peitsche in seiner Hand. Doch Jason störte die Ruhe der vorbildlich disziplinierten Galeere kein weiteres Mal. Von plötzlicher Angst erfüllt ließ Beric seine Hand auf dem glatten Ruderschaft ein wenig zu Jason hinübergleiten, und wie um ihn zu beruhigen, schob sich die magere Hand seines Rudergefährten ihm entgegen und berührte ihn. Einen kurzen Augenblick lang berührten sich zwei Hände voller Freundschaft, um sich gleich darauf rasch wieder zu trennen.

Jason war schon dagewesen, als Beric auf die Galeere kam. Er stammte aus Griechenland und war Maler. «Wenn du an der letzten leuchtend bunten Feder eines fliegenden Vogels den letzten Pinselstrich getan hast und dann zurücktrittst und dir sagen kannst: Ich habe etwas Schönes geschaffen, dann ist das ein beglückender Augenblick!», hatte er Beric gesagt, als er das erste und einzige Mal von sich selbst sprach. «Das ist der schönste Augenblick im Leben, bis vielleicht auf den Augenblick, wo du vor die unberührte Wand trittst und den fliegenden Vogel noch in deinem Herzen trägst.» Jason war nach Rom gekommen, um dort sein Glück zu machen, hatte es aber nicht geschafft, da die Art von Fresken, die er malte, in Rom nicht gefragt war. «Fette Göttinnen auf Wolken, so etwas konnte ich nicht malen; ich zog es vor, die pfeifende Geschwindigkeit der Wildgänse über mir einzufangen.» Er hatte ein wildes Leben geführt und bei den Wagenrennen auf die falschen Gespanne gesetzt. Schließlich war er wegen seiner Schulden festgenommen und als Sklave verkauft worden. Und als ihm klar wurde, dass er ein Sklave war, war er außer sich geraten und war über den Mann hergefallen, der ihn dazu gemacht hatte. Der Mann war ein Senator gewesen, und Jason war auf den Galeeren gelandet.

Zwei Jahre lang hatten er und Beric am selben Ruder gezogen, den Rhein hinauf und hinab und die Nordseeküste entlang. Sie hatten sich zusammen abgeschunden, zusammen gegessen und geschlafen, wie ein Ochsengespann, das, einmal vereint, gemeinsam schleppen, grasen und sich hinlegen muss, durch die Jochketten miteinander verbunden, bis einer von ihnen stirbt. Es kam nur äußerst selten vor, dass sie Gelegenheit fanden, sich miteinander zu unterhalten. Diese wortlose Berührung ihrer Hände auf dem Ruderschaft musste die Sprache ersetzen, was ihr inzwischen auch sehr gut gelang.

Alles, was in Beric noch an Anstand, Glaube und Güte lebendig war, war in dem Gefühl vereint, das er für den Griechen neben sich empfand. Und jedes Mal, wenn Jason diesen kurzen erschöpften Husten von sich gab, wurde Beric von derselben kalten Angst gepackt.

Nun kam der Legat mit seinem Stab endlich an Bord. Der Kapitän und der Marine-Zenturio traten ihm steif entgegen, um ihn am Landesteg zu begrüßen, der metallisch klirrende römische Gruß wurde ausgetauscht, und die Trompete gellte, als der Legat das Schiffsdeck betrat. Von seinem Platz inmitten der stinkenden Ruderbänke aus beobachtete Beric die kleine Szene hinten auf dem Heck – die beherrschten Bewegungen, das scharfe Blinken des vergoldeten Harnischs und das Funkeln der roten Helmbüsche in der Morgensonne –, als spielte sich das alles in einer anderen Welt ab. Der hochgewachsene Mann mit dem adlergeschmückten Helm hatte sich umgedreht und blickte auf die Ruderbänke.

«Du hast deine Ruderer gut trainiert», hörte Beric ihn zum Kapitän sagen. «Ich habe dieses Manöver noch nie besser ausgeführt gesehen.»

Das hätte er zu Porcus sagen sollen, dachte Beric mit grimmig verzerrtem Mund. Zu Porcus, dem Aufseher, dessen Peitsche sie trainiert hatte; möge seine Seele deshalb verderben! Er hörte die zackigen Befehle, dann eilte die Mannschaft an ihre neuen Posten. Der Hortator hob den Hammer, und auf allen Bänken legten die Ruderer die Hände an die Riemen. «Los!» und «Ablegen!» kamen die Befehle, und die Galeere erzitterte leicht und schwenkte weg von den Fendern, als die Kommandos befolgt wurden. «Klack!», sauste der Hammer auf den Tisch, und die vierzig langen Ruder senkten sich gleichzeitig wie ein einziges.

Der Legat am Heck drehte sich um und streckte zu einem letzten Lebewohl für die Beamten an der Mole den Arm in die Höhe, der Gouverneur erwiderte dic Geste und rief über den breiter werdenden Wasserstreifen hinweg: «Guten Wind nach Britannien, Cornelius Chlorus!»

Die an den Legaten gerichteten Worte erreichten auch die ächzenden Ruderer. Beric berührten sie so heftig, als hätte ihn das Ruder an den Rippen getroffen. Guten Wind nach Britannien! Guten Wind nach Hause! Plötzlich loderte die Sehnsucht nach seinen heimatlichen Bergen, die wie so vieles andere in ihm verschüttet gewesen war, als wilde, heftige Flamme in ihm auf, und bitterste Verzweiflung schnürte ihm die Kehle zu. Als er wieder zu sich kam, sah er seine eigenen Hände und die von Jason auf dem schaukelnden Ruderschaft und das blaue Funkeln ihrer Fesseln.

Die *Alcestis* hatte jetzt ihren Platz an der Spitze des kleinen Konvois eingenommen, während ihre Schwester, die *Janiculum*, wachsam an seinem Ende lag. An allen Schiffen wurde der Anker gelichtet, die bunt leuchtenden Segel entfalteten sich in der leichten, begleitenden Brise. Selbst wenn Beric nicht gesehen hätte, wie die windgeblähte Kurve sich dem niedrigen Mast zuneigte und sich leuchtend orange gegen die Kiefernwälder und den milchigen Himmel abzeichnete, hätte er gewusst, wann das Segel der *Alcestis* gesetzt wurde; er hätte es an der plötzlich zunehmenden Zielstrebigkeit und Zuversicht in den Bewegungen des Schiffes gespürt. Mittlerweile kannte er jede Stimmung und jede Eigenart der *Alcestis* so gut, als wäre das Schiff eine Stute. Jedes Geräusch, jeder Geruch, jede Veränderung ihres Verhaltens in wechselnder See waren in ihn eingedrungen und zu einem Teil seines Selbst geworden, genau wie das Ruder, das Jason und er seit zwei Jahren durchs Wasser zogen, jenes große Fichtenholzruder, das Bimsstein und Meeresbrecher weiß gefärbt hatten, zu einem Teil seines selbst geworden war.

Auf dem Vorderdeck war der Flottenaltar errichtet worden, vor dem der Legat dem Gott Neptun Opfer für eine erfolgreiche Reise darbrachte. Der scharfe, süße Geruch nach Weihrauch zog durch die Reihen der Ruderer.

Jetzt hatte die Reise wirklich begonnen. Die Matrosen und Soldaten, die keinen Dienst hatten, waren unter Deck gegangen, und der Legat war mit seinem Stab in der Kabine unter dem Heck verschwunden. Auf dem Ruderdeck hatte der Aufseher sein endloses Auf- und Abmarschieren begonnen, mit zusammengekniffenen Augen, stets auf der Suche nach einem Grund, die lange Peitsche einzusetzen, die er mit so großem Geschick handhabte. Immer wieder fand er einen Anlass, dann zuckte die Peitsche wie ein dunkler Blitz durch die Luft und ließ irgendeinen armen Teufel vor Schmerz aufheulen, wenn sie über seine angespannten Schultern klatschte.

Die Hammerschläge des Hortators, die, wenn nötig, den Rudertakt angaben, das lederne Knirschen der Rudergurte an den eichenen Dollen, das Eintauchen der Ruderblätter und das Klatschen und Rauschen des Wassers an den Bordwänden der Galeere – das waren die Geräusche der *Alcestis*, wenn sie unterwegs war.

All das – und das unaufhörliche Keuchen «Huhja! Huhja!», das mit dem Rhythmus der Ruder steigend und fallend aus den Lungen der Ruderer drang.

Den ganzen langen Tag ging es so – das Klatschen der Peitsche, die Geräusche des Wassers und die keuchenden Atemzüge der Ruderer, bis die Nacht anbrach und der Konvoi vor Anker ging, bis der nächste Morgen die Weiterfahrt und das Umschiffen der Untiefen ermöglichte.

Vier Tage lang arbeitete sich der Konvoi langsam flussabwärts, aus den bewaldeten Hügeln heraus in die Marschlandschaft und schließlich in die verschlungenen Wasserwege des Rheindeltas mit seinen plötzlichen Nebeln, unerwarteten Untiefen und Schlammbänken, mit seinen verräterischen Strömungen zwischen flachen, sumpfigen Inseln, durch die sie sich, den Rufen des Lotsen folgend, hindurch navigieren mussten. Am fünften Abend ankerten sie vor der letzten Station der Rheinflotte. Dieser Außenposten bestand nur aus einer Anzahl niedriger Holzhütten und einem Ausbesserungsdock und war durch Torfwälle gegen die Gewalt des Windes und der See geschützt. Hier wurden Wasserbehälter und Weinkrüge aufgefüllt und frisches Fleisch und andere Verpflegung an Bord genommen.

An jenem Abend gab es sogar für die Sklaven neben den üblichen schwarzen Bohnen und dem sauren Wein etwas Fleisch. Der Aufseher und sein Gehilfe schleppten es in großen Kübeln an und warfen es den Männern klumpenweise zu. Das Fleisch war halb roh, leuchtete rot und schwarz im Licht der Laterne und stank; aber dennoch brachen die Sklaven beim Anblick des Fleisches in hundeähnliches Geheul und Gebrüll aus.

Beric erwischte ein größeres Stück als die anderen, stellte dann aber verbittert fest, dass über die Hälfte davon aus Knochen bestand. Dagegen zu protestieren hatte keinen Zweck. Mit den Zähnen riss er das Fleisch von den Knochen und schlang es mehr oder weniger unzerkaut herunter. Dann sah er sich nach irgendeinem anderen Stück um, das seinem rechtmäßigen Besitzer entrissen werden könnte. Doch da brachte Jason seinen eigenen Anteil zum Vorschein, den er kaum angerührt hatte. Er schützte ihn sorgfältig vor den Blicken der anderen. «Nimm!», sagte er.

Unwillkürlich streckte Beric die Hand aus, ließ sie dann aber wieder sinken. «Nein, es gehört dir», murmelte er.

«Ich will es nicht. Ich habe mich schon an den schwarzen Bohnen satt gegessen.» In Jasons Stimme schwang immer noch eine Andeutung des unbekümmerten Lachens mit, das ihm früher einmal eigen gewesen sein musste.

«Iss es schnell, sonst nehmen es die anderen!», flüsterte

Beric. Jason schüttelte den Kopf. «Es bekommt mir nicht. Ich bringe es nicht herunter.» Seine Worte endeten in jenem kurzen, erschöpften Husten, das sein Rudergefährte so sehr fürchtete.

Augenblicklich kniete Beric über ihm.

«Iss!», verlangte er mit rauer Stimme, die seine Furcht verriet. «Du musst essen; das wird dir Kraft geben.» Er nahm den Fleischbrocken und begann ihn hastig in Stücke zu reißen. «So, jetzt rutscht es leichter hinunter.» Aufgeregt reichte er Jason das erste Stück. Jason nahm es ohne weitere Widerrede und versuchte es mit Mühe zu schlucken.

Doch inzwischen waren ihre Nachbarn aufmerksam geworden. «Wenn sein Bauch zu voll ist, gibt es noch genügend leere Mägen!», rief die heisere Stimme des Hunnen, der am Nachbarruder saß, und schon war seine gierige Hand da, um das Fleisch wegzuschnappen.

Beric schlug sie mit einem Fluch beiseite und drängte Jason noch mehr Fleisch auf. «Iss weiter!», flehte er, und als wieder eine Hand vor ihm auftauchte, schleuderte er sie mit seinem gefesselten Arm zu ihrem Besitzer zurück. «Du Sohn des Seth! Nimm deine dreckigen Pfoten zurück!» Und im nächsten Augenblick war ein knurrender Hundekampf ausgebrochen, da nun auch die Ruderer vor und hinter ihnen sich auf das Fleisch zu stürzen versuchten.

Eilige Schritte kamen übers Ruderdeck, dann folgte das bösartige Sausen der Peitsche. «Hunde! Ungeziefer!», versuchte Porcus den plötzlichen Tumult zu überbrüllen. «Ihr Ausgeburten des Typhon! Zurück! Zurück, sage ich! Auseinander!» Immer wieder sauste die Peitsche in ihre Mitte. Beric fühlte sie wie ein heißes Eisen über seinen Schultern brennen. Die Kämpfenden lösten sich mit widerstrebendem Knurren voneinander. Beric stolperte auf die Knie und starrte plötzlich direkt in das verächtliche Gesicht des Legaten, der offensichtlich durch den Lärm aus seiner Kabine gelockt worden war. Einen Augenblick lang trafen sich ihre Blicke, dann drehte der Legat sich um und unterbrach das Wüten des Aufsehers mit kühler, ungeduldiger Stimme, als er zum ebenfalls herbeigeeilten Hortator sagte: «Dein Vieh ist aufsässig; du hättest ihnen kein Fleisch geben sollen, mein Freund.»

Darauf antwortete die Stimme des Kapitäns. «Das hatte ich befohlen, Herr. Wenn ihnen eine so lange Reise wie jetzt bevorsteht, tut den Ruderern etwas Fleisch gut. Das Fleisch gibt ihnen Kraft.»

«Entschieden zu viel Kraft!», versetzte der Legat kurz. «Ruderer, die mit Fleisch gefüttert werden, sind gefährlich. Ich habe schon früher damit Ärger gehabt. Gib ihnen kein Fleisch mehr, solange ich an Bord bin!»

«Bis zum Vorabend der Rückreise wird es kein Fleisch mehr geben, Herr», entgegnete der Kapitän steif, dann wandte er sich an den Hortator: «Alles in Ordnung. Du kannst wieder nach unten gehen, Rufus.» Als Letztes sprach er zu den Ruderern: «Legt euch hin, ihr Narren. Wenn ich heute Nacht noch einen einzigen Ton von euch höre, wird morgen früh jedem Zehnten von euch die Haut vom Leib geprügelt!»

Damit verschwand er, und der Legat begab sich in seine Kabine zurück. Der Hortator und der Aufseher waren wieder an ihre Plätze gegangen, nur der Wachoffizier stand noch allein auf dem Vorderdeck, eine schwarz verhüllte Gestalt, die sich gegen den dunklen Himmel abzeichnete.

Brummend und knurrend streckten sich die Galeerensklaven unter den Bänken aus, und Stille senkte sich über das Schiff. Beric und Jason hatten sich aneinandergeschmiegt, um sich gegenseitig zu wärmen. Aus den Mannschaftsräumen drangen Stimmen herauf, und aus der Kabine des Legaten strömte mit dem gelben Licht der Laternen Gelächter heraus. Von einem der Transportschiffe stahl sich Gesang übers Wasser, und die Soldaten an Bord der übrigen Schiffe stimmten darin ein. Die Vorstellung, dass dies ihre letzte Nacht auf ihrem heimatlichen

Fluss war, hatte die Rekruten an Bord offensichtlich überwältigt. Sie sangen zwar in ihrer eigenen Sprache, aber die Melodie verriet den Inhalt. Aus jedem Ton klang der Schmerz des Exils. Bald genug würden sie wieder guter Dinge sein, aber heute Nacht hatten sie Heimweh, und die Stimme ihres Heimwehs fand in Berics Herz ein verzweifeltes Echo.

Leichter Nebel zog in tiefen Schwaden über Wasser und Marsch, nach und nach erloschen die gelbroten Lichter in den Türöffnungen der niedrigen, dunklen Hütten am Ufer, die Kohlebecken auf den Hecks der Schiffe leuchteten noch über dem Nebel. Das Wasser schlug klatschend und flüsternd an die dunklen Bordwände der Galeere, die Ruderer ächzten und murmelten im Schlaf. Beric lag immer noch wach. Wenige Tage zuvor hätte der Gesang über dem Wasser noch keine Macht gehabt, ihn zu verletzen, doch da hatte er auch noch nicht gewusst, dass sie nach Britannien unterwegs waren. Jetzt jedoch schmerzte er.

Jason bewegte sich mit einem langen, tiefen Seufzer neben ihm. Bevor der Kampf ausgebrochen war, hatte Jason immerhin etwas von dem Fleisch gegessen. Das war gut. Wenigstens eine Sache, die gut war. Der Gedanke daran beruhigte Beric seltsamerweise, er drehte sich mit klirrenden Ketten auf die Seite, legte seinen Arm um Jason und schlief fast sofort ein.

Sturm auf dem Meer

Die Flut hatte ihren Höhepunkt überschritten; an Bord der *Alcestis* und ihrer Schwestergaleere waren die Ruderer erneut gefüttert worden und saßen jetzt schon an den Rudern. Doch am Heck waren der Legat, der Kapitän und der Lotse in eine heftige Diskussion vertieft.

Beric, der die kleine erregte Gruppe vor dem hochgezogenen Heck beobachtete, wusste genau, was sie dort zu ihrer gedämpften Besprechung zusammengeführt hatte. Er kannte die Wetterzeichen; er wusste, was die Wolken und die fliegenden Vögel, die rollende Brandung und der undefinierbare Geruch nach aufkommendem Sturm, den der Wind mit sich führte, bedeuteten. Sollten sie es wagen, mit dieser Ebbe hinauszusegeln? Das war die Frage, die dort am Heck entschieden wurde. Der Kapitän schüttelte einmal zweifelnd den Kopf, doch der Legat schien es eilig zu haben. Der wird es immer eilig haben, dachte Beric und beobachtete das gut geschnittene, ungeduldige Gesicht unter dem Helm mit dem Helmbusch. Der Legat würde nie Geduld haben. Er würde einen schlechten Jäger abgeben.

Jetzt hatten sie ihren Beschluss getroffen, und zwar offensichtlich denjenigen, den der Legat gewünscht hatte. Die Schiffsoffiziere salutierten und begaben sich rasch an ihre Posten. Die Trompete der *Alcestis* ertönte, ihr Signal hallte von der *Janiculum* übers Wasser zurück und erklang dann auch von den Transportschiffen. Der ganze Konvoi wurde aus seiner abwartenden Ruhe augenblicklich in Aktivität versetzt. Die Besatzung eilte an ihre Posten, Befehle wurden von Schiff zu Schiff gerufen. An Bord der *Alcestis* wurden die Ruder ausgefahren und mit Ledergurten an den Dollen befestigt. Porcus tigerte schon wachsam zwischen den Ruderern auf und ab. Der Anker wurde eingeholt und hing tropfend über dem Bug;

das viereckige flammend rote Segel mit dem schwarzen Adler darauf rollte von der Rahe ab und blähte sich beim Anholen in der leichten Brise. Wieder spürte Beric die unmittelbare Reaktion der Galeere, als der Steuermann das Doppelruder umlegte. Sie glitt nach vorn und krängte ein wenig, als Wind und Flut sie erfassten.

Eines nach dem anderen glitten die Transportschiffe mit ihren gestreiften Segeln hinaus, als letztes schloss die *Janiculum* die Reihe ab. Auf der Landebrücke und am Ufer des Ausbesserungsdocks schauten kleine Gestalten, die mit jedem Augenblick noch kleiner wurden, von ihrer Arbeit auf, um zu beobachten, wie der Konvoi mit der Morgenflut auslief und zwischen den letzten Untiefen hindurch aufs offene Meer hinaussegelte.

Fünf Stunden vor Mittag, als die Küste sich hinter dem Heck des letzten Schiffes nur noch nebelhaft abzeichnete, wurde die Hälfte der Ruderer abgelöst. Auf langen Strecken, während derer Tag und Nacht gerudert werden musste, war dies die Regel. Auf der Galeere war nicht Platz genug für zwei Rudermannschaften, ganz abgesehen von den Problemen, die das An- und Losketten all dieser aufsässigen Kreaturen mit sich gebracht hätte, und der Gefahr, die sie bilden würden, wenn sie nicht am Ruder saßen. Daher würde es so weitergehen, bis sie im Hafen von Dubris unter den grünen britischen Hügeln Anker warfen – an jedem Ruder nur ein Mann, während der andere unter die Bank schlüpfte und so gut es ging zu schlafen versuchte, und das in vierstündigem Turnus.

Beric hatte die erste Schicht, während Jason zu seinen Füßen lag. Die Schicht verlief ereignislos, eine lange, eintönige Anstrengung, das Eintauchen und lange Zurückziehen mit angestemmten Füßen, das Steigen und Sinken der weißen hölzernen Ruderblätter, die mit jedem Ruderschlag sekundenlang das Funkeln des Sonnenlichtes einfingen, und das langsame Schaukeln der grauen Nordseedünung.

Eine Stunde vor Mittag wurde die innere Mannschaft abgelöst, und nun war Jason an der Reihe, während Beric sich aufs Deck legte und den Ausblick auf die grauen Wellen mit dem Anblick der windzerzausten Wolken, der flammenden Wölbung des Segels vertauschte und Jasons dunkle Gestalt über ihm vor und zurück schaukelte.

Am Nachmittag wurden die Ruderer wieder abgelöst und noch einmal bei Anbruch der Dunkelheit. Bei dieser Gelegenheit wurden die Ruderer auch schichtweise gefüttert. Eine Stunde vor Mitternacht stolperte Beric halb schlafend an sein Ruder zurück. Gegen Ende dieser Wache begann der Wind aufzufrischen, und der wachhabende Offizier wechselte ein paar eilige Worte mit dem Kapitän, der neben ihm stand und prüfend die Nase in den Wind reckte. Beric, der durch den hin- und herschwingenden stetigen Rhythmus gleichbleibender Anstrengung in einen betäubenden Zustand verfallen war, in dem er kaum noch wahrnahm, dass er überhaupt ruderte, achtete nicht weiter auf die steifer werdende östliche Brise. Als das Stundenglas des Hortators die dritte Stunde nach Mitternacht anzeigte, wurde Beric wieder abgelöst. Er rollte sich wie ein Hund unter der Ruderbank zusammen und schlief sofort ein.

Es kam ihm vor, als hätte er nur ein paar Sekunden geschlafen, als er von einem brennenden Peitschenhieb über den Nacken geweckt wurde. Als er einen Arm hochriss, um sein Gesicht zu schützen, kam die Peitsche schon wieder durch die Luft gesaust und wand sich wie eine glühend heiße Schlange um sein Handgelenk. «Raus! Raus mit euch, ihr faules Gesindel!», brüllte Naso, der zweite Aufseher. «Raus und an die Ruder!» Immer wieder klatschte die Peitsche, während Beric schlaftrunken und von dem jähen Aufruhr wie betäubt auf die Knie stolperte. Dicht neben ihm schrie jemand vor Schmerzen auf, Naso stapfte weiter über das Ruderdeck und brüllte und peitschte sämtliche Schläfer wach, damit sie ihre Gefährten an den bockenden Rudern unterstützten. Erst als die Benommenheit des Schlafes allmählich aus seinem Kopf gewichen war und er seinen Platz neben Jason einnahm, bemerkte Beric die ungewohnte Bewegung der Galeere und den immer härter werdenden Wind, der nach Nordost gedreht hatte, durch die Takelage pfiff und das Knarren und Ächzen der Bordwände übertönte. Salzige Gischt schlug Beric ins Gesicht, und der Ruderschaft bäumte sich wie ein Lebewesen in seinen Händen auf.

Schon breitete sich die Dämmerung zitronengelb über den mit jagenden Wolkenfetzen bedeckten Himmel aus. Die langen grauen Dünungen des Vortages hatten sich in stürzende, peitschende Wellen verwandelt. Verschwommen nahm Beric das emsige Hin- und Hereilen der Besatzung wahr und die klare Stimme des Kapitäns, die den Wind übertönte: «Bemannt die Fallleinen und die Geitaue!» Dann: «Ablassen! Segel aufgeien!» Die Männer eilten herbei, um das Segel einzuziehen, die lockere Leinwand schlug heftig im Wind.

Im langsam zunehmenden Licht war zu erkennen, dass die Schiffe des Konvois auf der weißgesprenkelten See, die sich ohne Unterbrechung von einem schwankenden Horizont zum anderen erstreckte, noch dicht aufgeschlossen waren. Im Laufe der Stunden frischte der Wind stetig auf, die Takelage summte wie die vibrierende Saite einer Leier; das gereffte Segel klatschte wie ein schwerfälliger Riesenflügel, und die an ihren Rudern kämpfenden Ruderer wurden von Gischtschauern übersprüht. Der Steuermann hatte vollauf damit zu tun, die *Alcestis* gegen den Wind, der sie schon viel zu weit nach Süden abgetrieben hatte, auf ihrem Kurs zu halten, und schließlich wurde das Segel ganz eingerollt. Daraufhin schien er den Kurs eine Zeit lang halten zu können, doch der Wind nahm immer mehr an Heftigkeit zu und drehte dabei immer mehr nach Norden.

Beric wusste nur eines – je rauer die See wurde, desto schwieriger wurde es, die Ruder zu bändigen. «Wir müssen die Ruder einholen», dachte er immer wieder von neuem mit wachsender Angst. «Wir müssen die Ruder einfach einholen!»

Porcus, der jetzt wieder Dienst hatte, kam schwankend und taumelnd übers Deck. Beric schrie dem Aufseher zu: «Wir müssen die Ruder einholen, sonst bringen sie uns noch um!»

«Na und? Hauptsache, ihr rudert bis dahin!», brüllte Porcus zurück, und schon zischte die Peitsche über Berics Schultern und schleuderte ihn wie ein von einer Hornisse gestochenes Pferd auf das Ruder. «Du hast zu rudern, du Abschaum vom Tiber! Hunde! Gesindel! Rudert euch das Herz aus dem Leibe, wenn es sein muss!»

Fast gleichzeitig stieß ein paar Bänke weiter entfernt einer der Ruderer einen gellenden Schrei aus und brach stöhnend über dem heftig schlagenden Ruderschaft zusammen, den sein Gefährte nun allein zu bändigen versuchte.

«Da hast du deine ersten gebrochenen Rippen!», schrie Beric hinter dem Aufseher her, der eilig zu dem Verunglückten hinüberstolperte.

Porcus und ein Matrose beugten sich über den Stöhnenden. Offensichtlich trafen Berics Worte zu. Aus diesem Sklaven würden sie in nächster Zeit keinen Ruderschlag mehr herauspressen können. Während Porcus davonschwankte, um dem Hortator zu berichten, der seit dem ersten Aufkommen des Sturmes auf seinem Posten war, schleppte und stieß der Matrose den Verletzten von seiner Bank aufs Deck, wo er sich immer noch stöhnend zwischen den Füßen der Ruderer ausstreckte. «Holt einen von der Reserve herauf», befahl der Hortator. Niemand hatte Zeit, den Verletzten gleich von seinen Fesseln zu befreien, das musste warten, bis sich die allgemeine Lage etwas entspannt hatte. Er wurde einfach auf Deck liegen gelassen, während einer der Ruderer, von denen jede Galeere ein paar mit sich führte, aus dem Verlies heraufgebracht und an seinen Platz gestoßen wurde.

Und dann zog die Galeere mit vollzähliger Rudermannschaft weiter.

Inzwischen traten neben dem Steuermann jetzt auch der

Kapitän und der Lotse dem Legaten entgegen. «Ich wage nicht länger, so weiterzumachen, Herr», sagte der Kapitän respektvoll, aber bestimmt. Der Legat war der Legat, und er selbst war nur der Kapitän, aber an Bord der *Alcestis* war er der Herr, und dieses Wissen ließ ihn seinen ergrauten Bart energischer vorstrecken. «So werden wir Dubris nie erreichen. Mit jedem Augenblick werden wir weiter vom Kurs abgetrieben. Die Transportschiffe schaffen es vielleicht, sie sind Segelschiffe und können lavieren; wir Galeeren können das nicht.»

«Galeeren sollen ja angeblich Ruderer haben», bemerkte der Legat kalt.

«Die Ruderer sind aus Fleisch und Blut, Herr; und Fleisch und Blut sind nicht endlos belastbar. Unsere Männer rudern jetzt schon seit vielen Stunden, und die See wird immer rauer. Bald werden wir dazu übergehen müssen, sie pausenlos zu peitschen, um das Letzte aus ihnen herauszuholen, und danach wird auch das Peitschen nichts mehr nützen. Und wenn wir erst einmal an diesem Punkt angelangt sind –» Er zuckte vielsagend die Schultern. «Wenn wir versuchen, die Galeere noch länger auf Kurs zu halten, werden wir und der ganze Konvoi innerhalb von zwei Stunden auf der Sandbarriere festsitzen.»

«Das ist wahr, Herr», schob der Lotse ein. «Wenn wir jetzt den Kurs nach Südwesten ändern, können wir es gerade noch schaffen, um Haaresbreite daran vorbeizukommen – das heißt, wenn der Wind nicht plötzlich noch wechselt!»

Einen Augenblick lang schwieg der Legat und blickte in die Richtung, wo die Küste Britanniens sich eigentlich in wenigen Stunden über dem Bug der Galeere am Horizont abzeichnen sollte. «Nun gut», sagte er schließlich zu den beiden angespannt wartenden Männern neben sich. «Ihr seid die Seeleute, und ich habe wohl keine andere Wahl, als mich eurem überlegenen Urteil zu beugen ... Ich gehe nach unten und versuche, ein wenig zu schlafen.» Er drehte sich zur Heckleiter um, raffte die flatternden Falten seines Mantels zusammen, kletterte hinunter und verschwand mit einem ganz und gar nicht würdevollen Schwanken durch die Kabinentür.

Die beiden Seeleute blickten sich erleichtert an und vergeudeten dann keine Zeit mehr. Der Kapitän drehte sich rasch zu einem Matrosen um, der schon befehlsbereit hinter ihm stand. «Hiss das Signal für ‹Kursänderung nach Backbord› und schicke einen Mann in den Ausguck, um sicherzugehen, dass jedes Schiff des Konvois das Signal sichtet und erwidert!» Dann, als der Mann davoneilte, um die Befehle auszuführen, drehte er sich wieder zum Lotsen um. «Wir setzen wohl lieber kein Segel, oder?»

Der andere stimmte zu. «Nein, mit den Ruderern schaffen wir es besser, der Sandbarriere auszuweichen, selbst, wenn ein paar von ihnen dabei draufgehen sollten. Danach können wir die Ruder einholen und Segel setzen, um sie durch die Gallische Enge laufen zu lassen. Morgen früh bei Tagesanbruch wird der Wind nach Nordwest gedreht und abgeflaut haben.»

Ein langer gelber Wimpel lief zur Mastspitze hinauf und flatterte dort wie eine blasse helle Flamme im Wind, und gleich darauf kletterte auch schon ein Mann in den kleinen Mastkorb oberhalb der Rah, wo er kurz blieb und seine Augen mit der Hand abschirmte. Dann wölbte er die Hände vorm Mund, und sein Ruf drang durch den ganzen Aufruhr von Wind und Wellen und knatternder Leinwand zu den Männern auf dem Achterdeck hinab. «Signal von allen erhalten, Herr!»

Der Kapitän warf als Antwort den Arm hoch und befahl den Steuerleuten: «Legt das Ruder um!»

«Jawohl, Herr!» Die Männer stemmten sich mit ganzer Kraft gegen das Steuerruder; langsam drehte das mächtige Doppelruder, und die Galeere beschrieb einen weiten Bogen, der fast einen Viertelkreis ausmachte.

«Weiter so!»

Beric bemerkte sogleich den veränderten Kurs der Galeere.

Das heftige Schlingern hörte auf, das Schiff pflügte nicht mehr schräg gegen die Wellen, sondern sauste wie eine Möwe die Wellenberge und -täler hinauf und hinab. Doch das erleichterte die Aufgabe der Ruderer nur wenig. «Wie lange noch?», fragte sich Beric verzweifelt. «Wollen sie uns denn umbringen? Wir müssen die Ruder einholen!» Und er war nicht der Einzige, der sich das fragte. Überall auf den Ruderbänken machte sich ein Murren breit, das sich langsam zu einem atemlosen, schluchzenden Aufschrei steigerte. «Wir müssen die Ruder einholen!», schrie einer. «Selbst die Dämonen des Tartarus – könnten – bei diesem Seegang nicht rudern!» Ein weiterer nahm den Schrei auf, der nun bald über die ganze Galeere zu hallen begann. «Wollt ihr uns alle umbringen? Wir müssen die Ruder einholen – die Ruder – einholen!»

Porcus stampfte auf dem schwankenden Deck hin und her, seine Peitsche unermüdlich im Einsatz, um den Aufschrei zu ersticken, der jedoch jedes Mal von Neuem hinter seinem Rücken losbrach. Dann kam der Kapitän vom Heck herunter. Sie sahen ihn kurz mit dem Hortator reden. Porcus schwankte heran, um sich zu ihnen zu gesellen. Geschmeidig wie eine Katze schaukelte er mit jedem Schlingern des Schiffes auf den Fußballen hin und her. Er sagte etwas, grinste, dass die weißen Zähne in seinem kupferfarbenen Gesicht aufblitzten, und klatschte dann vielsagend mit seiner Peitsche. Doch der Kapitän schüttelte ungeduldig den Kopf, drehte sich um und blickte die Bänke der Ruderer entlang.

Er hielt seine Hand hoch, um ihre Aufmerksamkeit auf sich zu lenken, und der Wind, der von hinten kam, trug seine Stimme deutlich und klar über den ganzen Aufruhr, über die ganze Galeere hinweg, sodass selbst die Männer auf den Bugbänken ihn gut verstanden.

«Hört alle her! Euer Geschrei, dass die Ruder eingeholt werden müssen und dass ihr nicht rudern könnt, ist sinnlos. Dort drüben warten fünfzehn Meilen Treibsand auf uns!» Er zeigte nach Steuerbord über den Bug. «Wenn wir jetzt die Ruder einholen, ist die Wahrscheinlichkeit sehr groß, dass wir in weniger als zwei Stunden darauf auflaufen. Wenn auch die Dämonen des Tartarus bei dieser See nicht rudern können, beweist mir, dass hier auf der *Alcestis* achtzig Galeerensklaven sind, die es können! Und wenn wir dann in Dubris sind, gibt es für alle Wein – richtigen Wein – und rotes Fleisch, soviel ihr verschlingen könnt! Wenn ihr es nicht tut, werden wir Dubris mit größter Wahrscheinlichkeit nicht erreichen. Das ist alles!»

Nach diesen Worten blieb er kurz stehen und ließ seinen Blick herausfordernd übers Ruderdeck wandern. Und dann geschah etwas Seltsames: mürrisch, wie gegen ihren Willen, stießen die aufsässigen, erschöpften Reihen einen heiseren, gebrochenen Schrei aus, der bei freien Männern ein Beifallsruf hätte sein können. Der Kapitän antwortete mit einer Bewegung seiner erhobenen Hand und drehte sich dann zur Heckleiter um.

Von den Ruderbänken kamen keine Schreie mehr. Die Ruderer kämpften um ihr Leben; denn wenn die Mannschaft beim Stranden der Galeere auch nur eine sehr geringe Überlebenshoffnung hatte, so hatten die an ihre Bänke geketteten Sklaven doch überhaupt keine. Das Leben der Galeere bedeutete buchstäblich auch ihr eigenes Leben. Und doch kämpften sie nicht nur für sich, sondern auch für die Galeere. Sie hassten die *Alcestis*, und das mit gutem Grund. Das Schiff war für sie stets eine schwimmende Hölle gewesen; doch jetzt kämpften sie für sie, wie man für etwas kämpft, das man liebt. Halb blind von der fliegenden Gischt, ausgepumpt und vor Erschöpfung keuchend, mit wild hämmernden Herzen bekämpften sie die wild aufbäumenden Ruder und bemühten sich sogar, sich nach dem lauten Klack, Klack, Klack zu richten, mit dem die Hammerschläge des Hortators durch das Toben pulsierten.

Ein Mann kam an seinem Ruder um, und drei weiteren wurden die Rippen gebrochen, bevor endlich der Befehl ertönte: «Ruder einholen!»

Ein tiefer Seufzer der Erleichterung stieg aus den keuchenden Lungen der Ruderer, als der Hammer des Hortators zu schlagen aufhörte und sie sich mit letzten Kräften daran machten, die Ruder aus den Dollen zu heben und sie einzuholen. Kurz darauf lagen die Ruder auf dem Ruderdeck, der Sturmschutz aus Ochsenhaut war vor die Ruderluken gespannt, und die *Alcestis* lief mit halbem Segel vor dem Wind.

Die erschöpften Ruderer glitten halb bewusstlos von ihren Bänken, um sich im Schutz des Schanzdecks hinzuhocken, schwer atmend, die gesenkten Köpfe zwischen die Schultern gezogen, die Rücken dem Wind und der stechenden Gischt zugewandt. Erst jetzt begann Jason zu husten, mit jenem trockenen, erstickten Husten, den Beric schon kannte, doch diesmal schien der Husten kein Ende nehmen zu wollen. Jason hustete und hustete, bis er vornüber aufs Gesicht sank.

Beric fing ihn in den Armen auf und hielt ihn fest, dabei spürte er den schrecklichen rasselnden Husten ebenso in seinem eigenen Körper wie in dem ausgemergelten Leib seines Rudergefährten. Als der Anfall vorüber war, lag Jason still an Berics Knie gelehnt. Er hatte die Augen geschlossen, und sein Gesicht war aschfahl bis an die Lippen. Beric beugte sich über ihn. «Was ist mit dir?», fragte er. «Bist du verletzt?» Seine gefesselte Hand glitt Jason rasch über Brust und Seiten und tastete nach gebrochenen Rippen. «Wo tut es weh? Hat dich das Ruder erwischt?»

Jason öffnete die Augen. «Nein», sagte er ruhig. «Mir fehlt nichts. Mir war nur einen Augenblick lang übel, und die Welt schien in weite Ferne zu rücken, das war alles. Aber jetzt kehrt sie wieder zurück.» Er machte einen schwachen Versuch, sich aufzurichten, aber Beric drückte ihn wieder hinunter.

«Bleib liegen. Ist dir mein Knie etwa nicht gut genug als Kissen?»

Jason entspannte sich wieder, und der Schatten eines Lächelns huschte über sein Gesicht, ein schiefes Faunslächeln, das genau wie seine Stimme noch Spuren von einstmals sorglosem Gelächter trug.

Der Hortator und seine Männer machten jetzt ihre Runde, um den Toten und die verletzten Ruderer von ihren Fesseln zu befreien. Einer von ihnen untersuchte Jason ähnlich, wie Beric es getan hatte, und grunzte, als er keine gebrochenen Rippen fand: «Der hier ist völlig fertig, aber wenn es soweit ist, wird er wieder rudern können.» Damit ging er weiter. Wein wurde unter die Ruderer verteilt – richtiger, würziger, feuriger Wein und außerdem eine doppelte Ration schwarze Bohnen. Der Wein fachte ihre Lebensgeister wieder ein wenig an und vertrieb mit seiner Wärme die Kälteschauer der Erschöpfung, und die Bohnen beruhigten ihre schmerzenden Mägen. Beric flößte Jason die eine Ration Wein ein und dazu noch den größten Teil seiner eigenen, und obwohl Jason schier daran erstickte, schien es ihm doch gutzutun, sodass er hinterher in der Lage war, etwas von den schwarzen Bohnen zu essen, die Beric im Schoß seines durchnässten, schmutzigen Kittels für ihn aufbewahrt hatte.

Der Wind drehte langsam, aber sicher nach Westen, und der kleine Konvoi lief vor ihm her, verteilt und auseinandergetrieben wie ein Zug sturmgetriebener Wildgänse. Die Ruderer an Bord der *Alcestis* hatten jedes Zeitgefühl verloren, sie hockten auf dem von Wellen überspülten Deck, ihre gebeugten Rücken den Wogen zugedreht. Für sie gab es nur die Gegenwart, und die bestand aus Kälte, Wind und Tosen und schien bis in alle Ewigkeit so bleiben zu wollen. Als der Tag dem Abend zuging, sahen sie weder, dass die dunkle Küstenlinie Galliens am schwankenden Horizont aufgetaucht war, noch merkten sie, dass der dröhnende Sturm nach Nordwest gedreht hatte, ja, sie spürten nicht einmal, dass es regnete.

Beric, der immer noch über Jason gebeugt dahockte, als wollte er ihn mit seinem eigenen Leib vor den Kaskaden aus zischender Gischt schützen, die übers Schanzdeck klatschten und sich durch die bedeckten Ruderluken zwängten, glitt allmählich in einen unruhigen Dämmerzustand hinüber. Viele Traumfetzen jagten ihm durch den Kopf, doch dem Toben ringsum vermochte er keinen einzigen Augenblick lang zu entrinnen und auch der würgenden Angst nicht, mit der ihn die Sorge um Jason erfüllte.

Das Licht schwand allmählich, und der kleine, meilenweit verteilte Konvoi schoss jetzt die gallische Küste entlang. Der Kapitän und der Lotse standen neben dem Steuermann und blickten auf die stetig näherkommenden dunklen Umrisse der Küste. «Ein wenig mehr nach Steuerbord», befahl der Lotse.

Und während der Steuermann das Ruder leicht umlegte, warf der Kapitän dem Mann neben sich einen forschenden, aber ruhigen Blick zu. Er selbst kannte diese Küste nicht allzu gut, aber er vertraute seinem Lotsen. Das Gesicht des Lotsen unter der Ledermütze war wachsam und zuversichtlich – offensichtlich wusste er, was er suchte, und war auch davon überzeugt, es zu finden. Ein grüner Brecher ergoss sich achtern übers Heck und überschüttete alle drei, ohne sie dadurch jedoch nasser machen zu können, als sie es schon waren. Während das Wasser über das schwankende Deck schäumte und zwischen den Ruderbänken hindurchströmte, ließ der Lotse ein zufriedenes Grunzen hören: «Da haben wir ihn!»

In der dunklen Küstenwand war eine Lücke aufgetaucht, die mit jedem Augenblick größer wurde. Der Lotse gab dem Steuermann einen weiteren Befehl und legte dabei selbst die Hand an den schlagenden Ruderschaft, worauf die Galeere leicht den Kurs änderte. Das Licht schwand jetzt rasch, die Lücke in der Küste wuchs jedoch noch rascher und wurde schließlich zur Mündung eines großen Flusses. Die *Alcestis* lief darauf zu, und plötzlich leuchtete ein warm goldener Lichtstrahl durch die Regenschwaden und die zunehmende Dämmerung über dem dunklen Festland. «Ah, das Leuchtfeuer!», rief der Lotse aus, voll auf seine Aufgabe konzentriert. «Jetzt wäre es am besten, das Segel einzuholen und die Ruder wieder auslaufen zu lassen.»

In der schwindenden, sturmdurchtosten Dämmerung lief die *Alcestis* so der gallischen Küste entgegen, vom flammenden Leuchtfeuer oberhalb der Mündung des großen gallischen Flusses sicher geleitet, und warf dann vom Ufer einigermaßen geschützt den Anker aus.

Jasons Insel

Der Rest des vom Sturm zerstreuten Konvois traf im Lauf der frühen Nachtstunden ein und lief am Leuchtfeuer auf der flachen Landzunge vorbei in die Flussmündung ein, bis alle fünf Schiffe im Windschatten des bewaldeten Ufers lagen. Hier waren sie vor der vollen Wucht des Sturmes geschützt, der die weißschäumenden Brecher in die Flussmündung trieb und den Regen in zischenden Schwaden durch die Dunkelheit peitschte. Unter Deck saßen Matrosen und Soldaten munter beim Abendessen, und in der Kabine ließ der Legat eine Flasche Falerner öffnen; das kalte Brathuhn jedoch, das ihm und seinem Stab aufgetischt wurde, lehnte er ab. Zwischen den Ruderbänken kauerten die Sklaven eng aneinandergedrängt unter den verrotteten Segeltuchfetzen, die ihnen zum Schutz gegeben worden waren; sie waren zu ausgepumpt, um sich um das schimmlige Gerstenbrot zu raufen.

Im Laufe der Nacht flaute der Sturm fast ganz ab, wie der Lotse es vorhergesagt hatte, und schließlich brach die Dämmerung über einer völlig ermatteten Welt an. Es regnete kaum noch, und die Wucht des Windes hatte nachgelassen, die Wälder aber ächzten und schwankten immer noch, als das morgendliche Silberlicht über die schwellende Dünung an der Flussmündung streifte.

Im ersten schwachen Morgengrauen wurde Beric von dem lauten Kreischen der Seevögel wach. Er bewegte sich sehr vorsichtig. Die erste Bewegung zu Beginn des Tages war jedes Mal schmerzhaft, denn im Laufe der Nacht hatten die wunden Stellen unter den Fesseln und die Peitschenstriemen Zeit gehabt, sich etwas zusammenzuziehen. An diesem Morgen jedoch war es eine wahre Höllenqual. Jeder einzelne Muskel schmerzte, die Wunden an seinem Handgelenk und Fußknöchel waren rot und offen, die Schwielen an seinen Händen waren durchgescheuert und fast ebenso zerschunden wie die Wunden unter den Fesseln, und Brust und Bauch bestanden fast nur noch aus blauen Flecken. Stöhnend zwang er sich dazu, vollends aufzuwachen und einem neuen mühseligen Tag ins Gesicht zu sehen. Dann fiel ihm Jason wieder ein. Rasch warf er das Segeltuch zurück, das er sich über den Kopf gezogen hatte, richtete sich mit einem Ruck auf dem Ellenbogen auf und blickte auf seinen Freund nieder.

Jason schlief, den Kopf auf den Arm gebettet, und sein mageres, bärtiges Gesicht wirkte im Schlaf viel jünger als sonst. Er sah so ruhig aus – wie ein freier Mann, dachte Beric mit plötzlicher Angst.

Im selben Augenblick schlug Jason die Augen auf, runzelte leicht verwirrt die Brauen, als wäre er weit weg gewesen und noch nicht ganz zu seinen Fesseln zurückgekehrt. Dann, als Beric einen Seufzer der Erleichterung ausstieß, drehte er sich um und sah mit unverändert friedlichem Gesichtsausdruck zu Beric hoch.

«Was ist?», fragte er.

«Ich hatte Angst», sagte Beric nur.

Jason antwortete nicht, lag nur da und musterte Berics Gesicht. Plötzlich lächelte er sein altes schiefes Faunslächeln: «O nein, das nicht!», sagte er. «In dieser Welt gibt es nur wenige Dinge, die es wert sind, dass man vor ihnen Angst hat, und das gehört ganz gewiss nicht dazu. Das Leben auf den Ruderbänken ist nicht gar so angenehm, und der Tod ist uns allen, die wir die großen Galeeren rudern, nicht gar so fern, dass wir uns um Tod oder Leben sonderliche Sorgen machen müssten.»

Ringsum begannen sich die zusammengekauerten Elendsgestalten zu rühren, doch im Augenblick waren sie für Beric und Jason nicht vorhanden. Beric schüttelte sich das verfilzte Haar aus den Augen und entgegnete heftig: «Wer sagt denn, dass ich davor Angst hatte? Es ist gleich, wovor ich Angst hatte. Du hast geschlafen, und jetzt geht es dir besser, und – ich mag nicht über solche Dinge sprechen!»

Aber Jason hörte nicht zu. Er hatte den Kopf gewandt, um etwas in der Ferne am Himmel zu beobachten. Als Beric seinem Blick folgte, sah er einen kleinen Zug Wildgänse am leeren Morgenhimmel anschwirren. Fast gleichzeitig hörte er sie auch, zunächst war es nur ein schwacher Laut, vom Wind aufgefangen und herangetragen, der dann jedoch zu einem immer helleren Schnattern anwuchs, je mehr sich der dunkle Vogelstrich näherte, zu einem halb melodischen, halb gespenstischen Schrei, wie von einem Rudel kleiner Jagdhunde, das voller Eifer zur Jagd anschlägt.

«Es ist Frühling, und die Graugänse fliegen wieder nach Norden», sagte Jason. Als die anmutige, vom Wind sanft gebogene Vogellinie über ihren Köpfen dahinzog, fuhr er fort: «Das wäre ein schönes Fresko; allerdings müsste man einen Pinsel aus Kometenhaaren haben, um die Geschwindigkeit ihres Fluges einzufangen.»

Beric blickte den Vögeln mit gerunzelten Brauen nach, bis sie verschwunden waren, dann senkte er den Blick immer noch stirnrunzelnd auf seinen Freund. So hatte er Jason noch nie reden hören, und das beunruhigte ihn – das beunruhigte ihn sehr. Jason sah die Sorge auf Berics Gesicht und sagte ruhig: «Ich habe heute Nacht geträumt, das ist alles.» Es kam äußerst selten vor, dass man unter den Ruderbänken träumte. Auf den Ruderbänken schuftete man wie ein Lasttier, und so schlief man auch.

«War es ein guter Traum?», fragte Beric.

«Es war ein guter Traum.» Jasons ruhiger Blick wandte sich wieder dem Himmel zu. «Ich träumte, ich sei wieder zu Hause, in jenen Tagen, lang bevor ich überhaupt je an Rom gedacht hatte … Mein Bruder und ich, wir hatten ein eigenes kleines Boot, das wir wie eine Wildente bemalt hatten, grün und purpur wie die Deckfedern einer Ente, und die Augen am Bug klein und leuchtend wie Entenaugen. Von diesem Boot habe ich geträumt ... Es war kurz nach den Winterregen, und die ganze Insel war übersät von roten Anemonen – vor allem unter den Olivenbäumen hinterm Haus. Dort wuchsen sie immer besonders dicht. Und Briseis, die alte Sklavin meiner Mutter, hatte Brot gebacken ...»

Die übrigen Ruderer waren inzwischen alle wach; von unten waren Schritte zu hören. Auf dem Vorderdeck der *Alcestis* blies die Trompete das Morgensignal, und einen Augenblick später hallte das Signal von der *Janiculum* und den anderen Schiffen übers Wasser zurück. Der Konvoi erwachte, ein geschäftiges Treiben begann. Die Ruderer bekamen zu essen und zu trinken, die Matrosen machten sich daran, Masten und Takelage wieder instand zu setzen. Von der Siedlung kamen kleine Boote herübergeschaukelt und brachten frisches Gemüse zum Verkauf und Offiziere, die mit dem Legaten sprechen wollten. Der Legat kam aufs Heck herauf, unterhielt sich mit den Abordnungen und begann dann, auf dem Deck hin- und herzuwandem, anfangs eng in seinen Soldatenmantel gehüllt, dann, als der Tag allmählich wärmer wurde und die Sonne ab und zu durch die Wolken schaute, warf er ihn ungeduldig über die Schultern zurück, als würde der leuchtend farbige Stoff seine Bewegungen behindern und ihn zurückhalten.

Die Sklaven auf ihren Ruderbänken beobachteten ihn finster und mit schiefen Blicken. Sie wussten genau, so wie sie fast alles wussten, was auf der *Alcestis* vor sich ging, dass der Kapitän flussabwärts zu einer Stadt segeln wollte, um dort die schlimmsten Sturmschäden beheben zu lassen und um neue Reserveruderer an Bord zu nehmen. Nachdem fünf Mann jetzt ausgefallen waren, hatten sie für den Ernstfall zu wenig Ersatzleute.

Die *Janiculum* war sogar noch schlimmer dran, und eines der Transportschiffe hatte ein Leck. Doch der Legat duldete keine Verzögerung. Sie beobachteten seine hastigen, ungeduldigen

Gesten und hörten seine erhobene Stimme. Wann würde sich die See nach Meinung des Kapitäns so weit beruhigt haben, dass die Ruder wieder eingesetzt werden konnten? In einem Tag und einer Nacht? Sehr gut, dann würde der Konvoi mit der nächsten Morgenflut wieder in See stechen.

Während der darauffolgenden langen Wartestunden saßen die Ruderer zusammengesunken und teilnahmslos auf ihren Bänken. Der kurze Auftrieb, der ihnen gestern neue Kräfte verliehen hatte, war mit dem Sturm verebbt. Die Arme auf die Knie gestützt, saßen sie vornübergebeugt da und hörten und sahen so gut wie nichts; Naso lehnte derweil träge am Mast, die aufgerollte Peitsche stets griffbereit in der Hand.

Mit Anbruch der nächsten Morgendämmerung endete ihre Ruhepause. Sie wurden geweckt und gefüttert, und als der Befehl zum Auslaufen kam, waren sie schon lange auf ihren Bänken bereit und saßen wie am vorhergegangenen Tag mit gleichgültigem, stumpfem Blick da. Der Hortator, der von seiner langen Wache noch ganz verschwollene Augen hatte, war auf seinem Posten, und Porcus entrollte seine Peitsche und nahm seine rastlose Wanderung wieder auf.

«Ruder ausfahren!»

In mürrischem, einheitlichem Drill bückten sich die Ruderer nach den Rudern, die am Rand des Decks lagen, und schoben sie durch die Ruderluken hinaus. An jedem Ruder beugte sich der Mann am äußeren Platz vor, um die Lederschlaufe am Ruderschaft über die Dollen zu streifen. Als Jason sich dazu vorneigte, musste er kurz und trocken husten, und Berics Ängste, die sich ein wenig gelegt hatten, flammten augenblicklich wieder auf. Jason hatte seinen Anteil an der Morgenration gegessen; nach dem Ruhetag wirkte er wieder so wie immer, und Beric hatte sich eingeredet, sein Gefährte sei nur sehr erschöpft gewesen, und sonst fehle ihm nichts. Jetzt erkannte er, dass Jason an etwas sehr viel Schlimmerem litt als an Erschöpfung.

Die Hände am Ruderschaft, rief er halb umgedreht dem Aufseher zu: «He, bringt einen Ersatzmann her! Mein Kamerad kann nicht mehr!»

Porcus fuhr herum und kam mit erhobener Peitsche angeeilt. «Wer gibt hier auf den Ruderbänken die Befehle?»

«Ich!», schrie Beric. «Mein Kamerad ist krank, er kann nicht rudern. Wenn ihr ihn am Ruder lasst, bringt ihr ihn um!» Da klatschte ihm die Peitsche über die Wange, und er hielt rasch den Atem an, als wäre er in eisiges Wasser getaucht.

«Du erteilst also die Befehle auf dieser Galeere!», sagte Porcus mit seiner nasalen, undeutlichen Sprechweise. «Du befiehlst also, wann Ersatzleute heraufgeholt werden! Du unverschämter Hund! Wenn wir ihn umbringen, gibt es noch genügend andere! Pass nur auf, dass wir dich nicht umbringen!»

Wieder zuckte die Peitsche wie eine stechende Hornisse über Berics Gesicht; doch Beric war so außer sich vor Zorn, dass er den Schmerz weniger deutlich wahrnahm als den warnenden Druck, mit dem sich die Hand seines Gefährten an die seine presste. Er wandte den Kopf unter der sausenden Peitschenschnur und begegnete Jasons beschwörendem Blick. Jason schüttelte unmerklich den Kopf, und sein Gesichtsausdruck besänftigte Berics Zorn nachhaltiger, als die Peitsche des Aufsehers es je vermocht hätte.

Beric hatte diesen Ausdruck schon einmal auf dem Gesicht eines Mannes gesehen, damals, als er im Colosseum hinter Glaucus stand, um die Fliegen von ihm wegzuwedeln. Er hatte diesen Ausdruck auf dem Gesicht eines Gladiators gesehen, der unten auf dem geröteten Sand der Arena gelegen hatte; gleich darauf waren die Merkuren mit ihren Haken gekommen und hatten seinen Körper weggeschleift.

Pffitt, kam die Peitsche ein letztes Mal, bevor Porcus seine Wanderung wieder aufnahm. Der Anker war eingeholt, und der Hammer des Hortators hing in der Schwebe, um zum ersten Schlag auszuholen. Klack, landete er auf dem Trommeltisch. Schluchzend vor Hilflosigkeit beugte sich Beric übers Ruder.

In den folgenden Stunden gab er seine letzten Kräfte her, um für Jason mitzurudern, ohne jedoch allzu viel dadurch zu erreichen. Er hatte gehofft, dass die halbe Rudermannschaft wieder wie üblich abgelöst werden würde, wenn sie die Flussmündung erst einmal hinter sich gebracht hätten, und dass er, falls Jason an der Reihe gewesen wäre, seinen Platz hätte einnehmen können. Doch der Legat hatte es eilig, und Beric stellte bald fest, dass beide Ruderer an den Rudern bleiben mussten.

Die Küste Galliens glitt hinter dem Heck zurück, wurde immer schwächer und versank schließlich im Meer. Die kräftige Dünung, die immer noch in langen, öligen Wogen auf den Horizont zurollte, erschwerte das Rudern sehr, und der leichte Wind blies zu direkt aus dem Westen, um das Segel der Galeere füllen und die geplagten Ruderer entlasten zu können. Porcus wanderte auf und ab und kitzelte die Sklaven immer wieder mit seiner Peitsche, wie ein Wagenlenker, der sein Gespann nicht in Ruhe lassen kann. Der Legat stand unnahbar und hochmütig neben dem Kapitän, den Blick nach Britannien gerichtet. «Er sei verflucht», dachte Beric. «In dieser Welt und der nächsten verflucht! Da steht er, hoch über uns erhaben, unberührt von unserer Qual. Wir können unsere Ruder vor und zurückziehen, vor und zurück, wir können zusammenbrechen und an den Rudern sterben, nur damit er und seine feinen Tribunen eine Stunde früher am Ziel ihrer Reise sind. Und er merkt es nicht einmal! Möge er eines Tages ebenso leiden, wie wir jetzt leiden, und mögen unsere Geister dann dabei sein, um sich daran zu ergötzen und unsere gebrochenen Herzen bei dem Anblick zu erwärmen!»

Gegen Ende der zweiten Stunde begann Jason wieder zu husten. Das Husten ging in ein ersticktes Würgen über, dann sank er über dem Ruderschaft zusammen und hustete nicht mehr.

«Jason!», schrie Beric. «Jason!» Aber Jason antwortete nicht.

Beric konnte nichts tun, konnte das Ruder, auf dem sein Gefährte lag, nur weiter hin- und herbewegen, während Schritte übers Deck herangeeilt kamen. Einen Augenblick später stand der ewig wachsame Porcus über ihnen. Beric starrte ihn hasserfüllt an, die Zähne vor Anstrengung entblößt, während er mit der Last auf dem Ruderschaft weiterkämpfte.

«Sieh her!», schrie er. «Sieh nur, Porcus! Habe ich nicht gesagt, dass er krank ist?»

«Oder dass er sich verstellt!» Porcus lachte und fuhr mit seinem Peitschenarm in die Luft. Die lange Peitschenschnur zuckte zischend und pfeifend über Jasons ausgemergelten, mit Narben übersäten Rücken. «Auf, du Hund! Ich werde dir beibringen, am Ruder zu schlafen! Ich werde ...»

Jason zuckte krampfhaft unter dem Hieb zusammen und erhob sich halb, um dann mit einem tiefen zitternden Seufzer wieder vornüberzufallen und regungslos liegen zu bleiben. Als die pfeifende Peitsche erneut herabgesaust kam, ließ Beric das Ruder los und warf mit einem wütenden Schrei seinen freien Arm hoch, um sie abzuwehren. Der frei gewordene Ruderschaft schlug nach hinten aus und hätte die beiden Ruderer hinter ihnen fast von ihrer Bank gefegt. Der Peitschenriemen wand sich um Berics Handgelenk, und in der plötzlichen Verwirrung hätte er ihn dem Aufseher fast entrissen. Dann waren eilige Schritte zu hören, und schon waren Naso und ein paar Matrosen Porcus zu Hilfe geeilt. Verschwommen nahm Beric war, dass der Hammer des Hortators nicht mehr über die Galeere tönte und dass die Ruderer sich auf ihre Ruder stützten und die Hälse reckten, um zu sehen, was los sei. Er wurde zur Seite gestoßen und die Peitsche seinem Griff entrissen, nun sauste sie wieder unzählige Male auf Jasons Rücken hinab. Aber Jason rührte sich nicht, und das Blut strömte auch nur langsam, sehr langsam aus seinen Wunden, eigentlich fast überhaupt nicht.

Fluchend beugte sich der Aufseher über ihn, riss ihn an einer Schulter hoch und ließ ihn dann wieder fallen. «Er hat sich also doch nicht verstellt», brummte er und drehte sich zum Hortator um, der hinzugekommen war. «Jetzt werden wir doch einen von der Reserve heraufholen müssen; der hier ist tot.»

Dumpfes Murren breitete sich unter den übrigen Ruderern aus, und es wurde immer lauter, wütender und erregter. Beric jedoch schrie nicht mehr. Er hockte regungslos vor der Bank und sah mit hartem Blick auf den Körper seines Rudergefährten nieder.

Der Hortator holte den schweren Schlüssel, der stets an der Kette um seinen Hals war, aus seiner Tunika heraus, und beugte sich vor, um Jasons Fesseln aufzuschließen. Dann trat er zurück und machte ein kurzes Zeichen zum Schanzdeck hinüber. Der Aufseher und sein Gehilfe hoben den toten Ruderer auf.

Beric rührte sich kein einziges Mal, hob auch nicht die Augen. Er hörte es klatschen, als Jasons ausgemergelter Körper auf das Wasser traf. Wenn ein Sklave am Ruder starb, war das alles – ein Klatschen und ein frischer Ruderer, der an den Platz des alten gefesselt wurde. Dann konnte die Galeere weiterziehen.

Der Ersatzmann stand schon bereit – ein kräftiger Bursche mit fuchsroten Haaren. Porcus stieß ihn an Beric vorbei an den Platz, wo Jason zuvor gesessen hatte, dann bückte sich der Aufseher nach dem Fußeisen.

In diesem Augenblick sprang Beric ihn an.

Beric hatte schon früher in tödlichem Ernst gekämpft: mit neun Jahren um seinen Platz im Stamm; unter dem Fenster von Rhodopes Vorratsraum um seine Freiheit; oft genug mit seinen Leidensgefährten auf den Ruderbänken, was aber immer mehr oder weniger harmlos gewesen war, wie wenn Hunde sich knurrend und schnappend um einen Knochen balgen. Dieses Mal war es jedoch etwas anderes. Als er sich diesmal mit blinder Berserkerwut auf Porcus stürzte, sah er in ihm nicht nur den verhassten Aufseher, der seinen Freund getötet hatte, sondern hinter ihm auch den stolzen, rücksichtslosen Legaten auf dem Heck, die Männer, die im Kolosseum mit dem Daumen nach unten gezeigt hatten, als es um das Leben des Gladiators ging, ja, die ganze erbarmungslose Macht Roms. Diesmal kämpfte er, um zu töten.

Berics Angriff traf Porcus völlig unvorbereitet, mit überraschtem Grunzen brach er unter Beric zusammen. Durch den roten Nebel vor seinen Augen sah Beric das ihm zugedrehte brutale Gesicht des Mannes, in das er sogleich seine Fessel hineinpresste – ein abscheulicher Trick, den er auf der Ruderbank gelernt hatte –, während er ihm mit seiner freien Hand an die kräftige Kehle fuhr. Ungeachtet der Hiebe, die auf ihn herabprasselten, unbeirrt von dem ganzen plötzlichen Tumult und von den Händen, die ihn von oben packten und wegzuzerren versuchten, biss er sich wie ein Jagdhund fest und sah durch den hämmernden roten Nebel, wie das zerschundene, blutige Gesicht seines Feindes sich allmählich schwarz verfärbte.

Von einem Schlag auf den Kopf halb betäubt, wurde er schließlich von Porcus weggezerrt und beiseite geschleudert.

Als er sich keuchend und bebend unter dem Griff zweier Seeleute auf dem Deck wand und die rote Wut vor seinen Augen grau wurde wie kalte Asche, entnahm er mit hilflosem Zorn den krächzenden, um Atem ringenden und schließlich heftig würgenden Lauten neben sich, dass er Porcus doch nicht umgebracht hatte. Über ihm sprach eine scharfe, herrische Stimme. Vor seinen Augen tauchten die festen Sandalen des Kapitäns auf. Dann schloss der Hortator Berics Fesseln auf, wie er es bei Jason getan hatte. Sie zerrten Beric auf die Füße und stießen ihn übers Ruderdeck vor an den Strafpfahl auf Vorderdeck. Die Ruderer reckten die Hälse, um nichts zu versäumen. Er fühlte ihre Blicke, als er mit den Armen über dem Kopf dort angebunden wurde. Er hörte ihr finsteres Murren, seinetwegen erhoben sie die Stimmen, die unverbrüchliche Gemeinschaft der Galeerensklaven verband sie miteinander, und doch mischte sich auch eine gewisse wölfische Erwartung in das

Murren. Wie vielen Auspeitschungen hatte er schon so zugesehen, anfangs noch voller Abscheu, und dann, als er immer gefühlloser wurde, mit jener eigenartigen, beschämten Erregung, die irgendwie mit dem Wissen zu tun hatte, dass er jederzeit als Nächster an der Reihe sein konnte, auch wenn im Augenblick gerade ein anderer da vorne stand.

Doch diesmal war tatsächlich er selbst an der Reihe. Porcus, der wohl für längere Zeit außer Gefecht gesetzt war, war weggetragen worden, und jetzt trat Naso, der zweite Aufseher, mit der Peitsche in der Hand hinter Beric. Diesmal war es nicht die lange Stockpeitsche, die für die Ruderbänke benutzt wurde, sondern die kurze vielschwänzige Geißel mit den geknoteten Riemen, die besonders scharf ins Fleisch schnitten. Der Hortator und der Kapitän standen daneben, und vom Heck aus schaute die unzugängliche Gestalt des Legaten voll kalter Ungeduld wegen der Verzögerung zu.

Nachdem alles vorüber war, ließen sie Beric als abschreckendes Beispiel noch an den Pfahl gefesselt stehen. Sein Kopf hing weit zurück zwischen den hochgezogenen Schultern, und als er die Augen wieder aufschlug, war das Erste, was er sah, ein blauer Lichtschimmer, der allmählich, als seine Augen wieder klarer blickten, zum Frühlingshimmel wurde. Bisher war er noch nie ausgepeitscht worden, und nun wunderte er sich schwach darüber, dass ihn sein Rücken nicht heftiger schmerzte, sondern eher gefühllos war. Stattdessen war er von einem grauenhaften würgenden Gefühl erfüllt, er hatte brennenden Durst, und jeder einzelne Knochen in seinem Leib schien gebrochen zu sein. Hinter sich konnte er das rhythmische Eintauchen und Ziehen der Ruder hören, die keuchenden Atemzüge der Ruderer und all die vertrauten Geräusche einer Galeere in voller Fahrt. Vor seinen Augen hatte er jedoch nur dieses leere, flammend blaue Stück Himmel. Nach und nach gelang es ihm, seinen Kopf aufzurichten, trotz der Feuerströme, die ihm dabei vom Hinterkopf über die wunden Schultern zu fließen schienen.

Über dem Vorderdeck tauchte verschwommen der vergoldete Bug der Galeere vor seinen Augen auf, stolz und anmutig wie der gebogene Hals eines Schwans. Er legte die Stirn zwischen den hochgebundenen Armen an den Pfosten und schloss die Augen. Allmählich kehrte die Empfindung in seinen betäubten Rücken zurück und damit auch eine brennende Pein, unter der er sich zu krümmen und winden begann. Seine Arme fühlten sich an, als wären sie an den Schultern ausgerissen, und während die Stunden dahinschlichen, wurde sein Durst zu einer kaum noch erträglichen Höllenqual.

Die Sonne war schon untergegangen, das flammende Blau des Himmels war verblasst und erinnerte jetzt eher an die Farbe welkender Glockenblumen, als seine Fesseln endlich gelöst wurden und er auf Deck zusammensinken durfte. Irgendjemand schüttete einen Eimer Wasser über ihn, wodurch er wieder etwas zu sich kam. Dann erhielt er einen Krug mit saurem Wein und Wasser und durfte sich daran satt trinken. Das belebte ihn ein wenig, obwohl sein Hals und seine Zunge so angeschwollen waren, dass er zunächst kaum schlucken konnte. Schließlich kam der Hortator, zu dessen Aufgaben dies gehörte, und bestrich ihm eigenhändig den Rücken mit warmem Pech, das zuerst wie flüssiges Feuer brannte, dann aber die Schmerzen etwas zu lindern schien.

Anschließend wurde er an seinen alten Platz gebracht, auf die Bank gestoßen und erneut an Hand- und Fußgelenk gefesselt. Tastend streckte er die Hände aus, fand den vertrauten Ruderschaft und begann sich, ohne zu überlegen, in dem gewohnten Rhythmus vor und zurückzubewegen. Nur der Mann neben ihm war fremd. Und erst jetzt ging ihm blitzartig auf, dass Jason, der noch am Morgen neben ihm gerudert hatte, nie mehr neben ihm rudern würde. Wenn er seine Hand über den Ruderschaft gleiten ließe, würde Jasons Hand ihm nicht entgegenkommen. Nie, niemals wieder.

Der Rudergefährte starb, sein Körper wurde über Bord

geworfen und ein fuchsroter Fremdling an seinen Platz gefesselt, und man selbst ruderte einfach weiter …

Im Laufe des Tages schienen die inneren Ruderer doch abgelöst worden zu sein, da sie jetzt wieder an der Reihe waren und die äußeren ablösten. Der rothaarige Mann glitt auf Deck hinunter und ließ Beric allein am Ruder. Wie oft war Jason so hinuntergeglitten, wie oft war er selbst so hinuntergekrochen, um sich zu Jasons Füßen hinzulegen. Und jetzt – nie mehr …

Verzweiflung und der harte, hoffnungslose Schmerz des Verlustes stiegen in ihm auf und verschlangen sogar seine körperlichen Qualen. Doch allmählich begann all das zu verblassen, alles verschwamm und rückte in immer weitere Ferne. Selbst der Rhythmus der Ruder verklang. Und nichts war mehr von Bedeutung …

Ein Laternenstrahl fiel ihm in die Augen, und wie im Traum nahm er wahr, dass irgendwelche Gestalten über ihn gebeugt standen. Er verstand, was sie zueinander sagten, ihre Stimmen schienen jedoch von weither zu ihm zu dringen. Er war nicht in der Lage, zu sprechen oder zu zeigen, dass er etwas hörte, und das war auch gleichgültig. Alles war gleichgültig.

«Der hier ist so gut wie hinüber», stellte Naso angewidert fest.

Irgendjemand befreite Beric abermals von seinen Fesseln, jemand, dessen Kopf sich wie ein schwarzer Fleck zwischen ihm und das Licht schob. «Eigenartig, dass sie manchmal so auf die Auspeitschung reagieren», sagte die Stimme des Hortators. «Pfft! Aus und erloschen wie eine Kerze!»

«Lohnt es sich, ihn zu behalten?»

«Nicht im Mindesten! Er atmet ja kaum noch. Und selbst, wenn er durchkäme, würde es Wochen, vielleicht sogar Monate dauern, ehe er wieder rudern könnte.»

«Dann werfen wir ihn also über Bord?»

«Von mir aus», sagte der Hortator kurz. «Das erspart uns

morgen eine Beerdigung, wenn wir Dubris erreichen. Wenn er an Land treibt, soll sich jemand anders um ihn kümmern.»

Beric spürte, wie Hände ihn an Armen und Beinen hochzerrten, er hörte ein Grunzen, Schritte, die rückwärts schlurften – all das mochte Jahre dauern oder auch nur einen Herzschlag lang –, er wusste es nicht, und es kümmerte ihn auch nicht.

Als sie ihn über Bord warfen, war er fast bewusstlos.

Das Haus über dem Nebel

Aber wie sein Pflegevater Cunori einst gesagt hatte – Beric war nicht auf die Welt gekommen, um zu ertrinken.

Der Schock des eisigen Wassers auf seinem verkrusteten, schmerzenden Körper, das feurige Brennen, das es in seinen wunden Striemen hervorrief, wirkte wie eine kalte Dusche in das Gesicht eines Schläfers. Beric sank tiefer und tiefer in die schwarze Finsternis hinab und kam mit berstenden Lungen und farbigen, tanzenden Funken vor den Augen wieder herauf, diesmal bei klarem Bewusstsein. Er holte tief Luft, trat dabei Wasser und sah die Heckleuchten des Konvois an sich vorüberziehen. Wenn er jetzt schrie, würden sie ihn vielleicht herausholen, doch dann wäre er wieder auf der Galeere. Lieber das Meer als das. Das Meer würde ihn freundlicher behandeln, als es die Menschen getan hatten. Seit er als kleiner Junge von den flachen Felsen am Robbenstrand zum ersten Mal ohne Überlegung oder Angst ins Wasser gestolpert war, ähnlich einer jungen Robbe, war das Meer sein Freund gewesen, und er empfand es auch jetzt als Freund und den kräftigen Auftrieb unter sich als eine Hand, die ihn hochhielt. Das dritte Transportschiff fuhr so dicht an ihm vorüber, dass er die Bugwellen spürte, als es vorbeisegelte. Doch der Mond war hinter einer Wolke verborgen, niemand konnte ihn sehen, und die Transportschiffe zogen weiter. Die *Janiculum* fuhr in einiger Entfernung vorbei, rhythmischer Ruderschlag drang schwach durch die Wellen, die rote Glut ihrer Heckleuchte wurde immer kleiner und entschwand schließlich in der Ferne.

Beric war allein mit den dunklen, schaukelnden Wellen.

Er hatte wenig Hoffnung, herausgefischt zu werden oder Land zu erreichen, und doch fürchtete er sich nicht. Der Schmerz im Rücken ließ nach, und manchmal war er nahe daran einzuschlafen, aber jener Teil seines Ichs, der damals bei seiner Flucht aus Pisos Haus seine Handlungen bestimmt hatte, wurde auch jetzt wieder wach und wusste, dass er ertrinken würde, wenn er einschliefe. Es wäre so viel einfacher, nachzugeben und zu versinken, doch sein wachsamer Teil hatte beschlossen, dass er nicht aufgeben durfte.

Eine Zeit lang ließ er sich einfach treiben und wartete aufs Tageslicht. Die Galeere war dem Ufer näher gewesen, als er ahnte, näher vielleicht, als der Hortator angenommen hatte, als er Beric über Bord werfen ließ, denn die Flut trug ihn jetzt stetig landeinwärts. So kam es, dass während der Mond noch hoch am funkelnden Himmel stand, Beric plötzlich Land sah! Er wagte es kaum zu glauben, und doch, in der Ferne war Land, er sah es nur kurz, als die Dünung ihn nach oben trug, um es dann im nächsten Wellental wieder aus den Augen zu verlieren. Doch als er vom nächsten Wellenkamm aus angestrengt hinüberschaute, sah er es von Neuem: eine niedrige Küstenlinie, wie ein silberner Schatten am Rande des Meeres. Er schwamm darauf zu; ab jetzt gab es kein friedliches Sich-Treiben-Lassen mehr, jetzt kämpfte er mit all seinen ihm verbliebenen Kräften um sein Leben, das ihm plötzlich wieder wirklich und wichtig erschien.

Und das Meer, das ihn schon einmal unversehrt hergegeben hatte, gab ihn auch ein zweites Mal wieder frei. Als der Mond in der Dämmerung verblasste und Beric fast keine Luft mehr bekam, stießen seine Füße auf Grund. Er torkelte durch die träge schäumende Brandung auf einen blass schimmernden Kiesstrand hinauf. An der Flutlinie angelangt, brach er zwischen angeschwämmtem Strandgut zusammen. Nachdem er sich heftig übergeben hatte, kroch er etwas höher an den Strand hinauf, um sich dort noch einmal zu übergeben.

Dann riss er all seine Kräfte zusammen und zog sich auf Händen und Knien weiter hinauf. Er kam an eine brusthohe Mauer aus Kreideblöcken, die zwischen Weidenhürden aufgetürmt waren, und schaffte es irgendwie hinüberzuklettern. Dahinter musste er über einen breiten Kiesdamm kriechen, an dessen landeinwärts gewandter Seite er sich hinunterrollen ließ, um dort im struppigen Gras liegen zu bleiben und in barmherzige Dunkelheit zu versinken, das leise Rauschen der Brandung hinter dem Damm im Ohr.

Es war heller Tag, als er erwachte; doch in einer Welt, in der es weder Sonne noch Schatten gab, konnte er nicht ausmachen, ob es früh oder spät war. Ringsum nur weiche, ziehende Nebelschwaden, in denen die Marsch verschwand und aus denen die Schreie und Rufe der Seevögel drangen. Beric richtete sich auf einem Ellbogen auf und hielt den Atem an, als ihm der Schmerz in den Rücken fuhr. Verwirrt sah er sich um. Wie war er hierher gekommen?

Seine plötzliche Bewegung schreckte einen Reiher auf, der nachdenklich auf einem Bein am Rande eines seichten Tümpels in der Nähe stand; sofort kam das zweite Bein herunter, die großen Schwingen entfalteten sich, und der Vogel erhob sich wie eine mit einem Federbusch geschmückte Pfeilspitze voller Anmut und Kraft. Beric blickte hinter ihm her, bis er im Nebel verschwand. Wie schön er war! Sein Anblick hätte Jason beglückt, so wie ihn die Wildgänse beglückt hatten, dachte er.

Jason! Als wäre der Name ein Schlüssel zu einer Tür in seinem Kopf gewesen, strömte jetzt plötzlich die Erinnerung an alles, was geschehen war, wieder in sein Bewusstsein zurück.

Er erhob sich taumelnd auf die Füße, obwohl die Erde unter ihm wie wild schwankte und sich um ihn zu drehen schien, und begann zu rennen. Er stolperte, fiel und raffte sich wieder auf, taumelte in seichtes Wasser und wieder heraus und lief immer weiter. Hinter ihm lag das Meer, und das Meer bedeutete die Galeeren. Keuchend stolperte er weiter und warf ab und zu gehetzte Blicke über die Schulter zurück, als befürchtete er, die *Alcestis* wie einen Nachtmahr, der zu Land und zu Wasser gleich schnell war, durch den salzig riechenden Nebel wiehernd näher kommen zu sehen.

Der Nebel wurde immer dichter. Als Beric wieder zu sich gekommen war, hatte er noch ziemlich weit blicken können, doch jetzt hatten ihn die kriechenden weißen Wolken eingekreist, sodass die ganze Welt um ihn her aus ein paar Fuß feuchtem Gras bestand, manchmal auch nur aus dem kurzen Aufblitzen einer Wasseroberfläche oder aus dem Schrei eines Vogels, der durch die geisterhafte Stille drang – all das von dem rasenden Pochen seines eigenen angsterfüllten Herzens begleitet. Nach und nach legte sich seine Panik, und er wagte es, langsamer voranzustolpern. Aber immer noch beherrschte ihn der eine Gedanke – vom Wasser wegzukommen!

Also kämpfte er sich verbissen in die, wie er verschwommen hoffte, richtige Richtung weiter. Dann tauchte allmählich ein neuer Gedanke in seinem Kopf auf: der Gedanke an Wasser. Ringsum war er von Wasser umgeben, doch das war salzig.

Als er viel später schwache menschliche Laute vor sich hörte, war daher sein erster Gedanke, dass er dort erfahren könnte, wo es Wasser gab, vielleicht würde irgendjemand ihm sogar etwas zu trinken geben. Als er lauschend stehen blieb, schien es ihm, als würden die Geräusche von arbeitenden Menschen erzeugt, und wo Menschen arbeiteten, gab es meistens auch Trinkwasser. Essen auch, aber an Essen war er jetzt nicht interessiert, nur an Wasser. Er begann, auf die Geräusche zuzulaufen, zögerte dann jedoch, blickte an sich selbst hinab und wurde sich zum ersten Mal dessen bewusst, dass er splitternackt war. Er sah sich selbst, wie er in den Augen der anderen erscheinen musste: ausgemergelt wie ein verhungerter Wolf, mit geschwärzter, salzverkrusteter Haut, am Handgelenk die wunden Stellen, wo die Fessel sich in sein Fleisch gefressen und eine tiefe Wunde zurückgelassen hatte. Aber er musste Wasser haben! Von seinem verzweifelten Durst getrieben lief er wieder weiter. Er schien endlos lang vorangestolpert zu sein, ohne dass die Geräusche lauter oder deutlicher geworden wären. Dann zog sich der Nebel plötzlich wie ein Vorhang zurück, und alles war auf einmal erschreckend nah. Direkt vor ihm tauchte ein kleines, stämmiges, zottiges Pony aus den weißen Schwaden auf, das mit gesenktem Kopf dastand. Auf seinem Rücken trug es große Lastkörbe, aus denen zwei Männer Kreidebrocken entluden. Doch Berics erschrockener Blick richtete sich an ihnen vorbei auf die verschwommenen Umrisse der anderen Männer, die weiter hinten die Kreidebrocken zwischen Weidehürden und Schwarzdornreisig zu häufen schienen, um daraus einen ähnlichen Wall herzustellen wie den, welchen Beric im Morgengrauen überwunden hatte.

Einen Augenblick lang stand er wie betäubt da und starrte die kleine Szene vor sich im Nebel an. Als das Pony sich dann aber weiterbewegte und ein anderes seinen Platz einnahm, warf er sich flach zu Boden und blieb regungslos liegen. Diese ledergekleideten Gestalten auf der Mauer waren keine Täuschung, und der große Mann mit dem gezierten Helm, der sich gegen den Nebel abzeichnete, war ganz gewiss alles andere als ein Trugbild. Beric wäre fast mitten in eine Arbeitskolonne der Adler hineingestolpert.

«Dieses Zeug hier ist zu klein», sagte der Zenturio – Beric konnte ihn deutlich hören – und erhob dann seine Stimme, um jemandem weiter hinten an der Mauer zuzurufen: «He, Melas! Sag Antonius, dass wir hier einen Damm bauen und keinen Mosaikfußboden legen.»

Der Nebel hüllte wieder alles ein, und ohne einen Gedanken an Wasser zu verschwenden, ohne überhaupt an irgendetwas anderes als an Flucht zu denken, wankte und taumelte Beric blindlings in die treibenden weißen Schwaden hinaus, das Schreckensbild der Galeeren wieder dicht auf den Fersen. Ab jetzt schien sich der Nebel auch in seinem Kopf auszubreiten. Er fiel nun immer öfter hin, aber jedes Mal brachte ihn die Angst vor den Galeeren wieder auf die Beine und trieb ihn torkelnd und strauchelnd weiter. Er lief über nassen Wattboden, über Land, das bei Flut überschwemmt sein würde. Vielleicht würde er jetzt doch noch ertrinken. Doch davor hatte er keine Angst, nur vor den Galeeren.

Allmählich begann das Tageslicht zu schwinden, der Nebel wurde grau wie Spinnweben. Bald würde er nicht mehr weiterkönnen, bald würde er sich hinlegen, um nicht mehr aufzustehen, das wusste Beric. Und dann schien ihm mit einem Mal, als brächte der Nebel, der ihm ins Gesicht trieb, einen neuen Geruch mit, einen wärmeren Geruch, in dem Erde, modernde Blätter, ja, sogar ein Hauch von Holzrauch enthalten waren. Ein Geruch, der Schutz versprach und die vertraute Umgebung der Wälder. Beric stolperte darauf zu wie ein verirrter Wanderer, der plötzlich die Straße nach Hause entdeckt hat.

Der Boden stieg langsam an, und gleich darauf begannen Ginsterbüsche aus dem spinnwebenhaften Nebel herauszuschauen. Plötzlich hatte Beric das Gefühl, in einer anderen Welt zu sein, in der es weder Marsch noch Meer oder Galeeren gab. Ein paar Schritte vor ihm lag ein kleiner dunkler Tümpel. Beric war an vielen Tümpeln vorbeigekommen, aber dieser hier zwischen den Ginsterbüschen musste doch eigentlich frisches Wasser haben. In wilder Hast warf er sich auf die Erde, schöpfte Wasser in die hohlen Hände und kostete es. Es war frisch und süß. Mit einem tiefen Seufzer senkte er den Kopf und begann es wie ein Hund aufzuschlürfen.

Nachdem er seinen Durst gestillt hatte, blieb er noch kurze Zeit neben dem Tümpel liegen. Wie schön wäre es, hier inmitten der dunklen, bergenden Ginsterbüsche liegen bleiben zu können und nie mehr aufstehen zu müssen. Doch selbst hier, wo das Schreckensbild der Galeere verblasst war, zog ihn irgendetwas ein letztes Mal auf die Füße, um ihn stolpernd weiterzutreiben. Der Boden stieg immer noch sanft an, der Geruch nach Moos und modrigen Blättern wurde immer kräftiger, und plötzlich befand sich Beric inmitten von Bäumen – niedrigen, windgekrümmten Eichen und Dornbäumen, die er in dem Nebel und der zunehmenden Dämmerung mehr fühlte als sah. Zitternd und elend zwängte er sich wie ein verwundetes Tier durchs Unterholz und kämpfte sich so den sanften Hang hinauf, ohne eine Ahnung zu haben, wohin er unterwegs war, oder warum.

Nach und nach nahm der graue Nebel, der sich in der Dämmerung fast aufgelöst zu haben schien, einen schwachen Perlmuttschimmer an, und dann tauchte Beric ebenso plötzlich daraus hervor wie ein Schwimmer, der durch die Wasseroberfläche stößt, und blickte in den sanften Widerschein eines warmgelben Sonnenunterganges.

Die leichte Anhöhe ging in eine Ebene über, und die niedrigen, wetter- und sturmzerzausten Dornbäume wuchsen auch hier weiter ins Land hinein. Links davon lagen jedoch offene Grasflächen, inmitten derer sich der langgestreckte, geduckte Umriss eines frei und ungeschützt gelegenen Gehöfts dunkel vor dem schwindenden Licht des weiten Himmels abzeichnete.

Blasse Nebelfetzen wanden sich fast bis an die Stufen heran, die zu dem terrassenähnlichen Vorplatz hinaufführten. Der Hof schien ebenso windzerzaust und von den tobenden Winterstürmen gezeichnet zu sein wie die Bäume, zwischen denen Beric jetzt stand, und auch ebenso fest in diesem Stück Land oberhalb der Marsch verwurzelt. Aus dem Wohnhausfenster fiel Licht. Dieses Licht zog Beric unwiderstehlich an, wie eine Hand, die sich ihm entgegenstreckte, ja, fast so, als hätte das Haus selbst seine freundliche Hand ausgestreckt, die ihm die Nähe anderer Menschen verhieß. Doch was gingen ihn die Menschen an? Hatten sie ihn etwa so gut behandelt, dass er jetzt den Wunsch nach ihrer Nähe spüren sollte? Und dennoch verlangte ihn danach. Die Vorstellung, dass er noch in dieser Nacht sterben würde, war ihm immer mehr zur Gewissheit geworden, und obwohl an sein Los als Ausgestoßener gewöhnt, fühlte er sich jetzt sehr einsam.

Wenn er nur näher hinkriechen könnte und eine Ecke fände, wo er ruhig liegen und das Licht im Fenster sehen könnte …

Das war sein letzter klarer Gedanke. Der überwältigende Wunsch, dem hellen Fenster näher zu kommen, musste aber doch noch durch sein umnebeltes Bewusstsein gedrungen sein, denn ohne sich auch nur darüber zu wundern, befand er sich plötzlich vor dem Haus auf der Terrasse.

Vor ihm schien das Licht durch die Dämmerung – ein verschwommenes goldenes Viereck, in das eine Tamariske ihre gefiederten Zweige dunkel hineinstreckte. Beric tastete sich darauf zu. Dann gaben seine Knie unter ihm nach, er brach zusammen und sank lautlos vornüber aufs Gesicht. Er drehte sich noch ein wenig um und streckte eine Hand aus, um den Rand des mild leuchtenden Lichtfleckes zu berühren, der über die Terrasse fiel, dann legte er den Kopf mit einem tiefen Seufzer auf den anderen Arm.

Als er wieder zu sich kam, hörte er Stimmen über sich. Das blendend helle, gelbe Licht einer Laterne fiel ihm ins Gesicht. Als er sich auf den Ellenbogen aufrichten wollte, sah er zwei Männer, die sich über ihn bückten.

«Sieht wie ein entlaufener Sklave aus, Herr», sagte der Mann mit der Laterne.

«Ja, der arme Kerl», sagte der andere mit klarer Stimme, die eindeutig einem Römer gehörte. «Scheint schon lange auf der Flucht zu sein.»

Beric richtete sich mühselig auf die Knie hoch, weiter schaffte er es nicht, und starrte die beiden Männer mit entsetzt flehendem Blick an.

«Nicht wieder auf die Galeeren zurück!», stieß er heraus. «Nicht – nicht auf die Galeeren zurück!»

Der zweite Mann beugte sich rasch vor und fing ihn auf, als er zu schwanken begann. Beric blickte mit weit aufgerissenen

Augen in ein dunkles, hageres Gesicht, das ihm irgendwoher bekannt erschien. Gehetzt begann er zu keuchen: «Ich gehe gleich wieder weg – ich – bitte, liefert mich nicht aus – nicht an die Galeeren!» Dann krümmte er sich mit einem Schmerzensschrei, als er gegen das Knie des Mannes gestützt wurde.

Einen Augenblick lang herrschte völlige Stille, dann wurde er sanft umgedreht.

«Großer Gott Mithras!», stieß die römische Stimme über Beric hervor. «Sieh dir seinen Rücken an! Sieh dir das nur an – er ist ausgepeitscht worden!»

«Daher wird er wohl auch geflohen sein», meinte der Mann mit der Laterne.

Beric begann wieder zu stammeln: «Schickt mich nicht zurück. Ich habe euch nichts getan! Nicht, nicht ...»

Die Nebel drohten wieder über ihm zusammenzuschlagen, und er versuchte mit letzter Kraft, noch ganz kurz bei Bewusstsein zu bleiben. «Nicht zu den Galeeren zurück!»

Eine Hand legte sich außen auf seine Schulter und vermied es, seinen wunden Rücken zu berühren. Ihr ruhiger Druck schien die Welt für einen Augenblick zu festigen. Die römische Stimme sprach klar und eindringlich auf ihn ein, als wollte sie ihn über eine weite Entfernung hinweg erreichen und sich ihm verständlich machen. «Hör mir zu. Du brauchst dich nicht zu fürchten. Du wirst nicht zu den Galeeren zurückkehren.»

Dann schlug die Dunkelheit in einer großen, sanften Welle über Beric zusammen.

Beric war wieder an sein Ruder gekettet, Jason ruderte neben ihm, und die rasenden Wellen brachen über das schwankende Schanzdeck der *Alcestis*. Beric schrie dem Hortator zu: «Wir müssen die Ruder einholen! Sonst werden sie uns umbringen – umbringen – umbringen!» Und dann hörte er Jasons Stimme, die den Sturm übertönte: «Das Leben auf den Ruderbänken ist nicht gar so angenehm», und Jasons Husten. Dann wurde der Husten immer leiser und leiser. Und Beric blieb an seine Bank gekettet und schrie wild hinter ihm her: «Jason! Jason!»

Das spielte sich immer wieder von Neuem ab. Zwischendurch nahm er verschwommen wahr, dass er sich nicht auf dem Ruderdeck der *Alcestis* befand und dass die Menschen, die sich über ihn beugten, weder seine Mitsklaven noch Porcus, der Aufseher, waren. Einmal spürte er sogar den Geschmack von warmer Milch auf der Zunge. Doch immer wieder zog ihn die *Alcestis* zurück, hinaus in schwarze Gewässer.

«Sie werden uns umbringen – umbringen – umbringen!»

«Das Leben auf den Ruderbänken ist nicht gar so angenehm.»

Und als er schließlich zum letzten Mal an seinen Ketten zerrte und verzweifelt nach seinem verlorenen Rudergefährten schrie, war Jason plötzlich wieder an seiner Seite und sagte: «Sieh nur! Wir dachten immer, sie wären aus Eisen, und dabei waren sie die ganze Zeit aus Binsen!» Beric senkte den Blick und sah, dass seine Fesseln aus geflochtenen grünen Binsen bestanden, die er mit einer Handbewegung auseinanderbrechen konnte. Als er das tat, verwandelte sich die *Alcestis* in ein kleines Boot, das an die Boote auf dem künstlichen See in den Gärten des Lucullus in Rom erinnerte, eine wahre Nussschale von einem Boot, grün und purpurrot bemalt, wie die Deckflügel einer Wildente. Dann ging Jason an Land und drehte sich mit ausgestreckter Hand zu Beric um. Gemeinsam folgten sie einem sandigen Pfad, auf den die Olivenbäume ihre blauen Schatten warfen. Auf diesem Pfad gingen sie lange weiter, und Schmerz, Entsetzen und Not blieben immer weiter hinter Beric zurück. Schließlich erreichten sie das Herz der Insel. Die Schatten der Olivenbäume verschmolzen hier zu einem stillen Teich, an dessen Rand ein Reiher stand. Der Vogel schwang sich nun in die Luft und kreiste mit schnellen, kräftigen Flügelschlägen immer höher hinauf. Doch als Beric genauer hinsah, merkte er, dass es doch kein Reiher war, sondern ein Zug Wildgänse, der über ihre Köpfe flog. «Da hast du dein Fresko», sagte er zu Jason, und Jason erwiderte: «Ich habe dir doch erzählt, dass sie hier unter den Olivenbäumen hinterm Haus am dichtesten wachsen.» Und niederblickend sah Beric, dass der Boden zu ihren Füßen rot von Anemonen leuchtete, die wie Flammenspitzen aus dem silbrigen Gras herauswuchsen. Er drehte sich zu seinem Freund um und lachte laut auf vor Freude.

«Das war ein guter Traum», sagte er, «ein guter Traum.»

Einen Augenblick lang schwebte Jasons Gesicht in dem kristallklaren Traumlicht noch deutlich vor ihm, Jasons Gesicht mit dem schiefen Lächeln, und dann, als das Licht des Traumes verblasste und in den gelblichen Schein der Laterne überging, begann es sich in ein anderes Gesicht zu verwandeln. Wie schon früher so oft, schrie er jetzt in jäher Panik: «Jason! *Jason!*»

Eine Stimme antwortete sanft: «Jason geht es gut. Bleib jetzt ruhig liegen!»

Das Gesicht über ihm wurde immer deutlicher: ein dunkles, hartes Gesicht mit dem Mithraszeichen zwischen den Brauen und grauen Augen, die das kalte graue Licht der winterlichen Meere des Nordens widerspiegelten und nun mit seltsamer Eindringlichkeit auf ihn herabblickten.

Beric starrte in das dunkle Gesicht hinauf und stieß verzweifelt aus: «Ich bin nie ein Räuber gewesen! Ich bin nur weggelaufen, weil er mich in die Salzminen verkaufen wollte. Du hast ihn gehört – du warst dabei …»

«Also bist du es doch», sagte der Meister der Straßen und Deiche und beugte sich vor, um Beric, der sich aufzurichten versuchte, wieder hinunterzudrücken. «Ja, ich war dabei. Ich habe ihn gehört. Bleib jetzt ruhig liegen.»

Beric schüttelte schwach den Kopf und rang nach Atem. «Ich bin an jenem Abend nur zufällig auf das Gehöft gestoßen, dann holte Rhodope mich herein und – sie war gut zu mir. Und dann kamen die Räuber und gleich darauf die Soldaten. Die anderen konnten entkommen, aber – ich nicht.»

«Das alles kannst du mir ein andermal erzählen», sagte Justinius. «Jetzt nicht. Jetzt musst du schlafen.»

Aber Beric war nicht in der Lage, den beruhigenden Ton seiner Stimme aufzufassen, er wusste nur, dass er der Gewalt eines römischen Offiziers hilflos ausgeliefert war. In blankem Entsetzen streckte er flehend die Hände aus. «Deine Soldaten sind dort unten – ich habe sie gesehen. Du wirst doch nicht – du wirst doch nicht –»

Seine Hände wurden mit hartem, ruhigem Griff festgehalten. «Wie heißt du?»

Irgendwie drang gerade das Alltägliche dieser Frage durch Berics Angst und beruhigte ihn ein wenig.

«Beric», brachte er heraus.

«Dann hör mir zu, Beric. Die Soldaten dort unten haben nichts mit dir zu tun, sie gehen dich nichts an. Du brauchst dich nicht mehr zu fürchten; es gibt nichts, wovor du Angst haben müsstest.» Justinius Stimme klang tief, weder ruppig noch herzlich, und diese ruhige Stimme und der feste Griff seiner Hände übten eine besänftigende Wirkung auf Beric aus, so wie die richtige Stimme und die richtigen Hände auch ein erschrecktes Pferd zu beruhigen vermögen, und schließlich hörte er auf zu zittern, und seine Panik ließ nach. In den grauen Augen, die seinen Blick so unbeirrbar festhielten, tauchte die Andeutung eines Lächelns auf.

«Versuche, mir zu vertrauen.»

Einen Augenblick blieb Beric noch wie erstarrt liegen und sah mit angespanntem, forschendem Blick in das Gesicht, das sich über ihn neigte, dann stieß er seinen angehaltenen Atem in einem langen, zitternden Seufzer aus und entspannte sich. Er vertraute Justinius. Plötzlich hatte er das Gefühl, dass er sein Leben getrost in Justinius' Hände geben konnte.

Der Meister der Straßen und Deiche

Als Beric das nächste Mal aufwachte, war es heller Tag. Er lag auf der Seite und war mit einer warmen Decke zugedeckt. Die Tür der weiß getünchten Kammer, in der er untergebracht war, stand nach außen offen, die schrägen Strahlen der Morgensonne fielen auf das Fußende des Bettes und ließen die blauen, grünen und roten Karos der Decke strahlend aufleuchten. Der Schatten eines Vogels schoss über das Sonnenlicht auf dem Fußboden, und aus der Ferne drang zufriedenes Hühnergackern. Es war wundervoll, so still dazuliegen. Als er sich etwas später vorsichtig bewegte und feststellte, dass er sogar auf dem Rücken liegen konnte, erfüllte ihn diese Entdeckung mit maßloser Freude.

Dann waren draußen watschelnde Schritte zu hören, und die sonnenhelle Türöffnung verdunkelte sich, als eine Frau darin auftauchte. Eine sehr stattliche, üppige Frau in einer leuchtend safrangelben Tunika und mit langen, schaukelnden Ohrringen aus Silberfiligran.

Beric fuhr augenblicklich hoch, um sich wachsam und abwehrbereit wie ein in die Enge getriebenes Tier an die Wand hinter seinem Bett zu drücken.

«Wer bist du?», fragte er heiser und starrte sie finster an.

«Ich bin Cordaella. Ich führe dem Kommandeur den Haushalt», erklärte die Frau mit einer weichen, kehligen Stimme, die an die einer Waldtaube erinnerte.

«Wo ist der Mann, der die Marsch trockenlegt?»

«Der Kommandeur ist unten bei seinem Damm.» Die Frau trat am ganzen Leibe wogend an Berics Lager heran, und Beric sah, dass sie eine Schüssel und einen kleinen braunen Brotlaib in den Händen hielt.

Schlagartig spürte er, wie ausgehungert er war, aber dennoch wich er misstrauisch vor dem Essen zurück und seine Augen suchten schnell wieder ihr Gesicht.

«Wann kommt er zurück?»

«Vielleicht heute Abend, vielleicht auch nicht. Er kampiert unten im Lager, und wenn die Frühjahrsstürme erst vorüber sind und die Arbeit beginnt, sehen wir ihn oft tagelang nicht. Zwischen den Gezeiten taucht er dann manchmal hier auf.»

«Letzte Nacht war er aber hier», sagte Beric trotzig. Plötzlich fürchtete er, die letzte Nacht könnte nur ein Bestandteil seines Traumes gewesen sein.

«Seit er und mein Mann dich gefunden haben, ist er jede Nacht hier gewesen», sagte die Frau besänftigend. «In jener ersten Nacht befürchteten wir schon, du seist zu geschwächt, um dich wieder zu erholen. Aber du hast dich erholt, und jetzt geht es dir schon viel, viel besser. Alles, was du jetzt brauchst, sind Schlaf und Essen, dann bist du bald wieder bei Kräften.» Sie beugte sich ein wenig vor und hielt ihm überredend die Schüssel hin. «Schau mal, ich habe dir etwas Fleischbrühe gebracht, gute Brühe! Trink sie aus, bevor sie kalt wird.»

Beric hockte immer noch an die Wand gepresst da und beobachtete die Frau mit gerunzelten Brauen. Sie hatte ein freundliches, breites, sanftes Gesicht mit milden Augen. Plötzlich gab er nach und streckte seine Hände mit hungrigem Krächzen nach der Schüssel aus.

Die Fleischbrühe schmeckte so gut, wie sie gesagt hatte, sie war warm und kräftig und unendlich wohltuend. Er schlang sie gierig bis auf den letzten Tropfen hinunter, hielt ihr die Schüssel dann tief aufseufzend wieder hin und streckte die Hand nach dem Brot aus.

«Iss langsam», ermahnte sie ihn, als sie es ihm reichte. «Dies ist die erste feste Nahrung, die du seit langer Zeit zu dir nimmst.»

Das wusste Beric, er wusste es besser als sie. Das Brot war frisch und süß, er grub die Zähne hinein, riss die Hälfte ab und verschlang sie mit einem Bissen, ohne auf die sanften Einwände der Frau zu achten; dann stopfte er sich den Rest in den Mund, als befürchtete er, dass sie es ihm wieder abnehmen könnte, und verlangte: «Gib mir noch mehr.»

Sie schüttelte den Kopf und ließ ihre Ohrringe schaukeln. «Jetzt gibt es nichts mehr. Fürs erste Mal hast du genug gehabt. Heute Abend bekommst du wieder etwas, und dazu vielleicht ein Ei. Möchtest du ein Ei?»

«Ich habe aber jetzt Hunger», beharrte Beric.

«Ach ja, mein armes Kind, armes Kind, das glaube ich wohl. Leg dich jetzt wieder hin und schlafe, dann ist es bald Abend.» Sie stellte die Schüssel auf einen Schemel und begann die Decke glatt zu ziehen, die er vorhin wild zerwühlt hatte. «Ts, ts, sieh nur, was für ein Vogelnest du aus der Decke gemacht hast ... Kommt das daher, dass dir das Handgelenk so wehtut?»

«Mein Handgelenk?» Beric senkte verwundert den Blick und bemerkte, dass die Wundstelle, die die Fessel an seinem linken Handgelenk hinterlassen hatte, mit weißen Leinenstreifen verbunden war. Dieser Anblick überraschte ihn so sehr, dass er seinen Hunger ganz vergaß. Verwundert starrte er den Verband an. «Hast du das getan?»

«Nein. Das war der Kommandeur», sagte Cordaella und wiederholte ihre Frage. «Tut es weh?»

Er schüttelte den Kopf. «Es brennt nur ein bisschen, weiter nichts.»

«Dann lasse ich es bis heute Abend in Ruhe. Wenn der Kommandeur bis zum Einbruch der Dunkelheit noch nicht zurück ist, werde ich es wieder mit Salbe bestreichen.»

«Du bist gut zu mir», murmelte Beric und sah zu ihr hoch, als hätte er soeben eine Entdeckung gemacht. «Bist du seine Sklavin?»

«Nein, ich bin eine freie Frau und die Gattin eines römischen Bürgers», teilte sie ihm mit ruhigem Stolz mit. «Mein Mann diente vor Jahren unter dem Kommandeur, und als der Kommandeur nach Britannien zurückkam, um die Marsch dort unten in Weideland zu verwandeln, nahm er meinen Mann wieder in seinen Dienst. Jetzt hast du genug geredet; es wird Zeit, dass du wieder schläfst. Leg dich hin!»

Es war unmöglich, ihr zu widersprechen – man hätte ebenso gut einem Berg widersprechen können –, und Beric stellte fest, dass er auch gar nicht das Bedürfnis danach hatte. Gehorsam legte er sich hin, und Cordaella steckte ihm die Decke um die Schultern fest, als wäre er ein kleines Kind. Dann ergriff sie die Schüssel und verließ den Raum mit wogenden, wiegenden Bewegungen, deren Anblick allein schon beruhigend wirkte.

Nachdem sie gegangen war, lag er eine Weile still und zwinkerte in den Sonnenschein in der Türöffnung. Sein erschöpfter Geist nahm es als selbstverständlich hin, dass er wieder in Britannien war und irgendwie eine Zuflucht gefunden hatte. Er schob die Decke zurück und zog den linken Arm hervor, um noch einmal den Verband an seinem Handgelenk zu betrachten. Der Zenturio Justinius hatte das getan. Der Zenturio Justinius war von seinem Damm heraufgekommen, um das für ihn, einen Galeerensklaven, zu tun. Etwas von der sanften Ruhe, die in seinem Traum von Jasons Insel geherrscht hatte, kehrte wieder zu ihm zurück, und kurz darauf war er eingeschlafen.

Zwei Tage und zwei Nächte lang tat Beric nichts anderes als schlafen und essen, während das Leben in ihn zurückströmte wie Wein in einen Becher. Am dritten Tag endlich zog er eine Tunika über, die er von Servius geliehen hatte, schleppte sich wie ein alter Mann in die Frühlingssonne hinaus und setzte sich auf die flache Terrassenstufe. Die Sonne schien besonders mild in den geschützten Winkel zwischen Wohngebäude und Schlafflügel, und die Steine waren trotz der leichten Brise, die durch die gefiederten Zweige der Tamariske strich, schon leicht angewärmt.

Aber das Licht, das in sanften Wellen über die gekalkten

Mauern und niedrigen Dächer mit dem gelben Mauerpfeffer strömte, war das kühle, wasserklare Licht, das der Marsch eigen ist. Von seinem Platz aus sah Beric in eine Talmulde hinab, in der eine grüne Weidefläche von einem niedrigen, struppigen Wald schützend eingefasst wurde und wo eine kleine rote Stute mit ihrem Fohlen vor den blütenübersäten Dornbäumen graste. Beric ließ seinen Blick lange auf ihr ruhen, um ihn dann über das Dornengestrüpp auf die dahinterliegende Marsch hinausgleiten zu lassen. Er hatte sich die Marsch in ewigen Nebel gehüllt vorgestellt, aber heute erstreckte sie sich in klarem Licht grün, grau und bräunlich und von silbernem Wasserglitzern durchzogen bis an den fernen, glänzenden Meeressaum. Ganz rechts hinter den Wäldern entdeckte sein forschender Blick eine graue Linie, die sich über die feuchte Ebene schlängelte. Das musste der Deich sein – der Rhee-Deich, wie er genannt wurde. Irgendwann zwischen den Gezeiten würde der Erbauer von Straßen und Deichen von seinem Damm heraufkommen.

Etwas später blieb Servius, der mit einem Armvoll Heu über die Terrasse kam, neben ihm stehen. Für Servius und Cordaella war es etwas völlig Natürliches gewesen, dass ein flüchtiger Galeerensklave in ihr Leben getreten war, denn was Justinius auch immer tun mochte, war in den Augen seines kleinen grauhaarigen Gefolgsmannes auf jeden Fall richtig, während Cordaella für jedes heimatlose Geschöpf immer nur offene Arme hatte.

«Ist es die Stute oder die Marsch?», fragte Servius.

Beric hatte seine Gedanken verträumt an der grauen Mauerlinie entlangwandern lassen, jetzt blickte er erschrocken hoch und zuckte kurz zurück, als erwartete er einen Schlag. «Beides», sagte er dann. «Sie hat ein schönes Fohlen. Hat es Araberblut?»

«Ja. Antares, der Schwarze des Kommandeurs, ist sein Vater, und Antares wiederum stammt von der Linie der Kailhan, die in ununterbrochener Linie von den Ställen des Soliman abstammen, des Königs der Juden. Die Stute kommt aus einem Icener Gestüt. Die denkbar beste Mischung für ein Wagenpferd.» Servius zwinkerte mit liebevollem Stolz zu dem kleinen langbeinigen Geschöpf hinüber. Dann sah er zu Beric hinunter. «Mir scheint, du verstehst etwas von Pferden?»

«Ja», sagte Beric. «Ich verstehe etwas von Pferden.»

Einen Augenblick lang glaubte er, Servius würde weiterfragen, und fügte daher rasch hinzu: «Ist das die einzige Stute?»

«Bis jetzt die Einzige. Aber wenn wir erst die große Weide fertig gerodet haben, werden es mehr sein. Das hier war früher ein gutes Anwesen, bevor es so dem Verfall überlassen wurde, und es kann auch wieder ein gutes Anwesen werden. In ein paar Jahren werden ein halbes Dutzend Zuchtstuten auf unseren Weiden grasen!» Servius schob das Heu auf seinem Arm zurecht und trat an den Rand der Terrasse, blieb dann aber stehen und schaute noch einmal zurück, um mit ruppiger Freundlichkeit zu fragen: «Kommst du mit?»

Beric schüttelte den Kopf, worauf der andere die Schultern zuckte und seinen Weg fortsetzte.

Beric blieb auf der Terrassentreppe sitzen und beobachtete die stämmige graue Gestalt, die über die Weide auf die niedrige Heuraufe zustapfte. Er hörte Servius pfeifen und sah, wie die Stute ihren Kopf hob und anmutig auf ihn zutänzelte. Servius' Worte hatten plötzlich eine tiefe Niedergeschlagenheit in ihm hervorgerufen. Bis zu diesem Augenblick hatte er nicht weiter gedacht als bis zur Rückkehr des Kommandeurs; jetzt jedoch hatte Servius die Zukunft hereingelassen – die Zukunft, in der neue Stuten mit ihren Fohlen auf der saftigen großen Weide grasen würden, die Zukunft, in der für ihn kein Platz war. Für ihn gab es weder hier noch sonst wo einen Platz …

Die Niedergeschlagenheit verflog zwar wie ein plötzlicher kalter Windhauch ebenso rasch, wie sie gekommen war, nahm aber das Gefühl der Geborgenheit mit. Dennoch vermochte Beric es nicht, zu Servius und der kleinen roten Stute hinunterzugehen.

Auch in dieser Nacht kehrte Justinius nicht zurück, und als Beric am nächsten Abend nach dem Essen mit Feuerholz im Arm in den lang gestreckten Wohnraum trat, war er auch noch nicht da. Auf der erhöhten Feuerstelle in der Mitte des Raumes brannte nach britischer Sitte stets ein niedriges Feuer, ob der Hausherr zu Hause war oder nicht. Das Herdfeuer war der lebendige Mittelpunkt des Hauses. Beric lud seine Last ab und kniete sich neben den Herd, um das Feuer zu schüren. Als er die halb verkohlten Scheite zusammenschob, sprangen die Flammen hoch, und der lange, kahle Raum trat warm erleuchtet aus den Schatten: Justinius' großer Schreibtisch, sein Feldstuhl mit den gekreuzten Beinen und neben der Tür die geschnitzte Truhe aus Zitronenholz, in der die Schriftrollen aufbewahrt wurden. All das nahm Gestalt an, als der Feuerschein darüber hinwegflackerte.

Beric hockte sich hin und starrte in die kleinen Flämmchen, die wie Ringelblumen unter einem Apfelholzscheit hervorzüngelten. Die Tür zur Küche stand offen, er hörte Cordaella Töpfe scheuern und dabei leise und tonlos vor sich hinsummen.

Ein Herdfeuer und eine Frau, die vor sich hinsummte, während sie Töpfe scheuerte – das waren Dinge aus einer längst vergessenen Welt, der er einst auch angehört hatte. Doch das war vor der *Alcestis* gewesen, lang vor der *Alcestis*, und jetzt gehörte er nicht mehr in diese Welt.

Cordaella hörte auf zu singen, und Beric langte nach einem Holzscheit, hielt dann aber mit ausgestreckter Hand inne, da er auf dem Pfad, der vom Lager heraufführte, schwache Hufschläge vernahm. Draußen auf der Terrasse würde jetzt noch nichts zu hören sein, das wusste er, doch dieser lange Raum besaß die Eigenschaft, ferne Geräusche aufzufangen. Den ganzen Tag über murmelten die Stimmen der Marsch zwischen diesen Wänden, wie das Meer in einer Muschel rauscht, wenn man sie ans Ohr hält. Es konnten viele verschiedene Reiter sein, die auf jenem Pfad hinter der schützenden Dornenhecke entlangritten, das wusste er von Servius, der ihm erzählt hatte, dass der Pfad das Lager mit der großen Straße verband, die ein paar Meilen weiter landeinwärts verlief; aber aus irgendeinem Grund zweifelte er keinen Augenblick daran, dass es Justinius war. Mit unendlicher Sorgfalt rückte er den Holzscheit auf dem Feuer zurecht und sprang dann auf; das vage, unglückliche Gefühl des Ausgestoßenseins hatte er jetzt ganz vergessen.

Er hielt einen Zweig ins Feuer und ging, nachdem die Zweigspitze aufgeflammt war, zu der hohen Bronzelampe hinüber. Der Herr des Hauses sollte möglichst kein dämmriges Atrium vorfinden müssen. Er zündete die Lampe an, worauf die Flamme unregelmäßig züngelnd hochsprang und einen Rußfaden in die Luft hinaufsandte. Der Docht musste gestutzt werden. Mit mechanischen Handgriffen, wie früher so oft im Hause des Publius Piso, versorgte er nun die Lampe und sah, wie die Flamme ruhiger und klarer brannte, wie eine schlanke Krokusblüte aus Licht, mit goldenen Blütenblättern und blauem Herzen. Das Licht ließ die ferne Marsch hinter der offenen Tür in Dämmerung versinken.

Beric stand immer noch neben der Lampe, als die Hufe in den Hof klapperten und Justinius' tiefe Stimme draußen zu Servius sprach. Und auch als Schritte über die Terrasse kamen und der Hausherr in der Türöffnung erschien, stand er noch dort.

Justinius trug heute keinen Harnisch, sondern nur eine von Schlamm und Kalk verkrustete Ledertunika, und am bloßen Kamm seines Helmes fehlte der gewohnte rote Paradeschmuck. Die feine Leinentunika und der Kranz aus Winterzyklamen hatten sein dunkles Gesicht, seine langen Arme und seine mächtigen Schultern damals an Publius Pisos Tafel grotesk erscheinen lassen; hier, wo sich die dämmrige Marsch hinter seiner stämmigen, breitschultrigen Gestalt erstreckte, in verdrecktes Leder und einfache Bronze gekleidet, wirkte er nicht mehr grotesk, hier war er in seiner Welt. Er erinnerte an die knorrigen Dornbäume am Rande der Marsch – tief im Boden verwurzelt, unbezwingbar, und mit dem gleichen beständigen, hartnäckigen Mut.

Als er Beric erblickte, blieb er kurz auf der Schwelle stehen, und seine Augen leuchteten fast erschrocken auf. Beric war inzwischen rasiert, und Cordaella hatte ihm das verfilzte Haar nach römischer Sitte kurz geschnitten. Er war sauber, hatte zu essen bekommen und hatte vor allem liebevolle Pflege erfahren. Zwar sah er noch hager und ausgemergelt aus, aber dem gehetzten, wolfsähnlichen Geschöpf, das unter Justinius' Fenster zusammengebrochen war, glich er nicht mehr. Lange Zeit blickten sie einander schweigend an – Beric neben der Lampe, und der Meister der Straßen und Deiche regungslos auf der Türschwelle.

Dann stapfte Justinius herein und ließ die Tür zur Frühlingsdämmerung hinter sich offen. «So, so, das ist ja prächtig! Du musst wirklich zäher sein als ein Bergpony!», sagte er anerkennend zu Beric und dann zu der umfangreichen gelb gewandeten Gestalt, die in der inneren Türöffnung aufgetaucht war: «Cordaella, ich komme sehr spät – aber dafür brauche ich auch nichts zu essen.»

«Ich habe immer kaltes Fleisch für dich bereit, außerdem ist Schafskäse da. Und heute habe ich frische Gewürzplätzchen gebacken», sagte Cordaella ruhig.

«Ein wahres Festmahl, aber ich habe schon im Lager gegessen. Das Einzige, was ich brauche, ist Wasser, um mich zu waschen.»

Cordaella bedachte ihre verschmähten Gewürzplätzchen mit einem Seufzer, dachte aber nicht daran zu protestieren. «Servius hat das heiße Wasser schon hinübergebracht», sagte sie.

Justinius lachte und streifte sich seinen schweren Mantel

von den Schultern. «Du bist eine wunderbare Frau, Cordaella. Ich bin schon seit langem davon überzeugt, dass du hellsehen kannst.» Er warf den Mantel auf die Zitronenholzkiste neben der Tür. «Warte auf mich, Beric; wenn ich zurückkomme, möchte ich mir dein Handgelenk anschauen.»

Bald darauf war er zurück. Statt der Ledertunika trug er jetzt eine Tunika aus weicher Wolle. Er brachte frisches Leinen und Salben mit, die er auf seinem wohlgeordneten Schreibtisch abstellte. «Im Laufe der Zeit habe ich mich mit so vielen Wunden, Schnitten und gequetschten Fingern abgeben müssen, dass ich ein leidlich geschickter Arzt geworden bin», sagte er. «Zeig mir deinen Rücken.»

Beric, der sich bei Justinius' Eintritt von seinem Platz neben dem Feuer erhoben hatte, zog wortlos die Bronzenadel aus seiner Tunika und streifte sich das Gewand von den Schultern. Justinius drehte ihn um. Dann blieb er lange still.

«Warum hat man dir das angetan?», fragte er schließlich.

«Ich habe versucht, den Aufseher zu töten», antwortete Beric.

«Das war unklug, wenn auch möglicherweise gerechtfertigt … Ich werde diese Striemen in Ruhe lassen; sie heilen von ganz alleine. So – und jetzt dein Handgelenk.»

Beric beobachtete Justinius' Hände beim Verbinden, und dabei erschien es ihm noch seltsamer und erstaunlicher denn je zuvor, dass Justinius dies für ihn tat, für einen Galeerensklaven, und dass er es so tat, als sei es ihm wichtig. Das war das Erstaunlichste daran – nicht, dass Justinius Berics Handgelenk verband, sondern dass er es so tat, als sei es ihm wichtig. Nachdem die Wunde am Handgelenk, die jetzt vom reinigenden Roggenbranntwein heftig brannte, wieder frisch verbunden war und der Kommandeur seinen Feldstuhl mit den gekreuzten Beinen ans Feuer gerückt und sich mit dem müden Aufseufzen eines Mannes, der einen langen Arbeitstag hinter sich hat, hingesetzt hatte, hockte sich Beric zufrieden zu seinen Füßen hin, wie ein Hund zu Füßen seines Herrn.

Eine Weile saßen sie schweigend da, Beric starrte ins Feuer, und Justinius blickte auf Beric hinab, bis ein Holzapfelscheit funkenstäubend zerbrach und in eine rote Gluthöhle fiel. Als hätte das leise Geräusch einen Bann gebrochen, der sie beide schweigen ließ, sagte Justinius: «Beric, erzähl mir, was zwischen jenem Festmahl bei Publius Piso und dem Abend geschehen ist, als Servius und ich dich hier unter dem Fenster fanden.»

Beric starrte noch eine Zeit lang ins Feuer, dann begann er zu erzählen, allerdings nur langsam und stockend, denn es war schon über zwei Jahre her, dass er mehr als zwanzig Wörter hintereinander gesprochen hatte. Er erzählte von seiner Flucht und vom Gehöft in den Bergen, von seiner Verurteilung als Räuber und warum er damals nicht die Wahrheit gesagt hatte. Er erzählte von der *Alcestis* der Rheinflotte, von der Überfahrt nach Britannien mit dem neuen Legaten an Bord und vom Sturm. Von Jason erzählte er und von seinem Versuch, den Aufseher umzubringen, von allem, was dazu geführt hatte, dass er durch den Nebel hier heraufgekommen war und Licht im Fenster gesehen hatte.

Die ganze Zeit hatte er ins Feuer gestarrt, doch nun, da seine Erzählung zu Ende war, schaute er auf. Justinius saß vorgeneigt da, die Arme auf den Knien, und sah ihn an. Die Stille, die von ihm ausging, war so voller Spannung, und sein Gesichtsausdruck war so eigenartig, dass Beric, ohne zu wissen, warum, den Atem anhielt. Dann platzte er unvermittelt mit der Frage heraus: «Warum siehst du mich so an? Damals an der Tafel bei Publius Piso – und heute Abend, als du hereinkamst – und jetzt: als ob du die Antwort auf eine Frage suchtest?»

Justinius lächelte. «Tut mir leid. Du erinnerst mich ein wenig an jemanden, den ich früher einmal kannte. Das ist alles.» Mit Mühe wandte er den Blick von Beric und sah stattdessen ins Feuer. «Nun, dafür habe ich eine Frage an dich, und zwar eine sehr große. Wer bist du, und woher kommst du?»

«Ich bin bei den Dumnoni weit hinten im Westen aufgewachsen «, sagte Beric. «Was vorher war, das weiß ich nicht. Ich glaube, mein Vater war Soldat. Er ertrank, und meine Mutter ebenfalls.»

Eine kurze, spannungsgeladene Stille folgte auf diese Worte, dann sagte Justinius, den Blick immer noch ins Feuer gerichtet: «Erzähl mir davon.»

Und da erzählte Beric von seiner Zeit bei den Dumnoni, zuerst die Geschichte vom Schiffsuntergang beim Mörderfelsen, und dann alles, was danach gewesen war, bis zu jenem Abend, als das Festmahl bei Publius Piso stattgefunden hatte. Er spürte den undeutlichen Wunsch, Justinius etwas zu schenken, und da ihn seine Geschichte immer noch so sehr schmerzte, dass ihm jedes Wort schwerfiel, war das vielleicht doch ein einigermaßen brauchbares Geschenk.

Nachdem er geendet hatte, schwieg Justinius noch eine Zeit lang. «Aha, so war das also», sagte er schließlich. «Ja, jetzt verstehe ich. Vielen Dank, dass du mir das erzählt hast, Beric.» Dann stand er auf und ging zum offenen Eingang hinüber, wo er mit hochgezogenen Schultern stehen blieb und in die blaue Dämmerung hinausblickte.

In der Stille hörte Beric plötzlich, wie ein leiser, wehmütiger Wind raschelnd von der Marsch heraufkam und wie fernes Meeresrauschen durch die Tamariskenblätter strich.

Bald darauf drehte Justinius sich wieder um und kehrte an seinen Platz neben dem Feuer zurück. Er beugte sich vor und hielt seine Hände an die Glut, als sei ihm kalt; doch seine Augen waren jetzt ruhig, und als er Beric ansah, war der angestrengt suchende Blick aus ihnen gewichen. Seine Frage, wie auch immer sie gelautet haben mochte, schien beantwortet zu sein.

«Hast du Maia und das Fohlen schon gesehen?», fragte er.

Beric nickte, vom plötzlichen Themenwechsel etwas verwirrt. «Ein schönes Fohlen. Wenn es ausgewachsen ist, wird es wie eine Flamme sein. In meinem Herzen fühle ich, dass ich …» Er unterbrach sich.

«Du liebst Pferde, nicht wahr?», fragte Justinius.

«Ich habe mein ganzes Leben lang mit ihnen gelebt und gearbeitet, wie es in meinem Stamm üblich war, bis – vor einiger Zeit.»

«Bleibe hier und hilf mir, Maias Fohlen und die anderen, die noch folgen werden, abzurichten», sagte Justinius.

Zwei Abende später sollte Beric erfahren, wie Justinius' unausgesprochene Frage gelautet hatte, und das war ihm eine bittere Lektion.

Er hatte den ganzen Tag mit Servius auf dem Hof gearbeitet; jetzt, nach dem Abendessen, war kaum noch etwas zu tun, Servius saß in der Küche am Herd und flickte einen gerissenen Zügel, Cordaella hatte sich ihre Spindel vorgenommen, und Beric war nach draußen gegangen, um noch etwas Feuerholz zu holen. An und für sich lag schon reichlich Holz in der Ecke neben dem Herd gestapelt, aber er konnte trotz seiner Müdigkeit nicht still sitzen. Als Justinius ihn gebeten hatte, zu bleiben und ihm beim Abrichten von Maias Fohlen zu helfen, und als ihm klar geworden war, dass er nicht wieder in die Kälte und Fremde hinauswandern musste, hatte die überwältigende Erleichterung alle anderen Gedanken und Gefühle verdrängt; aber jetzt, zwei Tage danach, begann das Gefühl des Fremdseins, des Ausgeschlossenseins wieder in ihm aufzuleben, Dieses Gefühl war es auch, was ihn an diesem Abend vom Herdfeuer in der Küche und Cordaellas Spindel in den dämmrigen Hof hinausgetrieben hatte. Jetzt stand er mit einem bemoosten Apfelholzscheit in der Hand neben dem Holzstoß und fragte sich voller Verzweiflung, ob es denn immer so bleiben würde, ob die *Alcestis* sich immer zwischen ihn und die Welt schieben und ihn ausschließen würde. Vielleicht würde sich das alles ändern, wenn Justinius erst wieder von seinem Deich heraufkäme.

Schließlich ging er mit einem Riesenstapel Holzscheite im Arm wieder zum Haus zurück. Im Laufe des Tages hatte es geregnet, und der Boden war weich, sodass seine Schritte kaum zu hören waren. Er hatte die halb offene Küchentür fast erreicht, als Cordaellas Stimme, die mit sanftem Unterton seinen Namen aussprach, ihn anhalten ließ.

«Servius, ist dir – schon etwas an Beric aufgefallen?», fragte sie, und irgendetwas an ihrem Tonfall brachte ihn dazu, weiterhin lauschend stehen zu bleiben.

«Ich habe bemerkt, dass er die halbe Zeit wie ein Wilder arbeitet und während der anderen Hälfte dasteht und die Arbeit anstarrt, als erwartete er, dass sie sich von selbst erledigt», sagte Servius.

«Dir würde es vielleicht auch nicht so leicht fallen, ausdauernd zu arbeiten, wenn du es gewohnt wärst, mit der Peitsche auf dem Rücken zu arbeiten!», sagte Cordaella mit sanftem Vorwurf und fügte dann hinzu: «Du weißt schon, was ich meine.»

Einen Augenblick lang blieb es so still, dass nur das leise Schnurren von Cordaellas Spindel zu hören war, dann erwiderte Servius brummig: «Ja, ich weiß, was du meinst. Er hat eine gewisse Ähnlichkeit mit der Frau des Kommandeurs, so wie ich sie in Erinnerung habe. Vielleicht kommt er vom selben Stamm – in meinen Augen sehen alle Brigantes gleich aus.»

«Es sind vor allem seine Augen und die Art, wie er den Kopf hält ... Sie war sehr schön und hat ihrer ganzen Sippe getrotzt, um den Kommandeur zu heiraten!»

Servius schnaubte verächtlich. «Weibergeschwätz! Sie wäre wohl kaum mit dem Kleinen hingereist, um ihn ihrer Familie zu zeigen, wenn sie sich mit ihnen überworfen hätte, oder?»

«Vielleicht bekam sie nach der Geburt Heimweh nach den Ihren?» Cordaellas weiche Waldtaubenstimme bebte leicht, als der alte Kummer wieder in ihr aufstieg. «Aber ich wusste gleich, dass bei dieser Reise nichts Gutes herauskommen konnte. Als der Maultierkarren hinausfuhr, hat ein Rotkehlchen in der Birke am Tor geschluchzt. Wenn der Kommandeur nicht schon so weit landeinwärts zu seinem Straßenbau unterwegs gewesen wäre, hätte ich ihn auf der Stelle geholt, damit er ihr nachreist und sie zurückbringt.»

«Und bildest du dir etwa ein, dass er auf dich gehört hätte?», fragte Servius dämpfend und in einem Ton, der verriet, dass er die Geschichte schon oft gehört hatte.

«Nun, das ist etwas, was wir nie erfahren werden. Er war auf jeden Fall weit weg im Landesinneren, und bis er wieder ins Lager zurückkehrte, waren Frau und Kind schon dorthin verschwunden, von wo sie niemand mehr zurückholen konnte.»

«Ja, ja, in jenem Sommer tötete das Fieber schnell», stimmte Servius zu.

Wieder war es still, dann sagte Cordaella: «Ich habe das Gefühl, dass der Kleine, wenn er am Leben geblieben wäre, genauso ausgesehen hätte wie Beric, bis auf die Spuren, die die Galeeren an ihm zurückgelassen haben.»

«Jetzt bilde dir nur keine Dummheiten ein», sagte Servius warnend. «Der Kleine starb mit seiner Mutter, und das war das Ende der Geschichte.»

«Ich weiß nicht … in den letzten Tagen bin ich mir da nicht mehr so sicher. Für ihre Sippe wäre es doch ein Leichtes gewesen, dem Kommandeur zu erzählen, das Kind sei tot, um es dann bei sich im Stamm aufzuziehen. Der Kommandeur trägt sich jedenfalls mit denselben Gedanken, das spüre ich. Warum hätte er sonst in jener ersten Nacht, als wir glaubten, der Junge würde es nicht schaffen, wie vom Blitz getroffen aussehen sollen?» Cordaellas Stimme begann plötzlich zu zittern. «Stell dir mal vor, Servius, wenn es tatsächlich so wäre!»

Beric riss die Tür weit auf und trat mitten in ihr erschrockenes Schweigen hinein. «Meine Mutter ist ertrunken, und mein

Vater ist ertrunken, und ich wünschte, ich wäre auch ertrunken!», sagte er und warf die Holzscheite krachend in ihre Ecke. Cordaella stieß einen leisen, bestürzten Schrei aus und erhob sich halb von ihrem Schemel, aber Beric stürzte an ihr vorbei zur inneren Tür. Auf der Schwelle blieb er kurz stehen. «Der Kommandeur trägt sich mit keinen Gedanken mehr», sagte er heiser. «Der Kommandeur weiß Bescheid.» Dann eilte er durch das Atrium, überquerte die Terrasse und warf sich in seiner Schlafkammer auf sein Lager.

Dort blieb er lange liegen, den Kopf in den Armen vergraben, und grübelte, während die Dämmerung von der Marsch heraufstieg und langsam in Dunkelheit überging. Einmal hörte er Cordaellas Schritte, die vor seiner Tür anhielten, und da wusste er, dass sie draußen stand und wartete. Dann stieß sie einen schweren, traurigen Seufzer aus und entfernte sich wieder, und Beric blieb mit seinen Gedanken allein. Er hatte sich wie ein herrenloser Hund gefühlt, der endlich einen Herrn gefunden hatte, zu dem er gehörte, und das war jetzt alles ein Irrtum gewesen. Die Behutsamkeit in Justinius' Händen hatte gar nicht ihm gegolten. Er war ein Narr gewesen, sich das einzubilden. Wer war er denn schon, er, ein vom Meer angeschwemmter Galeerensklave, dass Justinius ihn um seiner selbst willen hätte freundlich behandeln sollen? Langsam schlugen die Wellen der Bitterkeit in der Dunkelheit über ihm zusammen. Hier gab es trotz allem doch keinen Platz für ihn; in der Welt der Menschen, die ihn ausgestoßen, zum Sklaven gemacht und auf die Galeeren geschickt hatten, gab es nirgendwo einen Platz für ihn. Also würde er sich in die Wildnis begeben und die Gesellschaft der Menschen für immer meiden. Jetzt gleich würde er aufbrechen.

Schon hatte er sich halb von seinem Lager erhoben, als er plötzlich einsah, dass er nicht einfach verschwinden konnte, ohne es Justinius zu sagen. Er wusste zwar nicht, warum, wusste nur, dass er das nicht tun konnte. Am Morgen würde er Justinius aufsuchen und es ihm sagen, dann würde er gehen, und alles wäre vorbei.

Mit der Ruhe der äußersten Verzweiflung legte er sich wieder hin und schlief ein.

Eine kleine Heimatlose

Er erwachte im ersten wässrig kühlen Morgenlicht. Der Schrei des grünen Regenpfeifers gellte über die Marsch. Ohne lange zu überlegen, taumelte Beric von seinem Lager hoch und machte sich auf den Weg, um Justinius zu suchen.

Es war so früh, dass noch niemand auf war, als er auf die Terrasse hinaustrat. Er überquerte den oberen Teil der langen Weide und erreichte den Pfad jenseits der schützenden Dornenhecke, ohne sich ein einziges Mal umzuschauen. Es war besser, nicht zurückzublicken.

Der Weg führte sanft hügelabwärts. Zwischen den knospenden Zweigen der Eichen und Haselsträucher und den weiß blühenden Dornenzweigen hindurch leuchtete das feuchte Watt mit seinen silberglänzenden Schlammtümpeln und unzähligen Rinnsalen, die sich der Flussmündung entgegenschlängelten. Dann bog der Pfad nach links ab und lief über sandigen Boden durch Stechginster, verkümmerte Schwarzerlen und struppiges Seegras. Zur Rechten duckten sich die Hütten eines einheimischen Fischerdorfes, die schlanken Einbäume der Fischer lagen oberhalb der Flutlinie. Doch der Pfad lief geradeaus weiter und führte schließlich in einem Bogen an ein Tor, das allem Anschein nach das Lagertor war. Beim Anblick der festen Palisaden und der rechtwinklig angelegten Zelte und Hütten dahinter blieb Beric kurz stehen. Plötzlich fürchtete er sich davor, dem Pfad weiter hinunter zu folgen und das Lager der Adler zu betreten, er fürchtete sich so sehr, dass es ihm die Kehle zuschnürte und er immer wieder krampfhaft schlucken musste. Aber wenn er Justinius finden wollte, musste er weitergehen, daher straffte er sofort wieder die Schultern und setzte seinen Weg fort.

Unter dem unbeholfen gemalten Steinbockzeichen der Zweiten Legion, das über dem Lagertor angebracht war, lehnte ein Wachtposten an seinem Speer und beobachtete das allgemeine Treiben.

Beric blieb vor ihm stehen und sagte: «Ich möchte den Kommandeur sprechen.» Seine Kehle war immer noch so zugeschnürt, dass er nur ganz heiser sprechen konnte.

«Ach, tatsächlich?», entgegnete der Posten vergnügt. «Der ist aber nicht da.»

Beric blickte an dem Mann vorbei in das morgendliche Treiben im Lager und sagte nach kurzem Schweigen: «Wenn ich zu früh dran bin, werde ich warten.»

«Das kannst du gerne tun, aber er ist nun mal nicht im Lager. Ist gestern nach Portus Lemanis gereist, zum Steinbruch.»

«Nach Portus Lemanis? Wo liegt das?»

«Da oben.» Der Posten zeigte mit dem Daumen nach Norden. «Mehr als zehn Meilen von hier.»

Beric zögerte. «Und wann, glaubst du, wird er wohl zurückkommen?»

«Na, so etwas, hat er doch tatsächlich vergessen, mir das mitzuteilen», erwiderte der Posten spöttisch. Doch als er Berics erregtes Gesicht sah, änderte er seinen Ton. «Muss es denn unbedingt der Kommandeur sein? Tut's der Zenturio Geta nicht genauso gut? Der ist jetzt nämlich unten am Schleusendamm.»

«Nein, ich muss den Kommandeur sprechen. Ich komme später noch einmal zurück. Es handelt sich nur um eine Kleinigkeit», sagte Beric.

Als er sich zum Gehen wandte, spürte er, dass der Wachtposten hinter ihm herstarrte, und plötzlich hatte er das Gefühl, als begännen die verräterischen Striemen unter seiner Tunika zu brennen. Er musste sich sehr zusammennehmen, um nicht davonzurennen.

Es war natürlich töricht von ihm gewesen, Justinius hierher zu folgen. Selbst wenn er ihn im Lager angetroffen hätte, wäre der Kommandeur natürlich mit viel zu wichtigen Dingen beschäftigt gewesen, um sich mit jemandem wie Beric abgeben zu können. Und was jetzt? Er wusste es nicht. Er begann den Weg zurückzugehen, den er gekommen war, und bog dann, ohne zu wissen, weshalb, auf einen schmalen Pfad ein, der nach rechts abzweigte. Wenige Schritte brachten ihn an einen kleinen stillen Tümpel zwischen den Ginster- und Erlenbüschen, und nachdem er eine Weile unentschlossen am Rand des Gewässers gestanden hatte, setzte er sich daneben ins Gras.

Schließlich war es ja gleichgültig, was er tat. Er ließ sich einfach treiben.

Nachdem er eine Zeit lang da gesessen hatte, begann er allmählich verschiedene Geräusche wahrzunehmen, die von der Marsch heraufdrangen. Zunächst schenkte er ihnen keine Beachtung, doch dann drehte er sich zur Seite und teilte halb gleichgültig, halb neugierig das Erlengebüsch, um zwischen den knospenden Zweigen hindurch auf ein Bild geordneter Geschäftigkeit hinunterzublicken. Weniger als einen Schleuderwurf entfernt, dort, wo der Hang in die ebene Marsch überging, sah er die wuchtige schiefergraue Masse einer Schleuse aus Kieselsandstein am unteren Ende der sanften Böschung, der Einlasskanal dahinter führte nördlich landeinwärts in die eingedämmte Marsch, der Abzugskanal führte nach Süden durchs Watt zur Flussmündung hinunter. Von der Außenseite der Schleuse verlief ein niedriger Schutzwall aus doppelten Reihen von Weidengeflecht und Reisigbündeln seewärts und wand sich fadendünn durch die Ebene, um nach ungefähr einer Meile auf den Hauptkiesdeich zu stoßen und an diesem entlang weiterzuführen, bis sich beide in weiter Ferne verloren. Am ganzen Schutzwall entlang sah er einen ununterbrochenen Zug von Lastponys in beide Richtungen entlangtrotten. Auf dem Weg hinaus waren ihre Tragkörbe mit Kreideblöcken beladen, die weiß gegen das sanfte Braun der Marsch leuchteten, auf dem Rückweg waren die Körbe leer. Überall am Schutzwall waren

Männer damit beschäftigt, die Körbe zu entladen und die grob behauenen Kreidebrocken zwischen die Hürden zu packen. Dann tauchte die hohe Gestalt eines Zenturio auf, und damit war das Bild vollständig – das gleiche Bild, in das er damals im Nebel hineingestolpert war vor sechs, zehn oder zwölf Tagen, genau wusste er es nicht.

Er ließ die Erlenzweige zurückschnellen und drehte sich wieder dem Tümpel zu.

Etwas später kamen ein paar Mädchen, um Wasser zu holen: hochgewachsene britische Mädchen mit Reifen aus Bronze, Silber und leuchtend blauem Glas an den Armen. Sie blickten zu Beric hinüber, ohne jedoch neugierig zu wirken. Hier in dieser Gegend gab es viele Fremde. Eine von ihnen lächelte ihm zu, aber Beric erwiderte das Lächeln nicht. Der Gestank vom Ruderdeck der *Alcestis* schien sich plötzlich zwischen ihm und den Mädchen zu erheben. Die Mädchen entfernten sich wieder. Beric blieb weiterhin am Tümpel sitzen, hoffnungslos und doch von der unbestimmten, unbegründeten Hoffnung erfüllt, dass Justinius zurückkehren und die Welt wieder in Ordnung bringen würde.

Ein kleines, halb verhungertes graues Hündchen kam heran und begann, schüchtern an Berics Füßen zu schnuppern, wie damals der Straßenköter auf dem Sklavenmarkt, und wie damals streckte Beric auch jetzt die Hand aus, um das Tier zu streicheln.

Schließlich teilten sie beide das gleiche Schicksal – beide waren sie Ausgestoßene. Das Hündchen winselte leise und drückte sich zitternd an ihn, um schließlich in das hohe Gras neben Beric zu kriechen und dort einzuschlafen.

Als er an den Teich gekommen war, war Ebbe gewesen, jetzt strömte die Flut übers Watt herein, und die Männer kehrten mit den Ponys zum Lager zurück. Das Wasser sickerte durch die Kalkbrocken und Hürden des Schutzwalls und drang in die dahinterliegende Marsch ein. Dann begann es sich wieder zurückzuziehen, und da stand Beric endlich auf. Was hatte das Warten schon für einen Sinn? Letzten Endes spielte es doch keine Rolle, was Justinius von ihm dachte; Justinius würde nur froh sein, dass er fort war. Da war es schon besser, gleich zu gehen.

Er wandte sich wieder dem Weg zu.

In das Dickicht seiner Gedanken verloren, wanderte er so blind und taub für seine Umwelt durch das Ginster- und Erlengestrüpp, dass er das leichte Trappeln vieler kleiner Hufe auf dem Weg erst wahrnahm, als er durch eine dichte Schlehenhecke durchbrach und unversehens mitten in eine Reihe von Ponys hineinstolperte, die vom Lager zurücktrotteten.

Was dann folgte, geschah so rasch und in solcher Verwirrung, dass es schon beinahe vorüber war, bevor er begriff, was überhaupt vor sich ging – ein warnender Schrei, wild trampelnde Hufe und das schrille Wiehern eines aufgeschreckten Ponys, das sich aufbäumte und sich nach hinten dem nachfolgenden Pony entgegenwarf. Beric sprang schnell beiseite und nahm dabei das sekundenschnelle Bild von hochgeworfenen Pferdeköpfen und fliegenden Mähnen wahr, von einem wirren Durcheinander aus Männern und Pferden. Im selben Augenblick hörte er ein schmerzliches Aufwinseln aus der vielbeinigen Mitte des Tumults. Er fuhr herum und sah, wie das Hündchen, das sich am Tümpel zu ihm gesellt hatte, auf die Seite geschleudert wurde und sich vor Schmerz und Angst heulend wieder aufzurichten versuchte.

«Bei allen Furien der Hölle! Was fällt dir eigentlich ein, uns so einfach den Weg zu versperren!», schrie jemand. Aber Beric scherte sich nicht darum, sondern kniete sich neben den kleinen Hund.

Einer der Pferdetreiber versuchte, eine panische, aufgebrachte Ponystute zu bändigen, die sich fast direkt über Beric aufbäumte. «Oha – oha – oha, so, schön langsam, schön ruhig! Willst du wohl stillhalten, du Tochter der Schwarzen!»

Aber Beric hörte ihn kaum, und als der Tumult sich bald darauf etwas beruhigte, kam der kräftige Einheimische, der die Aufsicht über den Lastzug hatte, auf seinem eigenen Pony zu Beric herübergeritten, um ihn aufgebracht zu fragen: «Bist du taub? Oder willst du dir unbedingt von den Hufen den Schädel eintreten lassen?»

Beric schüttelte ungeduldig den Kopf, als wollte er eine lästige Fliege verscheuchen. Voller Angst betastete er den Körper der kleinen Hündin, die bei jeder Berührung wie ein Kind aufschrie. Das Tier schien keine inneren Verletzungen davongetragen zu haben, doch an der linken Schulter musste es von einem Huf gestreift worden sein, denn jedes Mal, wenn er diese Stelle berührte, schrie es auf, und auf dem linken Vorderbein konnte es auch nicht stehen. Vielleicht war das Bein gebrochen.

«Das ist nur einer von den heimatlosen Streunern aus dem Lager. Hat sich den ganzen Winter über dort herumgetrieben», sagte der Mann einen Augenblick später. «Er muss dir gefolgt sein.»

Beric nahm das kleine Häufchen Unglück behutsam in die Arme. «Das ist kein Streuner», versetzte er scharf, als er aufstand. «Das ist mein Hund. Er gehört mir!» Und damit machte er auf dem Absatz kehrt.

Die aufgeregten, widerspenstigen Ponys und die fluchenden Männer, die er hinter sich zurückließ, existierten einfach nicht für ihn.

Das arme kleine Geschöpf in seinen Armen war das Einzige, was wichtig war. Es wog jämmerlich wenig; seine Rippen stachen unter dem verkrusteten Fell hervor, und sämtliche Knochen fühlten sich scharf und zerbrechlich an. Das Tierchen wimmerte jetzt nicht mehr, sondern lag still in seinen Armen, während er es den Weg hinauf und über die lange Weide zum Hof hinübertrug.

Cordaella blickte vom Holzkohlenherd auf, als Beric in der

Küchentür auftauchte, und lief mit einem kleinen eisernen Tiegel in der Hand auf ihn zu. «Oh, den Göttern sei Dank, dass du wieder da bist! Ich war halb von Sinnen! – Und ausgerechnet heute, wo Servius schon seit Morgengrauen wegen des neuen Pflugs unterwegs ist, sonst hätte ich ihn schon längst losgeschickt, um dich zu suchen – und wenn ich mir vorstelle, was der Kommandeur gesagt hätte …» Sie unterbrach sich. «Nanu, was bringst du denn da mit? Einen Streuner aus dem Lager?»

«Das ist kein Streuner», sagte Beric zum zweiten Mal. «Das ist mein Hund!»

«So, und seit wann?», fragte Cordaella, die im Lauf des aufregenden Tages ihre übliche Gelassenheit zum Teil eingebüßt hatte.

«Seit einiger Zeit», erwiderte Beric etwas vage. «Ein Lastpony hat ihn an der Schulter getreten.»

Cordaella musterte schweigend die beiden, die sie da vor sich hatte – den mageren jungen Mann und die kleine halb verhungerte Hündin in seinen Armen, und schien zu dem Schluss zu kommen, dass dies nicht der richtige Augenblick sei, um Fragen zu stellen oder von gestern Abend zu sprechen. «Na, ihr seid mir ein schönes Paar!», sagte sie mit ihrer allersanftesten Waldtaubenstimme. «Ist die Kleine denn schwer verletzt?»

«Das weiß ich noch nicht.»

«Trag sie in den alten Kuhstall hinüber, dann bringe ich dir etwas für sie zu fressen. Hier in der Küche kann ich sie nicht gebrauchen, da würde ich sie am Ende noch treten.»

Beric ging wieder über den Hof zurück. Er hatte gerade trockenes Farnkraut aus dem Pferdestall geholt und in einer Ecke des unbenutzten Kuhstalles daraus ein Nest bereitet, als Cordaella mit einer Schüssel in der Hand hinter ihm hereingewogt kam.

«Hier ist Milch mit etwas eingebrocktem Brot darin», sagte sie und drückte ihm die Schüssel in die Hand. «Das wird ihrem ausgehungerten Bäuchlein besser bekommen als irgendwelche

Essensreste.» Einen Augenblick blieb sie noch stehen und blickte voller Zärtlichkeit auf die beiden hinab, dann drehte sie sich dem niedrigen Eingang zu. «Wenn du nachher herüberkommst, wartet ein Essen auf dich. Komm bald, denn ich bin sicher, dass du ebenfalls Hunger hast.» Damit verschwand sie.

Beric gab der kleinen Hündin Brot und Milch, und als die letzten Tropfen aus der Schüssel geleckt worden waren, begann er ihre Schulter noch einmal zu untersuchen. Das Tierchen begann sofort zu winseln und zu zittern, wenn Berics Hand auch nur in die Nähe der Stelle kam, es versuchte aber nicht auszuweichen oder nach ihm zu schnappen, wie verletzte Hunde das oft tun. Nach einer Weile senkte es sogar seinen struppigen Kopf und leckte Berics Daumen. Gebrochen schien nichts zu sein, aber ganz sicher war er sich dessen nicht. Früher hatte er oft genug mit kranken oder verletzten Hunden zu tun gehabt, doch seine Hände schienen auf dem Ruderschaft alles Gefühl verloren zu haben, und der Hund war so winzig, nicht einmal halb so groß wie Gelert. Justinius würde es feststellen können, dachte er. Hoffentlich kam er heute Abend nach Hause!

Justinius! Einen Augenblick lang saß Beric völlig regungslos da und starrte vor sich hin. Er hatte den Hund instinktiv an den Ort zurückgebracht, wo er selbst eine Zuflucht in seiner Not gefunden hatte, ohne daran zu denken, dass er selbst ja nicht hierher hatte zurückkehren wollen. Nun, das war jetzt unwichtig, das einzig Wichtige war das kleine Geschöpf hier im Stall, das ebenso heimatlos war wie er.

Den Rest des Tages verbrachte er in der Hoffnung auf Justinius' Rückkehr. Er aß das Essen, das Gordaella ihm hinstellte, besorgte verschiedene Arbeiten für sie auf dem Hof und begab sich zwischendurch immer wieder in den Kuhstall, wo er jedes Mal von kläglichem Winseln und leisem Schwanzklopfen begrüßt wurde.

Der Abend ging schon in Dunkelheit über, und die Sterne leuchteten über der Marsch, als er endlich auf dem Weg hinter der Dornenhecke Hufschlag hörte. Vielleicht war es ja gar nicht Antares, aber aus irgendeinem Grund war Beric davon überzeugt, dass er es war. Er hockte neben seinem Hündchen und wartete, eine Hand auf dem plötzlich erhobenen Kopf des Tieres, während der weiche Hufschlag näher kam. Jetzt hörte der sich anders an – das Pferd bog vom Weg ab. Es war Antares; Antares, der über die Weide kam und klappernd im Hof stehenblieb.

Laternenlicht fiel auf die festgestampfte Erde, dann erklangen Justinius' und Servius' Stimmen. Sie mussten beide zur gleichen Zeit eingetroffen sein. Cordaella gurrte weich und drängend, dann gingen alle Geräusche im Klappern der Hufe unter, als Antares zum Stall geführt wurde.

Die kleine Hündin winselte und stellte die Ohren unter Berics Fingern auf. Beric sprach beruhigend auf sie ein und blieb weiterhin abwartend in der Dunkelheit des Kuhstalls hocken. Kurze Zeit verstrich, und außer den Geräuschen, die aus Antares' Stall drangen, war nichts zu hören.

Beric wollte gerade aufstehen, um Justinius zu holen, als schwere Schritte über den Hof kamen, von einem goldenen Lichtstrahl auf dem Boden begleitet. Dann tauchte der Kommandeur selbst mit einer Laterne in der Hand am Eingang des Kuhstalls auf.

Einen Augenblick blieb er dort stehen, die Laterne hoch erhoben, sodass das Licht die hintersten Winkel des Kuhstalles mit warmem Gold erfüllte. Er blickte auf Beric hinab, der immer noch auf dem Boden hockte und nun blinzelnd in die plötzliche Helligkeit hochsah; anschließend wanderte sein Blick noch weiter hinunter zu der kleinen Hündin, die sich bei seinem Eintritt unsicher erhoben hatte und sich nun an Berics Knie presste. Dann trat er ein und stellte die Laterne auf den Rand der alten Futterkrippe.

«Ist sie schlimm verletzt?», fragte er.

Beric hielt immer noch seine Hand auf dem Kopf des

Hundes. Angespannt sah er zu Justinius hoch. «Ich weiß es nicht. Sie ist am Tümpel oberhalb des Lagers zu mir gekommen, dann habe ich sie ganz vergessen, aber sie ist mir trotzdem gefolgt. Dann sind wir ein paar Lastponys in die Quere gekommen. Ich glaube zwar nicht, dass ihre Schulter gebrochen ist, aber ich bin mir nicht sicher. Ich – meine Hände haben ihr Geschick verloren.»

«Lass mich mal sehen», sagte Justinius. Er warf die Falten seines schweren Mantels zurück, ließ sich auf ein Knie nieder und hielt dem kleinen Hund eine Hand hin. Der Hund wich davor zurück und drängte sich mit unsicherem Knurren an Beric.

«Die Menschen sind nicht gut zu ihr gewesen», sagte Beric.

«Jetzt scheint sie aber einen gefunden zu haben, dem sie vertrauen kann.» Justinius kam mit seiner Hand langsam immer näher. «Armes kleines Würmchen; ist ja schon gut, ich will dir doch nicht wehtun.» Das Knurren hörte auf. Seine Hand lag auf ihrem Hals, fuhr prüfend über Schulter und Vorderbein. Beric schaute ihm dabei zu und erkannte trotz seiner großen Sorge, dass Justinius' Hände sich jetzt mit der gleichen liebevollen Sorgfalt bewegten wie damals, als sie sein eigenes wundes Handgelenk versorgt hatten. Vielleicht hatte er sich doch nicht so völlig getäuscht, als er vor drei Nächten geglaubt hatte, Justinius' Sorge gelte ihm?

Nach kurzer Zeit hob Justinius den Kopf. «Nein, gebrochen hat sie nichts. Ihr fehlt nichts, was Ruhe und liebevolle Pflege nicht wieder in Ordnung bringen könnten. Hat sie schon etwas zu fressen bekommen?»

Beric nickte und schluckte vor Erleichterung. «Cordaella hat mir Brot und Milch für sie gegeben, als ich sie herbrachte, und später noch einmal.»

«So, das müsste für den Augenblick genügen.» Justinius erhob sich etwas steif und blickte dann auf die beiden hinab. «Wollen wir sie jetzt schlafen lassen und zum Haus zurückgehen?»

Beric gab seiner kleinen Schicksalsgefährtin einen beruhigenden Klaps, stand wortlos auf und nahm die Laterne. Dann versperrte er den unteren Teil des Stalleingangs sorgfältig mit Brettern. Er wusste, was jetzt auf ihn zukam.

Cordaella hatte die Lampe im Atrium angemacht, doch die hinteren Ecken des lang gestreckten Raumes lagen wie immer im Schatten. Der Feuerschein und das Lampenlicht vermengten sich zu einem warm glühenden Schimmer. Justinius streifte seinen schweren Mantel ab, warf ihn auf die Zitronenholztruhe neben seinen Helm, der schon dort lag, und stapfte zum Feuer hinüber. Als Beric die Laterne ausgemacht und sie neben die Tür gestellt hatte und sich zu Justinius gesellte, stand dieser in seiner Lieblingshaltung dort, die Hände auf dem Rücken verschränkt, die massigen Schultern etwas hochgezogen, und starrte in die Flammen.

An diesem Abend brannte Treibholz mit blaugrüner salziger Flamme auf dem Herd. Die Apfelholzscheite dagegen loderten mit rotgelbem Schein, warm und vertraut wie die Dinge an Land. Ein echtes Marschfeuer, dachte Beric.

Justinius hob den Kopf. «Cordaella hat mir erzählt, was gestern geschehen ist», sagte er. «Wirklich töricht von mir, anzunehmen, dass niemand außer mir selbst die Ähnlichkeit bemerken würde.»

«Sehe ich ihr so ähnlich?»

«Manchmal. Als ich vor drei Tagen am Abend hereinkam und dich neben der Lampe stehen sah, erschien mir die Ähnlichkeit sehr groß. Seltsam, jetzt, da ich weiß, dass es nur eine zufällige Ähnlichkeit ist und dich auch ein bisschen besser kenne, kommt sie mir nicht so stark vor.»

Beric fragte fast trotzig: «Und warum sollte dir die Sippe das Kind vorenthalten haben?»

«Eigentlich aus überhaupt keinem Grund; der einzige wäre, dass sie mir die Mutter des Kindes höchst widerstrebend zur Frau gegeben hatten, wie du wohl von Cordaella erfahren hast. Sie stammte von den Brigantes, einem Stamm, der den Adlern nie freundlich gesinnt war... Nein, nein, das war wirklich eine verrückte Idee, das gebe ich zu. Bis zu jenem Abend, als ich dich unter Publius Pisos Sklaven sah, hatte ich auch nie daran gedacht.» Justinius zögerte und fuhr dann fort, fast so, als wäre es ihm wichtig, dass Beric ihn begriff: «Ich kam am nächsten Morgen zurück. In jener Nacht war nichts mehr zu machen gewesen, Glaucus war betrunken. Aber am folgenden Morgen kam ich hin, um dich von ihm wegzuholen, und wenn ich das ganze Haus dazu hätte auseinandernehmen müssen. Doch ich kam zu spät, du warst schon weg. Ich konnte nichts mehr über dich in Erfahrung bringen, und zwei Tage darauf musste ich nach Britannien segeln.» Er unterbrach sich und starrte in die Flammen, und kurz schien ein Schatten über sein dunkles, hakennasiges Gesicht zu ziehen. Dann fragte er mit veränderter Stimme: «Warum bist du heute Morgen zum Lager hinuntergegangen?»

Es schien, als hätte er das Thema gewechselt, aber Beric wusste, dass das nicht der Fall war. «Ich bin hingegangen, um dich zu suchen – und um dir zu sagen, dass ich fortgehen will», sagte er mit fester Stimme. «Aber du warst nicht da, und schließlich hätte ich mich auf den Weg gemacht, ohne es dir zu sagen.» Er machte eine Kopfbewegung zur Kuhstalltür hinüber. «Wenn sie nicht gewesen wäre, wäre ich jetzt schon längst unterwegs.»

«Dann bedanke ich mich bei ihr», sagte Justinius. «Warum willst du weg, Beric? Hat es mit dem zu tun, was du gestern gehört hast?»

Beric nickte.

«Vergiss nicht, dass ich dich bat hierzubleiben, nachdem ich die Wahrheit über dich erfahren hatte, und nicht davor.»

«Ich weiß, dass du niemals etwas nur deshalb aufgeben würdest, weil es seine eigentliche Bedeutung verloren hätte», sagte Beric unglücklich. «Außerdem – es liegt nicht nur an dem, was ich gestern zu hören bekam. Als du mich zu bleiben batest, freute ich mich zunächst, da ich nicht darüber nachgedacht hatte. Aber jetzt habe ich nachgedacht. Als ich heute Morgen zum Lager hinüberging, hatte ich Angst – Angst, dass jemand den entflohenen Galeerensklaven in mir erkennen könnte. Im Machtbereich Roms gibt es keinen Platz für einen entlaufenen Galeerensklaven.»

«Für einen entlaufenen Galeerensklaven nicht, das stimmt», sagte Justinius. «Mit dir verhält es sich jedoch anders. Du wurdest als tot über Bord geworfen. Niemand ist hinter dir her, für die Galeeren gibt es dich nicht mehr … Und dennoch ist es nicht gut, sein Leben lang das – wenn auch nur schwache – Gefühl zu haben, sich verstecken zu müssen. Ich habe ebenfalls nachgedacht, und das Ergebnis meiner Überlegungen ist: je eher wir beweisen können, dass du schuldlos zu den Galeeren verurteilt wurdest, desto besser.

Beric atmete heftig ein und stieß die Luft langsam wieder aus. «Beweisen? Wie sollte das denn möglich sein?»

«Erinnerst du dich an Calpurnius Paulus, den greisen Senator, der an jenem Abend mein Tischnachbar war? Ich habe nicht viele Freunde, aber er gehört zu ihnen. Ich glaube, er wäre der Richtige, um die Angelegenheit anzupacken.»

Beric starrte ihn schweigend an, während ihm die ganze Tragweite dieser Worte klar wurde. «Aber – aber, Herr», brachte er schließlich vor Aufregung stammelnd heraus, «selbst wenn er das täte und meine Unschuld bewiesen und das alte Urteil aufgehoben würde – dann wäre ich doch wieder Glaucus' Sklave!»

«Nein, du wärst nie wieder Glaucus' Sklave», sagte Justinius. Er drehte sich um und ging zu seinem Schreibtisch hinüber. Mit einem kleinen Schlüssel, den er aus der Brusttasche seiner Ledertunika hervorholte, schloss er ein verschrammtes Kästchen auf und begann den Inhalt durchzuwühlen. «Als ich an jenem Morgen zu Pisos Haus kam und du verschwunden warst, war das Einzige, was ich noch tun konnte, dafür zu sorgen, dass du Glaucus nicht wieder in die Hände fallen würdest. Er war natürlich keineswegs bereit, dich mir zu verkaufen, aber – ich weiß gewisse Dinge über diesen jungen Mann, Dinge, die sein Bekanntenkreis möglichst nicht erfahren sollte ...» Justinius verzog seinen Mund zu einem grimmigen kleinen Lächeln. «Ich greife nicht gern zu solchen Mitteln, aber unter den gegebenen Umständen ...» Er ließ den Satz unvollendet und holte eine dünne Papyrusrolle aus dem Kästchen, die er Beric zuwarf. «Das hier ließ ich gleichzeitig ausstellen.»

Beric fing die Rolle auf, strich sie glatt und starrte dann lange auf die wenigen Schriftzeichen. Es war ein Freibrief, der Berics Befreiung vom Armring des Sklaven zum Inhalt hatte. Demnach war er also schon frei gewesen, als er damals in Rom vor Gericht kam, damals, als der Mistral blies. Wenn er das nur gewusst hätte!

«Der Name muss natürlich geändert werden», sagte Justinius. «Ich konnte mir nie vorstellen, dass Hyacinthus dein richtiger Name sei, aber ich kannte dich unter keinem andern.»

Beric ließ die Rolle zurückschnappen. «Du hast dieses Schreiben lange mit dir herumgetragen.»

«Ich war oft nahe daran, es zu zerreißen.» Justinius schloss den Kastendeckel und kam zum Feuer zurück. «Aber wahrscheinlich habe ich doch gegen alle Vernunft weiterhin gehofft, dass du eines Tages kommen und es dir holen würdest.»

«O nein, nicht ich, sondern der Sohn, den du in mir vermutet hast», entgegnete Beric hoffnungslos.

Justinius zögerte. «In erster Linie schon – glaube ich.»

«Ein Glück für dich, dass das Kind gestorben ist. Wir, die wir die Galeeren des Imperiums rudern, geben schlechte Söhne ab. Wir leben wie die wilden Tiere und vergessen ganz, wie man als Mensch lebt. «Beric trat heftig gegen einen Holzscheit und beobachtete das jähe Aufflackern der Flamme. «Hier ist kein Platz für mich. Lass mich bleiben, bis der Hund wieder bei Kräften ist, und dann lass uns beide ziehen. In der Wildnis werden sie und ich besser zurechtkommen als bei den Menschen.»

«Gib den Menschen zuvor noch eine Chance», sagte Justinius.

Beric sah langsam auf. «Warum sollte ich?», fragte er, und die ganze nachtschwarze Bitterkeit, die sich im Lauf der Jahre in ihm angestaut hatte, lag in seiner Stimme. «Die Menschen haben mir auch keine gegeben.»

In den Augen des älteren Mannes leuchtete kurz etwas auf. «Ich gebe dir jetzt eine Chance», sagte er. «Und ich bitte dich, sie anzunehmen, Beric.»

«Was kann dir das schon bedeuten?»

Justinius antwortete nicht gleich, er drehte sich vielmehr um und ging mit schweren Schritten zur Tür hinüber. Genau wie drei Abende zuvor, blieb er auf der Schwelle stehen und blickte auf die dunkle Marsch hinaus. «Ja, was schon?», sagte er schließlich. «Irgendjemand hat mir einmal vorgeworfen – ich glaube, es war bei Pisos Festmahl –, die Marsch sei meine Frau, und eine gerade, gepflasterte Straße mein Sohn. Und diese Bemerkung enthielt mehr Wahrheit, als der Betreffende ahnte. Aber dies ist meine letzte Marsch; nächstes Jahr, wenn die Arbeit vollendet ist, nehme ich meinen Abschied. Wenn ich daran denke, kommt mir meine Zukunft ziemlich einsam vor … Als ich vor drei Tagen abends heimkam, schien mir, als freutest du dich, mich zu sehen, nicht so wie Servius oder Cordaella, sondern so wie jemand, der zu mir gehörte, sich gefreut hätte. Das ist mir seit zwanzig Jahren nicht mehr widerfahren.» Er drehte sich um und blickte durch den sanft erhellten Raum. «Bleibe hier, Beric.»

Beric stand regungslos am Feuer. Das weiche Meeresrauschen, das der Wind in der Tamariske erzeugte, bildete eine leise Hintergrundmusik zu der großen Stille, die im Raum entstanden war.

«Ich werde bleiben, Justinius», sagte er schließlich mit heiserer Stimme.

Doch das alte Gefühl, nicht dazuzugehören, war noch immer in ihm lebendig, sogar jetzt noch. Er war noch immer ein Fremder in der Welt, zu der er einst gehört hatte, ausgeschlossen durch die Fesselwunde an seinem Handgelenk und all die Dinge, die damit zu tun hatten.

Daran konnte nicht einmal Justinius etwas ändern.

Sturm zieht auf

Anfangs hielt Beric sich vor allem auf dem Hof auf, doch im Laufe des Sommers begann er immer mehr Zeit in der Marsch zu verbringen, wo hinter dem Schutzdamm ein großer Erdwall hochwuchs, um die letzte Lücke gegen das Meer zu schließen. Am Entstehen dieses Walles hatte Beric auch seinen Anteil. Er arbeitete mit der britischen Arbeitsgruppe zusammen, deren Lastponys aus dem dahinterliegenden Hügelland, dem Weald, Erde zum Aufschütten heranschleppten. Eigentlich hätte es ihm guttun müssen, wieder mit freien Menschen zu arbeiten, doch gegen Ende des Sommers hatte Beric ebenso wenig das Gefühl, zu ihnen zu gehören, wie am Anfang. Es war, als stünde der Gestank vom Ruderdeck der *Alcestis* zwischen ihm und den anderen Menschen und sperrte ihn von der Welt aus, zu der er einst gehört hatte.

Doch das war es nicht, was ihn an diesem stillen Septembertag in die leere Weite der Marsch hinausgetrieben hatte, weg vom Hof, wo Beric seine Ruhetage sonst mit Hofarbeiten zu verbringen pflegte. Er wollte nachdenken und brauchte dazu die weite, winddurchbrauste Leere hier draußen. Er wollte über etwas nachdenken, das sich gestern ereignet hatte. Die Postsendungen waren gerade eingetroffen, und Justinius hatte ihn ins Atrium gerufen, eine Papyrusrolle vor ihn hingelegt und gesagt: «Wir haben gewonnen, Beric! Jetzt kannst du hinuntergehen und durchs ganze Lager rufen, dass du für ein Verbrechen, an dem du unschuldig warst, zwei Jahre lang auf der *Alcestis* der Rheinflotte gerudert hast und dass der Senat dies zugibt und das Urteil löscht. Ich würde es dir zwar nicht raten, das zu tun, da es das Lager ja nichts angeht. Aber nichts unter der Sonne könnte dich daran hindern.»

Seltsamerweise war es ihm gar nicht so wichtig gewesen. Viel wichtiger war das gewesen, was danach kam – als Justinius ihm den Brief des Senators Paulus vorlas. Es war ein langer Brief mit vielen juristischen Ausführungen, die Beric nicht so gut verstand; aber die Hauptsache verstand er.

«Ausschlaggebend zu seinen Gunsten war der ungewöhnlich glückliche Zufall, dass er in der Nacht seiner Flucht von einem alten Stallsklaven, der ihn kannte, vor dem Hause des Valarius Longus gesehen wurde. Kaum hatte ich begonnen, die notwendigen Nachforschungen anzustellen, als dieser Mann namens Hippias sich meldete, um Folgendes zu beschwören: In der fraglichen Nacht habe er den Vorhof überquert, um nach einem kranken Pferd zu schauen; als er ein Geräusch am Tor gehört habe und dem nachgegangen sei, habe er besagten Beric im Licht der Torlaterne durchs Gitter erkannt, als Beric sich gerade zum Gehen wandte. Er habe hinter ihm hergerufen, doch der Junge sei nicht stehen geblieben. Er – Hippias – schwor außerdem, gleich anschließend habe er einen Hahnenschrei von der Kaserne der Prätorianer gehört, da der Wind von dort kam. Dies lässt es so gut wie unmöglich erscheinen, dass der Junge, der Rom demnach erst bei Morgengrauen verlassen hatte, gegen Anbruch der Abenddämmerung, also zum Zeitpunkt des Raubüberfalles, schon so weit nördlich hätte sein können. Als Hippias gefragt wurde, warum er dies denn nicht schon früher mitgeteilt habe, trat Lucilla, seine junge Herrin, selbst vor, um zu erklären, dass er es ihr schon am folgenden Morgen berichtet habe, als er ihr ein Bündel mit einer durchgefeilten Fessel und einem silbernen Armreif aus dem Hause ihres Vaters brachte, das er am Tor gefunden hatte. Sie habe ihn schweigen geheißen, damit sein Bericht unter keinen Umständen zum Wiedereinfangen des Jungen führte.»

Beric hatte aufmerksam zugehört, und als Justinius zu Ende vorgelesen hatte, hatte er aufgeschaut und gesagt: «Bei Anbruch der Morgendämmerung lag Rom schon viele Meilen hinter mir. Und außerdem – in jenem Torweg gab es gar keine Laterne.»

Als er es sich überlegte, wurde ihm ganz klar, dass Lucilla diejenige war, die sich diese Geschichte ausgedacht hatte. Der alte Hippias konnte ausgezeichnet mit Pferden umgehen, aber jene besondere Einbildungskraft, die es braucht, um sich Torlaternen auszudenken, hatte er dann doch nicht.

Tief in seine Gedanken versunken, bemerkte Beric kaum, wohin ihn seine Beine trugen, bis er aufwachte und sich am äußersten Rand der Marsch wiederfand. Die Sonne stand schon im Westen, und seit er das Lager verlassen hatte, hatte er annähernd sieben Meilen zurückgelegt, also war es jetzt wohl an der Zeit, sich auf den Heimweg zu machen. Gewohnheitsmäßig blickte er hinter sich, um sich zu vergewissern, dass die vertraute kleine graue Gestalt ihm auf den Fersen folgte, doch dann fiel ihm ein, dass Canog ja auf dem Hof geblieben war, um sich ganz und gar ihrem dicken kleinen Welpen zu widmen. Beric freute sich schon darauf, wenn der Welpe endlich auf eigenen Beinen würde stehen können und Canog ihn wieder begleiten würde. Er vermisste das leichte Tappen ihrer Pfoten hinter sich und ihre Gesprächigkeit – sie war nämlich ein sehr gesprächiger kleiner Hund, ihren Namen – Canog, kleines Lied – verdankte sie ihrer Angewohnheit, vor sich hinzusingen, ein Gesang, der stark an einen Kessel erinnerte, der auf dem Herd vor sich hinsummt.

Vielleicht lag es daran, dass Canogs leise Unterhaltung fehlte, auf jeden Fall bemerkte er, als er auf die Marsch-Insel zuging, plötzlich, wie still es überall geworden war.

Meistens war die Luft über dem äußeren Marschstreifen von Lerchengesang erfüllt, doch jetzt waren alle Lerchen verstummt. Selbst die Seevögel schwiegen, ja, sogar die leise Musik des Windes hatte aufgehört, die sonst stets durch die leere Weite zu erklingen schien. Es war eine hohle Stille, untermalt vom Rauschen der See jenseits des Kieswalles. Es war, als hielte die ganze Marsch den Atem an, als wartete sie auf etwas.

Die Marsch-Insel war nur ein Stück Land von einer Meile

Länge am Südzipfel der Marsch. Sie erhob sich nur wenige Fuß über die umgebende Ebene, doch der große Damm des Rhee-Deiches lief dort aus, ebenso wie der niedrigere Kieswall, der von der nördlichen Schleuse unterhalb von Portus Lemanis herführte. Neben den niedrigen, torfgedeckten Fischerhütten, die landeinwärts am hinteren Ende der Insel lagen, befand sich dort auch ein kleines Lager als Außenposten der Legion, von einem Optio befehligt. Eine Art kleine Festung am Rande der Marschbefestigungen, ein windgepeitschtes Bollwerk inmitten wandernder Sanddünen und nasser brauner Kieshänge. Als Beric an diesem Abend durch die niedrigen Dünen ging, die sie im Norden begrenzten, hatte er das Gefühl, dass es eine Festung im Alarmzustand war, die genau wie die Marsch auch auf etwas wartete.

Er hielt auf den Rhee-Damm zu – nach Einbruch der Dunkelheit war es besser, dem Deich zu folgen, wenn man nicht in der Marsch geboren und aufgewachsen war – und normalerweise hätte er einen Umweg um die Insel gemacht, um Lager und Dorf zu meiden; heute aber hatte die Laterne der Herrin Lucilla irgendetwas in ihm zu warmem Leben erweckt, wodurch er sich den Menschen näher fühlte, und daher wandte er sich einer plötzlichen Eingebung folgend den Fischerbütten zu. Dann geschah etwas, das eine Zeit lang alle Gedanken an jene seltsame brütende Stille aus seinem Kopf verdrängte.

Am Rande des Dorfes stieß er auf einen Mann, der an der Außenseite der als Windfang dienenden Dornenhecke saß. Das Gesicht des Mannes war dem Strand und dem Meer zugewandt, und ein Hund lag zu seinen Füßen: ein sehr großer, gescheckter Hund, der wachsam den Kopf hob, als Beric näher kam, und auf dessen Stirn ein sternförmiger Fleck aufleuchtete.

Mit stockendem Herzen blieb Beric stehen. Der Hund hatte zu knurren begonnen – ein leiser, singender, drohender Laut tief in seiner Kehle, der plötzlich in ein hohes Winseln überging. Und als sein Herr seine blinden Augen vom Meer abwandte, sprang er auf, duckte sich kurz und warf sich dann mit hingerissenem Kläffen auf Beric.

«Gelert!», schrie Beric und hockte sich auf den Boden. Er hatte seine Arme um den Hals des großen Hundes geschlungen, ohne auch nur einen Augenblick zu glauben, dass dieses unfassliche Ereignis tatsächlich Wahrheit sein konnte. Es konnte einfach nicht wahr sein; es war ein Traum! Gelert presste sich an ihn und wand sich halb von Sinnen vor wilder Erregung. «Gelert! Mein guter alter Gelert!» Und Gelert stieß ihm die Schnauze ins Gesicht und leckte ihn von einem Ohr zum anderen ab.

Doch gleich darauf riss er sich los und sprang zu dem hochgewachsenen Mann zurück, der inzwischen aufgestanden war und still daneben stand, dann wieder in erneutem hingerissenem Ansturm zu Beric: zwischen beiden hin und her, in wilden Kreisen um sie herum, bellend und winselnd und mit heftig wedelndem Schwanz. Und inmitten dieses ganzen Tumults ergriff Beric den hochgewachsenen Mann an beiden Händen. «Rhiada! Rhiada, bist du es wirklich?»

«Beric? Du bist es also doch?»

«O Rhiada, mir ist es wie Sonne und Mond, dich wiederzusehen! Ja, ich bin es, Beric. Fühle nur.»

Er ließ die Hände des anderen frei und hielt still, während Rhiada seine Hände lachend über Berics Brust, Seiten und Schultern gleiten ließ.

«Ja, ich erkenne dich an deiner Stimme, an deinen Händen und an Gelerts Freude … Aber du bist jetzt ein Mann, mein Kleiner – o ja! Schultern wie ein Ochse hast du!»

Nachdem das helle, rasche Gelächter, die Ausrufe und atemlosen, halb abgerissenen Sätze, die ihre gegenseitige Verwunderung über ihre Begegnung ausdrückten, sich etwas gelegt hatten, setzten sie sich nebeneinander unter die Dornenhecke, während Gelert sich heftig niesend und keuchend zu Füßen des Harfenspielers fallen ließ.

Beric holte tief Luft, jetzt erst begriff er, dass dies alles doch kein Traum war. «Aber was führt dich denn hierher, Rhiada?», fragte er verwundert.

Rhiada hob die Hand, um mit feinfühligen Fingern nach der Harfe zu tasten, die er an seiner Schulter trug. «Das, was mich überallhin führt, wo es Menschen gibt, die meiner Harfe und mir lauschen wollen. Nachdem du den Stamm verlassen hattest, fand ich, dass für mich ebenfalls die Zeit zum Aufbruch gekommen sei. Also nahm ich mir einen Jungen aus einem der Dörfer, der mir die Augen ersetzte – er heißt Kylan und ist jetzt gerade drüben bei den Fischern – und machte mich auf den Weg. Seither habe ich ein Wanderleben geführt, habe landauf, landab meine Harfe gespielt, überall dort eben, wo die Menschen mir zuhören wollen.»

Beric blickte rasch zu ihm hinüber. «War das meinetwegen?»

Rhiada lächelte. «Ich hatte schon immer vor, die Welt zu sehen.»

«Und Gelert? Wie kommt es, dass Gelert bei dir ist?»

«Nachdem du fort warst, kam Gelert zu mir. Er wollte nicht bei Cunoris Hunden bleiben. Und als ich selbst dann auch wegging, bat ich Cunori, ihn mir zu geben. Bestimmt wusste er, dass ich ihn dir eines Tages bringen würde; und siehe, ich habe ihn dir gebracht.»

Beric schaute auf den großen gescheckten Hund hinab und erinnerte sich lebhaft an den Augenblick, als er in jener Nacht, da der Stamm ihn ausgestoßen hatte, mit den Armen um Gelerts Hals geweint hatte. «Nun, das ist alles lange her, jetzt liegt er zu Füßen eines anderen Herrn», sagte er. Gelert wusste, dass über ihn gesprochen wurde, er hob den Kopf und sah mit klopfendem Schwanz vom einen zum anderen, um seine Schnauze dann wieder auf die Füße des Harfenspielers fallen zu lassen.

«Lass ihn selbst wählen.»

«Er hat schon gewählt», sagte Beric und wusste, dass es

so war. Einen Augenblick später fragte er: «Rhiada, bist du irgendwann wieder im Dorf gewesen?»

«Zweimal zur Saatzeit.»

«Wie –» begann Beric und brach dann ab. Er hatte seine Pflegefamilie schon so lange aus seinem Herzen verbannt, seine Familie, sein altes Leben und den ganzen Stamm, der ihn verraten hatte, und jetzt fiel es ihm sehr schwer, sie wieder hereinzulassen. Seltsamerweise hatte er es der Laterne der Herrin Lucilla zu verdanken, die doch mit der ganzen Angelegenheit nichts zu tun hatte, dass er es schließlich doch über sich brachte, zu fragen: «Wie geht es ihnen? Wie geht es meinem Pflegevater Cunori und den Söhnen seines Hauses?»

«Nur gut», sagte Rhiada.

«Und Guinear, meiner Mutter?»

«Ich habe sie lachen hören, glaube aber nicht, dass sie vergessen hat.»

«Und – Cathlan, mein Speerbruder?»

«Cathlan hat ein Mädchen aus dem Stamm zur Frau genommen, und in seiner Hütte gibt es jetzt einen Sohn.»

Dann schwiegen sie wieder. Das Rauschen des Meeres, das in der unnatürlichen Stille hohl klang, drang in ihr Schweigen. Dann fragte Rhiada: «Und du? Was führt dich an diesen Ort?»

Beric antwortete nicht sofort; sein Blick wanderte zu dem bronzenen Armreif hinab, den er trug, um die Fesselnarbe am Handgelenk zu verdecken. «Ich arbeite am großen Deich, den wir errichten, um die Flut von der Marsch fernzuhalten», sagte er schließlich.

«Ach, schon die ganzen vier Jahre lang?»

«Nein, erst seit dem letzten Frühjahr. Davor war ich an anderen Orten.»

Ungewollt war seine Stimme hart geworden, und Rhiada fragte nach einem Moment: «Und diese anderen Orte – waren die nicht gut?»

«Nein», erwiderte Beric. «Sie waren nicht gut.»

Rhiada hob den Kopf und drehte sich zu Beric um, als erwarte er, noch mehr zu hören. Doch als Beric weiterhin schwieg, wandte er sich wieder dem Meer zu und sagte: «Erzähl mir von diesem Damm und von deiner Marsch. Dem Meer Land abzugewinnen, ist doch gewiss eine schöne Aufgabe.»

Die Arme um die hochgezogenen Knie geschlungen, den Blick auf die ziehenden Gewässer des Watt gerichtet, wo Rotschenkel und Brachvogel im Schlamm der Ebbe nach Nahrung suchten, erzählte er Rhiada von der Marsch. Jetzt, nachdem die erste Überraschung sich gelegt hatte, kam es ihm gar nicht mehr ungewohnt vor, hier so neben Rhiada zu sitzen und ihm zu erzählen. Mit wachsender Begeisterung schilderte er ihm die riesigen Deiche und die Schleusen unterhalb des Weald. Er berichtete eingehend darüber, wie der Schleusendamm, indem er immer höher wurde, das Wasser dahinter angestaut hatte und dadurch ein flacher See entstanden war, der sich am ganzen hinteren Marschrand entlang erstreckte, und wie die Schleuse, die bei steigender Flut geschlossen wurde und geöffnet, wenn die Flut wieder fiel, den ganzen See bis zum nächsten Sommer trockengelegt haben würde. Er erzählte Rhiada von dem grünen Streifen Weideland, der sich am äußeren, meerzugewandten Rand der Marsch erstreckte und schon ein Vorgeschmack darauf war, wie die gesamte Marsch eines Tages aussehen würde, nachdem die gierige See erst einmal ausgeschlossen sein würde. «Vom Meeresdamm bis zum Weald wird hier eines Tages grünes Land sein, auf dem viele Schafe weiden. Und es wird guttun, zu wissen, dass man dabei mitgeholfen hat.»

Ohne sich dessen ganz bewusst zu sein, erzählte er Rhiada auch viel von Justinius, da Justinius und die Marsch unzertrennbar zueinander gehörten. Allerdings unterließ er es, zu erwähnen, wie und warum Justinius ihn an Sohnes Statt in sein Haus aufgenommen hatte. Das war nicht seine, sondern Justinius' Geschichte, und Rhiada stellte zwar viele Fragen, doch danach fragte er nicht. Beric erinnerte sich daran, dass Rhiada nie nach etwas fragte, das besser unbeantwortet blieb. Das war einer der Gründe, warum es so gut tat, sich mit ihm zu unterhalten. Auch jetzt tat es Beric gut, mit Rhiada zu sprechen. Während er Rhiada von der Marsch erzählte, von den schönen Zukunftsaussichten für das Land und von dem kleinen, windumtosten Gehöft am Rande des hügeligen Hinterlandes, des Weald, begann er das alles viel klarer zu sehen und stellte dabei auch plötzlich fest, wie viel ihm all das bedeutete.

Ein sanfter Windstoß blies Beric ins Gesicht. Die abwartende Stille war verschwunden, an ihre Stelle war eine schwache, raschelnde Unruhe getreten, die Vorahnung kommenden Aufruhrs. Das Watt leuchtete unheimlich golden, und hinter der steilen Küstenlinie der Stier-Insel, wo die Legionäre vor sechs Sommern ihren Altar für Mithras, den Stiertöter, den Herrn des Lichtes, errichtet hatten, brannte die untergehende Sonne wie ein großes Feuer. Wieder strich der Wind vom Watt herauf und raschelte leise durchs Gras. Das Tosen der Brandung am äußeren Ende der Marsch-Insel schien plötzlich angeschwollen zu sein. Brandung an der Küste und Dünung auf offener See – das bedeutete, dass es irgendwo schon heftig stürmte. Gelert winselte unruhig, ohne dabei den Kopf von den Füßen des Harfenspielers zu heben, und Beric sah, dass ihm kleine Schauder durchs Fell liefen. Gelert wusste es schon, und die Möwen wussten es ebenfalls. Sie waren alle schon landeinwärts geflogen.

Beric zog die Beine unter sich, hob witternd die Nase, wie ein Hund, und stand dann auf. «Ich habe das Gefühl, dass ich zum Lager zurückmuss.»

«Das ist sicher besser. Ich spüre, dass die Marsch unruhig zu werden beginnt.» Rhiada hatte sich schon erhoben und legte nun eine Hand leicht auf Berics Schulter. «Ich begleite dich durchs Dorf.»

Als sie die niedrigen Fischerhütten erreichten, loderte die untergehende Sonne hinter der Stier-Insel wie eine Herdflamme, die hell aufflackert, wenn ein Scheit hineinfällt.

Im Dorf waren die Vorbereitungen schon im Gange. Am Strand unterhalb der Hütten zogen die Männer die Kanus sicherheitshalber weiter an Land hinauf, die jungen Frauen gingen ihnen dabei zur Hand, während die älteren sich in den Türöffnungen versammelten, um gedämpft miteinander zu murmeln und sorgenvoll in den flammenden Himmel zu starren. Irgendwo schrie ein Kind, als wäre es erschrocken. Das ganze Dorf und die dahinterliegende Marsch waren unruhig, erfüllt von aufkeimender Furcht.

Rhiada blieb stehen und stieß einen schrillen Pfiff aus, und unmittelbar darauf entfernte sich ein Junge von den Männern bei den Kanus und kam zu ihnen hinauf. Er war groß und hatte einen feuerroten Schopf, der in dem wilden Licht beinahe scharlachfarben leuchtete. Seine Augen funkelten vor Aufregung. «Sie sagen, dass ein Sturm aufzieht», teilte er Rhiada nach einem langen Blick auf Beric mit. «Der alte Häuptling sagt, dass es einen Sturm geben wird, wie es ihn an dieser Küste nicht mehr gegeben hat, seit er ein kleiner Junge war. Er sagt, die Marsch weiß es schon. Was soll ich für dich tun, Rhiada?»

«Begleite mich an den Rand des Dorfes. Wenn ich umkehre, werde ich deine Augen brauchen.»

Zu dritt gingen sie weiter, wobei der Junge ein wenig eifersüchtig hinter ihnen zurückblieb.

Als sie die Hütten hinter sich gelassen hatten, schien es Beric, als wäre die ganze leere Weite der Marsch voller Feuer. Überwältigt blieb er stehen. Er hatte schon früher feurige Sonnenuntergänge auf der Marsch erlebt, aber einen wie diesen noch nie, noch nie diese unheimliche Leuchtkraft der Farben, die den brusthohen Ginster zum Glühen brachte und den bräunlichen Boden in geschmolzenes Gold verwandelte. Die ganze Welt brannte unter einem geflammten Himmel aus bewegtem Feuer. Dieses entsetzliche Strahlen war eigentlich gar kein Sonnenuntergang mehr, sondern viel eher eine Botschaft – eine Warnung, in feuriger Schrift in den Abend gemalt.

«Weiter komme ich nicht mit», sagte Rhiada und blieb neben ihm stehen. «Du kommst alleine schneller weiter.»

«Wirst du hinterher noch hier sein? Du gehst doch nicht, bevor ich dich noch einmal gesehen habe?»

«Ich werde hier sein», versprach Rhiada und fügte dann hinzu: «Wie sieht dieser Sonnenuntergang nun eigentlich aus, von dem die Frauen so viel flüstern?»

Beric schwieg kurz. Wie sollte er dem in ewiger Dunkelheit lebenden Rhiada dieses fürchterliche Leuchten beschreiben, dieses brennende, durchdringende Strahlen?

«Dieser Sonnenuntergang sieht aus wie Feuer und Flügel und wie ein gezücktes Schwert», sagte er schließlich.

Kurz darauf hatte er sich von Rhiada verabschiedet – und auch von Gelert. Gelert war winselnd ein paar Schritte hinter ihm hergelaufen, war dann aber wieder zu seinem Herrn zurückgekehrt. Als Beric nun allein in die flammende Weite hinausschritt, war ihm einen brennenden Augenblick lang elend vor Einsamkeit. Doch dann kam auf leisen Pfoten die Erinnerung an die kleine Canog, um ihn zu trösten, und ihm wurde klar, dass nicht nur Gelert sich verändert hatte. Das, was er auf dem Hinweg zur Marsch-Insel vermisst hatte, war nicht das Tappen von Gelerts Pfoten gewesen …

Er ging an dem Außenpostenlager vorbei, ohne jemandem zu begegnen, und gelangte an das Ende des Deiches. Der Stapel aus Kreideblöcken, der dort für Notfälle bereitlag, leuchtete grell golden aus dem aufflammenden Stechginster, doch als Beric dem großen Deich zu folgen begann, war die erschreckende Helligkeit schon etwas verblasst.

In seinem Kopf wirbelten die Gedanken wild durcheinander, kamen und gingen, kreisten umeinander und vermischten sich wie der Rauch eines Feuers im Wind. Der aufziehende Sturm; die Fesselnarbe an seinem Handgelenk; Lucilla und Hippias und ihre Laterne; der grüne Rand der Marsch; Rhiada und Gelert … Er war so sicher gewesen, dass sein altes Leben völlig abgeschlossen war; er hatte es ausgesperrt und Riegel davorgeschoben, und jetzt … Seltsam, dass die schlimmsten Stürme immer zur Saatzeit kamen oder wenn die Blätter fielen …, immer dann, wenn die Flut am höchsten war.

Als er den Rand des Stausees erreichte, war es dunkel, und der Wind, der mit Anbruch der Dämmerung heftiger geworden war, kam in langen, stoßartigen Böen von Südwest. Die Oberfläche des stehenden Gewässers erinnerte an das Gefieder eines Vogels, in das der Wind von hinten hineinbläst, und erstreckte sich mehlig weiß zwischen der dunklen Marsch und dem schwarzen Hinterland des Weald. Immer noch tief in Gedanken betrat er den schmalen hölzernen Laufsteg, der ihn schließlich zur Schleuse unterhalb des Wealds führte. Jenseits des Dammes war Ebbe, und das Tosen des Wassers im Abflusskanal bildete einen tiefen Unterton zum Ächzen des Windes, der vom dunklen Watt heraufheulte. Am Fuß des Wealds wurden Stechginster und Erlengestrüpp wild durcheinandergepeitscht, und die ganze vom anschwellenden Ton der sieben Meilen entfernten Brandung erfüllte Nacht schien zu beben und zu schaudern.

Als Beric das Lager erreichte, herrschte dort disziplinierte Geschäftigkeit. Die Legionäre widmeten sich den üblichen Vorbereitungen für schlechtes Wetter, und vor dem Zelt des Kommandeurs strömten die Männer zusammen, als stünde demnächst ein Abmarsch bevor.

Das schwankende Laternenlicht im Inneren des Zeltes warf den langen Schatten des Zenturio Geta auf die Leinwand vor dem Eingang, und als Beric dort anlangte, hörte er drinnen die Stimme des Kommandeurs: «Ich überlasse es deiner Entscheidung. Sollte die Lage allzu schlimm werden, wirst du die Schleuse möglicherweise geschlossen halten müssen. Lieber verlieren wir ein paar Tagwerke gewonnenes Land, als Schaden am Abflusskanal zu riskieren. Viel Glück, Zenturio.»

«Dir auch viel Glück, Herr. Du wirst es vielleicht nötiger haben als wir.»

Der behelmte Schatten glitt über die Leinwand, dann duckte sich der Zenturio Geta unter das niedrige Zelttuch vor dem Eingang und kam heraus.

Als Beric anschließend ins Zelt trat, stand Justinius neben der Laterne, die am Zeltpfahl hing, und änderte etwas am Kinnriemen seines Helmes, den er in den Händen hielt. Er hob den Kopf, als Beric eintrat. Seine Augen funkelten hell und kühl im Licht der Laterne, wie die Augen eines Mannes, der in eine Schlacht zieht.

«Ah, Beric, ich hatte gehofft, dass du bald zurück sein würdest.»

«Ich war draußen auf der Marsch-Insel.» Beric schüttelte sich die zerzausten Haare aus den Augen. «Die Leute dort sagen, dass uns der schlimmste Sturm bevorsteht, den diese Küste seit vielen Jahren erlebt hat. Hast du bei Sonnenuntergang den Himmel gesehen?»

Justinius nickte. Seine Hände waren immer noch mit dem Kinnriemen seines Helms beschäftigt. «Ja, ich habe den Himmel bei Sonnenuntergang gesehen. Wenigstens können wir nicht behaupten, wir seien nicht gewarnt worden.»

«Wird der Schleusendamm halten?»

«Bei einem Südweststurm mache ich mir um dieses Stück der Befestigung keine Sorgen; es wird durch Weald und Stier-Insel einigermaßen geschützt. Der Gefahrenpunkt liegt dort, wo du gerade herkommst. Dort draußen ist der Damm noch nicht so hoch, wie ich ihn gerne hätte. Er hat keinen Schutz, und die großen Wellen prallen direkt auf den Kies, ohne vorher durch irgendetwas gebrochen zu werden.» Mittlerweile hatte er den Kinnriemen in Ordnung gebracht. Er setzte den Helm auf und zog beim Weiterreden den Riemen fest. «Das ist der Grund, warum ich dem Zenturio Geta hier die Aufsicht überlasse und mich selbst mit der halben Zenturie zur Marsch-Insel hinaus begebe.»

Das war also die Erklärung für die vielen Legionäre vor dem Zelt und für die Äußerungen, die Beric gehört hatte, als er herkam. «Du hältst die Gefahr für so groß?»

Der Kommandeur prüfte die Riemenschnalle und ließ die Hände dann sinken. «Südweststürme hat es schon früher gegeben und wird es wieder geben; dieser aber wird anders werden – ein Sturm, wie es ihn nur alle hundert Jahre einmal gibt.» Seine Augen schienen sich einen Augenblick lang zu verdüstern. «Die Marsch weiß es. Die Marsch hat Angst.»

Rhiada hatte fast dasselbe gesagt, und der Häuptling draußen auf der Marsch-Insel auch. Doch Rhiada und der Häuptling waren Kelten, sie sahen die Dinge, so wie Kelten sie sahen, bei ihnen waren diese Äußerungen ganz natürlich. Aus Justinius' Mund, mit tödlichem Ernst in aller Ruhe gesprochen, erhielten sie jedoch ein geradezu erschreckendes Gewicht.

Justinius sah den Ausdruck auf Berics Gesicht. Er zog seinen Gürtel enger und lächelte. «Das kommt von meiner britischen Großmutter», sagte er und drehte sich nach seinem Mantel um.

Beric hob ihn auf und brachte ihn ihm. «Ich möchte auch mit hinauskommen.»

«Nachdem du gerade erst zurückgekehrt bist?»

Justinius nickte zu einer Schüssel auf dem Feldtisch hinüber, in der Brot und Käse lagen. «Iss zuerst etwas und geh dann zu den Ponys hinunter. Wir werden den halben Packzug einsetzen, und bei diesem Wind sind viele Hände nötig, um mit den Tieren fertig zu werden. Der diensthabende Optio wird jeden Mann brauchen, den er bekommen kann.»

«Und was ist mit Antares?»

«Antares bleibt hier.» Justinius hatte sich schon zum Zelteingang gewandt, als sein Blick auf ein paar Tafeln fiel, die neben der Schüssel auf dem Tich lagen. Er blieb wieder stehen. «Und ausgerechnet jetzt muss ich vom Kommandanten in Lemanis die Nachricht erhalten, dass der neue Legat dort weilt, um eine Kohorte der Legion zum Dienst nach Germanien zu verabschieden, und vorhat, sich das Vergnügen zu bereiten, in zwei Tagen meine Befestigungsanlagen zu besichtigen.»

Es dauerte einen Augenblick, bevor Beric die volle Bedeutung dieser Nachricht erfasste.

«Der Legat Cornelius Chlorus?», fragte er.

«Der Legat Cornelius Chlorus», bestätigte Justinius, die Augen auf Berics Gesicht gerichtet.

Der Name fiel mitten in die plötzliche Stille zwischen zwei heftigen Windstößen. Beric stand regungslos da und sah Justinius aus weit geöffneten Augen mit festem Blick an. Dann erwachte in der Ferne eine neue Bö zum Leben, kam übers Watt herangebraust, näher und näher, bis sie mit dröhnendem Krachen gegen die Zeltwand prallte. Das Licht der Laterne flammte auf und schaukelte und warf Justinius' breitschultrigen Schatten flackernd an die Zeltleinwand. Als der Windstoß vorüber war, sagte Beric ruhig: «Ich hoffe von Herzen, dass wir unseren Sturm bis dahin überstanden haben. Das wäre besser für den Legaten.»

«Ich hoffe von Herzen, dass wir bis dahin überhaupt noch irgendwelche Befestigungsanlagen für seine Inspektion übrig haben», sagte Justinius. «Es wäre doch zu traurig, wenn er nasse Sandalen bekäme.» Dann begab er sich mit gesenktem Kopf in die stürmische Dunkelheit hinaus, und sein schwerer Mantel flatterte wie große Flügel hinter ihm her.

Nachdem er gegangen war, blieb Beric eine Zeit lang stehen und starrte am Licht der Laterne vorbei. Statt der kahlen braunen Zeltwand sah er eine hochmütige Gestalt mit adlergeschmücktem Helm auf dem Heck der *Alcestis* stehen.

Von draußen hörte er einen Befehl und viele trampelnde Schritte. Er nahm Brot und Käse und steckte es sich vorne in seine Tunika, löschte die Laterne und tauchte dann in den Wind und die Nacht hinaus, um sich durch das Lager zu den Ponys hinunterzubegeben.

Der große Sturm

Die Dämmerung brach über der Marsch an, und der Sturm nahm stetig an Stärke zu. Draußen am äußersten Ende der Marsch, wo weder Stier-Insel noch Weald Schutz boten, war der Wind wie ein lebender Feind, der sich vorgenommen hatte, die kleine Siedlung wie einen Ginsterbusch mit den Wurzeln aus dem Boden zu reißen und ins Meer hinaus zu wirbeln. Beric arbeitete seit Mitternacht mit dem Packzug. Er lud Blöcke von dem langen Wall hinter dem Meeresdeich ein, dem hier keine Gefahr vom Sturm drohte, da er an dieser Stelle in nordöstlicher Richtung verlief. Dann transportierte er sie über die Marsch-Insel hinüber und lud sie neben dem großen Kreidehaufen ab, der hier für den Fall bereit lag, dass der Rhee-Deich einbrechen sollte. Selbst im Schutz der Dünen fiel es schwer, sich aufrecht zu halten, und das kleine, kräftige Pony, das Beric zugeteilt bekommen hatte, drehte den Schwanz gegen den Wind und spreizte die Beine weit nach außen. Fast hatte es den Anschein, als werde das Tier nur durch die wachsende Last in seinen Leinwandkörben davor bewahrt, weggeblasen zu werden.

Gestern waren die braunen Kieshänge und die grasbewachsenen Dünen noch mit lustig leuchtendem gelben Mohn übersät gewesen, mit Geißklee, Strandnelken und kleinen, nach Mandeln duftenden Winden. Die waren jetzt alle ausgerissen, niedergedrückt, geknickt und weggewirbelt oder wurden mit dem struppigen Dünengras flachgepeitscht. Der Wind, der brüllend über die Dünen hinwegfuhr, trieb beißende Sandwolken vor sich her, die den arbeitenden Männern in die Augen stachen und sie halb erstickten. Einen solchen Sturm hatte Beric noch nie erlebt, nicht einmal auf den schroffen Klippen seiner alten Heimat; und dennoch war er begeistert, empfand wilden, grimmigen Triumph – der Rhee-Deich hatte bereits eine Flut überstanden, ohne nachzugeben.

Beric packte den letzten Stein in den Tragkorb auf seiner Seite und ergriff das Pony am Zügel. In einer kurzen Windpause brüllte er dem Einheimischen zu, der auf der anderen Seite eingeladen hatte: «Kommt das hier oft vor?»

Der Mann schüttelte den Kopf. Er war alt und hatte das wettergegerbte Gesicht und die weitsichtigen Augen der Küstenbewohner. «Einen solchen Sturm hat es, solange ich denken kann, noch nie gegeben, auch zu Lebzeiten meines Vaters oder meines Großvaters nicht. Morgen früh werden viele Frauen an der Küste wehklagen.»

Er wandte sich einem anderen Pony zu, das sich soeben mit seinem Pferdetreiber heraufgekämpft hatte, und Beric zwang sein Pony in den Wind. Einen Arm um den Hals des Tieres gelegt, machte er sich auf den Rückweg. Weit vorne konnte er ein anderes beladenes Pony und seinen Treiber gegen den Wind ankämpfen sehen. Gleich darauf begegnete er einem Pony mit leeren aufgerollten und festgegurteten Tragkörben, das mit seinem Treiber in die entgegengesetzte Richtung unterwegs war. Dann einem zweiten und einem dritten. Das alles wiederholte sich unverändert seit Mitternacht, indes der Wind mit jedem Weg heftiger geworden war. Nun, dies würde ihr letzter Weg sein; danach gab es eine Ruhepause, in der andere Männer und Ponys die Arbeit übernehmen würden.

Mit gesenkten Köpfen kämpften sich Beric und das Pony am Rand der Marsch-Insel entlang. Von Zeit zu Zeit mussten sie anhalten, um sich gegen die Böen zu stemmen, dann, als die schlimmsten Windstöße vorbei waren, konnten sie wieder weiter. Schließlich kamen sie durch das peitschende brusthohe Ginstergestrüpp unterhalb des Lagers heraus und hielten nun auf das Ende des Rhee-Deiches zu. Dort arbeiteten mehrere Männer an dem wachsenden Steinhaufen; das Pony vor ihnen wurde gerade weggeführt, als Beric mit dem seinen heranschwankte, und der Mann, der beim Abladen geholfen hatte, wandte sich jetzt den Neuankömmlingen zu. Gemeinsam befreiten er und Beric das müde kleine Geschöpf von seiner Last und rollten die wild flatternden Tragkörbe, die das Tier mitzureißen drohten, fest zusammen. Als dies erledigt war, nickte der diensthabende Optio mit dem Kopf zum Lager hinauf. «Gut. Pflock ihn an und geh hinauf.»

In dem kleinen Außenpostenlager war alles festgezurrt und angepflockt, gegen Wind und Wetter gut gesichert. Als Beric das Pony hinter dem offenen torfgedeckten Vorratsschuppen anpflockte, wo Pfähle und Hürden für den Notfall bereitlagen, musste er plötzlich an die *Alcestis* denken und daran, wie die Decks für Schlechtwetter klargemacht worden waren. Die Erinnerung daran hatte ihren alten Schrecken verloren. Schwarze Bohnen und glitzernde Sonne auf den Wellen, Peitsche, Elend und Unglück, an all das erinnerte er sich, aber es kam noch etwas hinzu, etwas, das der ächzende Haufen auf den Ruderbänken in jener Nacht erfahren hatte, als sie darum kämpften, das Schiff vor den Sandbänken zu retten. Eine schwimmende Hölle war sie gewesen, die *Alcestis* von der Rheinflotte, o ja; aber plötzlich wusste Beric, dass es keinen Sturm in seinem Leben mehr geben würde, der nicht Salzgeschmack auf seinen Lippen hinterlassen und mit einem eigenartigen Ziehen in seinem Herzen den unverzagten Schwung der Galeere und das kraftvolle Vor und Zurück der weißen Fichtenruder in ihm heraufbeschwören würde.

Nachdem er das Pony gefüttert und getränkt hatte, kämpfte er sich an den festgeschnürten Reisigbündeln vorbei zu den Baracken, die jetzt, wie jeder schützende Winkel im Lager, mit Einheimischen und Legionären vollgestopft waren, die sich von ihren Einsätzen ausruhten. Jemand reichte Beric hartes Brot und ein Stück Rosinenkuchen. Er aß es, trank aus dem gemeinsamen Wasserkrug und streckte sich dann dankbar in einer leeren Ecke aus. Geschützt vor dem Sturm, der über das niedrige Torfdach hinwegheulte, und gewärmt von der Wärme der vielen eng beieinanderliegenden Leiber, fiel er inmitten des Lärms in eine Art Dämmerschlaf, bis jemand über seine Beine stolperte und ihn weckte. Neben den schrillen Heultönen des Sturmes war jetzt auch das lang gezogene Dröhnen und Krachen der Brecher gegen den Deich zu hören. Die nächste Flut hatte eingesetzt.

Der Wind schien noch wilder geworden zu sein, und die Gischt stob weit über die Marsch hinein, als Beric sich wieder hinausbegab.

Der Sturm tobte den ganzen restlichen Tag, die lange Nacht und den folgenden langen Tag brüllend über die Marsch hinweg. Flut auf Flut rollte heran, eine höher als die andere, warf sich gegen den Rhee-Deich und sank dann wieder zurück, aber nur, wie um für den nächsten Ansturm Kräfte zu sammeln. Die Deichwachen kämpften sich den Deich entlang und wieder zurück, um Ausschau nach Bruchstellen zu halten. Inmitten des ganzen Tumultes wurden Menschen und Tiere weiterhin verpflegt – das Wasser war inzwischen allerdings streng rationiert, da die Quellen der Marsch-Insel durch die Überbeanspruchung zu versiegen drohten. Die Zeit verstrich wie ein wilder Traum. Die Männer hatten schon längst das Gefühl verloren, in eine Welt zu gehören, in der es auch noch andere Menschen und andere Dinge gab. Sic lebten in einer eigenen winzigen sturmumtosten Welt, hinter deren Grenzen es nichts gab als brüllendes graues Chaos. Das Einzige, was unveränderlich und beständig blieb, war die gedrungene Gestalt des Kommandeurs, der in diesen turbulenten Tagen und Nächten überall zugleich zu sein schien; den Helm tief in die Stirn gedrückt, den Mantel längst abgeworfen, vermittelte er den Männern, in deren Mitte er sich gerade befand, stets das Gefühl von neuer Kraft und frischem Ansporn.

Die dritte Sturmnacht brach an, und immer noch hielt der Deich dem Meer stand, wenn auch der Schutzwall streckenweise ganz weggerissen worden war. Diese Lücken wurden zwischen zwei Fluten mit fieberhafter Eile behelfsmäßig mit Hürden und Reisig aufgefüllt. Nun kündigte sich eine neue Flut an, und Beric hockte wie die übrigen britischen Treiber neben seinem Pony, wie jedes Mal bei steigender Flut. Seine Ohren hatten sich schon so sehr an das ständige Tosen gewöhnt, dass er das Brüllen des Sturmes kaum noch wahrnahm. Hier hinter dem Lagerschuppen war es windgeschützt, und als er den Blick über die gespitzten Ohren des Ponys hob, konnte er den Mond als hellen, verwischten Fleck durch die Wolkenfetzen hindurchschimmern sehen, die wie fliehende Schafe über den Himmel eilten. Manchmal wurden die Wolken dünner, dann schaute der Mond mit seinem Hof aus trüben Regenbogenfarben hindurch, bis er aufs Neue von fliehenden Wolkenherden verborgen wurde. Dann schien der Himmel still zu stehen, und Beric hatte das Gefühl, als fegten der Mond über ihm und die dunkle Marsch darunter immer schneller und schneller durch die Nacht …

Irgendjemand schüttelte ihn, um ihn zu wecken, und brüllte ihm etwas ins Ohr. Beric verstand zwar nichts, merkte aber auch so, dass es jetzt losging!

Ringsum stolperten die übrigen Treiber auf die Beine. Wie betäubt richtete sich Beric taumelnd auf und kämpfte sich noch halb schlafend durch das Ginstergestrüpp zum Deich hinunter, einen Arm um den Hals des willigen, aber verwirrten Ponys geschlungen, den Schweif des vorangehenden Ponys wie einen wirbelnden Besen vor dem Gesicht. Neben dem großen Steinhaufen warteten Männer, um die Lasttiere zu beladen; sie arbeiteten in fliegender Hast in der tobenden Dunkelheit, so dass die Körbe binnen kurzem mit schimmernden Kreidebrocken gefüllt waren und Beric und das Pony sich wieder auf den Weg machen und sich am Deich entlangkämpfen konnten.

Inmitten des schwankenden Lastzuges mit seiner Ladung aus Kreide- und Felsbrocken, Pfählen und Reisigbündeln stolperte

Beric mit dem Arm um den Hals seines Ponys voran, wobei ihm die struppige Mähne des Tieres scharf ins Gesicht peitschte. Er bemühte sich, möglichst dicht am Fuße des Deiches zu bleiben, der ihnen ein wenig Schutz vor dem über sie hinwegbrüllenden Sturm bot, doch die Sturmböen stießen sie immer wieder aufs Neue in die Marsch hinaus, und Beric schaffte es jedes Mal nur mit größter Anstrengung, den Kopf des Ponys wieder in die ursprüngliche Richtung zu zwingen und wieder mit ihm in die Reihe zurückzukehren. Er hatte keine Ahnung, wie weit sie gehen mussten, er wusste nur, dass irgendwo vor ihnen ein Bruch im Deich war und dass der Weg dorthin unendlich mühsam schien. In Wirklichkeit hatten sie jedoch keine allzu lange Strecke zurückgelegt, als ein schwacher Ruf aus dem Sturmgebrause ihnen kundtat, dass sie die Stelle erreicht hatten.

In eben diesem Moment tauchte der Mond hell hinter den Wolken auf. Das fliegende silberne Licht zeigte ihnen nur zu deutlich, wie die Sturzseen in einer Front von mehr als einer Speerwurflänge über den Deich brachen. Schon hatte sich eine gezackte Mulde in der dunklen Kammlinie gebildet, die mit jeder Welle, die darüberbrach und den Deich herabstürzte, um die Männer am Fuße des Dammes zu überspülen, tiefer und breiter wurde.

Die Legionäre waren bereits zur Stelle. Einen kurzen Augenblick hob das Mondlicht die breite, energische Gestalt des Kommandeurs zwischen all den dunklen hastenden Gestalten hervor und schlug einen feurigen Funken aus seinem Helmkamm. Oben an der Bruchstelle rammten die Männer Pfähle ein, die Kreide- und Felsbrocken festhalten sollten, während andere im Schutz des Deiches die großen Zweimann-Tragmulden mit Erde füllten. Zum Abladen standen ebenfalls Männer bereit, dunkle Schatten, die aus der sturmzerrissenen Finsternis auftauchten, als Beric das Pony zum Stehen brachte; Hände, die die schimmernden Kreidebrocken auf den wachsenden Steinhaufen neben dem Durchbruch warfen.

Dann drehte Beric wieder um und zwang das Pony den Weg zurück, den es gekommen war.

Wie oft er diese Strecke zurücklegte, wusste er nicht; er sah nur, dass jedes Mal, wenn er mit einer neuen Ladung ankam, die Bruchstelle trotz der verzweifelten Anstrengungen der Männer dort oben tiefer geworden war.

Er wollte das Pony gerade erneut umdrehen, als der Mond wieder aus den Wolken auftauchte. Beric warf einen kurzen Blick über die Schulter und sah Justinius oben mitten in der Bruchstelle stehen. Er zeichnete sich deutlich gegen den jagenden Nachthimmel ab. Genau in diesem Augenblick schoss ein grüner Brecher über den Damm und hüllte die Gestalten, die im Durchbruch standen, in zischende Gischt. Ohne recht zu wissen, was er tat, drückte Beric den Ponyzügel irgendeinem Schatten, der gerade in der Nähe stand, in die Hand. Er wusste nur, dass er, noch bevor der Wind die letzten Gischttropfen weggeblasen hatte, oben neben Justinius in der abbröckelnden Mulde stand.

Der Sturm kam jetzt nicht mehr in Stößen, sondern mit ununterbrochener kreischender Wucht, die Beric den Atem in den Leib zurückpresste. Die Flut, die sich über das Watt heranwälzte, war drei Fuß höher als bei normalen Springfluten. Sie hatte den behelfsmäßigen Schutzwall am Fuß des Deiches schon völlig überspült und konnte jetzt ungehindert am Deich heraufklatschen. Die großen Brecher warfen sich unablässig gegen die Böschung, als wollten sie den Deich zu Brei zermalmen. Die Kraft des Windes verschlug Beric den Atem. Halb blind vor Gischt mühte er sich mit den Kreideblöcken ab und fühlte dabei, wie der Damm unter ihm zitterte und vibrierte wie eine gezupfte Harfensaite.

Er war glücklich. Wilde Begeisterung erfüllte ihn und vertrieb die ganze Verwirrung und die Reste des alten Unglücks, die ihn so lange verfolgt und geplagt hatten. Dies war ein einfacher und ehrlicher Kampf, ein persönlicher Kampf, ein

Kampf um den Deich und die Marsch, um den grünen Streifen Weideland an der Küste, der so viel Gutes für die Zukunft versprach. Hier oben, Schulter an Schulter mit Justinius, gab es für Beric nur eine einzige Aufgabe: das Meer abzuwehren, das mit aller Macht hereindrängte.

Aber eine Zeit lang sah es wie ein verlorener Kampf aus. Fast ebenso schnell, wie Kreide- und Felsbrocken zwischen die eingerammten Pfähle gehäuft wurden, wurden sie auch wieder herausgespült, und als die Männer versuchten, die Bruchstelle außen mit Dornenreisig abzuschirmen und die Gewalt der Brecher dadurch etwas zu mildern, rissen die Wellen ihre Arbeit ein ums andere Mal einfach verächtlich weg. Beric hockte gerade außen am Damm und rammte noch weitere Pfähle ein, um die Dornenwehr besser zu sichern, als eine Welle, größer als sämtliche vorhergehenden, herangerauscht kam.

Er sah sie turmhoch mit weißer Schaumkrone durch die Dunkelheit auf sich zukommen und hörte noch einen Warnschrei, konnte sich aber nur noch flach hinfallen lassen. Und dennoch schien es ihm, als türmte sie sich eine wahre Ewigkeit über ihn und den Deich. In der Wellenhöhlung war der Sturm ausgeschlossen, daher entstand dort eine plötzliche Stille. Der starke Luftdruck presste Beric die Lungen zusammen. «Cunori hat sich doch geirrt», dachte er, dann gingen ihm noch ein paar rasche, verwirrte, leuchtende Gedanken durch den Kopf, die mit dem grünen Marschstreifen zu tun hatten und damit, dass er ihm doch die Treue gehalten hatte. Und dann brach die Welle über ihn herein.

Sie schien mit dem Gewicht einer ganzen zusammenstürzenden Welt auf ihn herabzukrachen. Er war geblendet, betäubt, konnte nicht mehr atmen. Er fühlte, wie er hinaus und abwärts gezerrt wurde … Dann fanden seine Hände einen seiner eigenen Pfähle und klammerten sich daran fest. Er hatte das Gefühl, als würden ihm die Arme aus den Schultern gerissen, als würde sein ganzer Körper wie ein Stück nasses Leder gedehnt. Dann hörte das unerträgliche Zerren plötzlich auf, und er lag auf dem Bauch in der Bruchstelle und fragte sich benommen, ob er noch am Leben sei. Jemand packte ihn, er kam auf die Knie und begann nach hinten in Sicherheit zu kriechen.

Eine Stimme brüllte ihm ins Ohr, sie hätten schon gedacht, diesmal sei er verloren.

Er schüttelte den Kopf und rang keuchend nach Atem: «Ich bin nicht – auf die Welt gekommen – um zu ertrinken …

Dies war einer der letzten großen Brecher gewesen, der Höhepunkt des Sturmes, aber Beric war zu beschäftigt, um das festzustellen. Erst sehr viel später merkte er plötzlich, dass jetzt schon eine ganze Weile keine großen Wellen mehr über den Bruch hereingespült waren.

Es war Ebbe!

Die Flut sank, das Licht nahm zu; im Osten tauchte ein wässriger gelber Streifen über der tosenden Wasserwüste auf, und Beric stellte fest, dass die Tropfen, die ihm ins Gesicht peitschten, keine Gischt mehr waren, sondern strömender Regen. Diese Flut zumindest hatte der Deich überstanden.

Als die Wellen kaum noch den Fuß des Deiches erreichten, kletterte er hinter Justinius her vom Deich herunter. Der Kommandeur war ebenso wie die anderen völlig durchnässt, das Wasser troff nur so an ihm herab, und er war von Kopf bis Fuß mit Kreide und Schlamm beschmiert; in dem bleiernen Licht des Morgengrauens sah man, dass seine Augen rot gerändert waren und dass ein Riss über seine linke Wange lief, den er sich wohl vom Dornenreisig geholt hatte. Er grinste Beric an, seine Zähne leuchteten in den drei Tage alten blauschwarzen Bartstoppeln auf, und Beric grinste zurück. Plötzlich fühlte er sich ihm näher als je zuvor, nun, da sie gemeinsam für die selbe Sache gekämpft hatten.

Inzwischen waren noch mehr Männer am Einbruch und dahinter auf der Marsch eingetroffen, wahrscheinlich war im

Laufe der Nacht eine weitere Abteilung vom Schleusendamm herübergekommen, um ihnen beizustehen. Justinius drehte sich zu den ihn umdrängenden Männern um, streckte die Daumen hoch und rief in den Wind: «Das war gute Arbeit, Männer! Wir haben es geschafft!» Nur die Nächststehenden konnten seine Worte hören, aber das Zeichen war um so ausdrucksvoller. Durchnässt und völlig erschöpft, wie sie waren, erwiderten sie es doch allesamt mit grimmigem Triumph. Kurz glaubte Beric, sie triumphierten zu früh, doch dann wurde es auch ihm klar. Der Wind hatte dröhnend nach Nordwesten gedreht. Binnen kurzem würde er abflauen, und bis dahin würden die Wellen den Damm in Ruhe lassen. Der Deich war gerettet.

Plötzlich war er so müde, dass er kaum noch kriechen konnte. Der Weg zum Lager hinauf kam ihm sehr lang vor, und er legte die Strecke wie im Traum zurück. Doch als er seine Ration Brot und Rosinen gegessen hatte, ließ er die anderen bei ihrer kurzen Ruhepause zurück, die Justinius angeordnet hatte, und machte sich auf den Weg ins Dorf, um nachzusehen, ob Rhiada alles gut überstanden hatte. Der Sturm ließ zwar schon nach, aber dennoch kam Beric nur schwerfällig und stolpernd voran, da er kaum noch Kraft in den Beinen hatte. Sie fühlten sich so zittrig an wie die eines neugeborenen Kalbes.

Der Stechginster schien wenig gelitten zu haben, aber die Dornenbäume, die den Windfang der Insel bildeten und sich jetzt im abflauenden Wind bogen, hatten zahlreiche Äste eingebüßt, zum Teil waren sie sogar völlig entwurzelt. Das Dorf war ein einziges Bild der Verwüstung. Aber hier und da eilten schon wieder Gestalten durch den Wind und den peitschenden Regen. Mit der ergebenen Gelassenheit der Küstenbewohner, die wissen, was das Meer anrichten kann, begannen sie, die Sturmschäden in Angriff zu nehmen. Hütten waren abgedeckt worden und Kanus weggerissen; eines lag zerschmettert an der Mauer der Schafhürde. Überall war Sand, selbst bis tief zwischen die Hütten hinein. Und als Beric auf das von der Ebbe zurückgelassene Watt hinunterblickte und sich fragte, warum es so verändert schien, stellte er mit ungläubigem Staunen fest, dass der nächstgelegene Flussarm sich nicht mehr dort befand, wo er ihn zu sehen erwartet hatte, sondern sich dicht unterhalb der Kieshänge der Insel einen neuen Lauf gebahnt hatte.

Ein Einheimischer, der mit einem Spaten und einer Rolle Lederseil vorbeiging, blieb neben Beric stehen und blickte in dieselbe Richtung. «Jetzt haben wir es einfacher, wenn wir zum Fischen in See stechen wollen – bis der nächste Sturm kommt und der Fluss es sich wieder anders überlegt!»

Er nickte Beric zu und stapfte gegen den Wind gestemmt weiter.

Rhiada saß in der Hütte des Häuptlings neben dem Feuer, inmitten von Frauen und Kindern, Hunden, Schafen und Geflügel. Das ganze Dorf hatte alle Tiere in Sicherheit gebracht, bevor der Sturm seinen Höhepunkt erreichte. Rhiada strich liebevoll über seine geliebte Harfe, Gelert, der Knabe Kylan und ein fremdes Mädchen schliefen an seine Knie gelehnt. Beric versuchte erst gar nicht, sich einen Weg durch den überfüllten, stickigen, rauchigen Raum zu bahnen, sondern blieb geduckt in der niedrigen Türöffnung stehen, durch die Sand hereingeweht war, und rief: «Rhiada!»

Rhiada hob vorsichtig den Kopf, um die drei, die an seine Knie gelehnt schliefen, nicht zu wecken, und antwortete leise: «Beric.»

«Geht es dir gut?»

«Mir geht es gut. Und dir?»

«Wir haben den Deich gerettet», krächzte Beric und tauchte wieder in den abflauenden Sturm hinaus. Rhiada ging es gut, und sie hatten den Deich gerettet, und im Augenblick brauchte nichts mehr gesagt zu werden. Irgendwie schleppte er sich zur Bruchstelle zurück, wo die Männer schon begonnen hatten, den Schutzwall auszubessern, während andere oben auf dem beschädigten Deich arbeiteten und Justinius hinauf und hinunterstapfte, bis über die Knöchel in Schlamm und stehendem Wasser, und seine Anweisungen gab.

Nach einiger Zeit ließ das bleierne Gewicht der Müdigkeit nach, sodass Beric den ganzen Tag ununterbrochen arbeiten konnte, während der Sturm abflaute und die Regenschwaden über den Deich fegten und die Marsch hinter einem grauen, über die Erde schleifenden Vorhang verschwinden ließen. Die Nachmittagsflut kam übers Watt hereingeströmt und trieb die Männer vom Schutzwall auf den Deich hinauf: kurze steile Wellen diesmal, die dadurch entstanden, dass Wind und Flut gegeneinanderprallten. Der Wind, der so viele Fluten lang ein Feind gewesen war, war jetzt ihr Verbündeter geworden und half, das Wasser zurückzudrängen, sodass nun weniger neue Schäden ausgebessert werden mussten, als die Ebbe erneut einsetzte. Und ab jetzt würde jede Flut niedriger werden als die vorhergehende.

Inzwischen war aus dem Sturm ein launischer Wind geworden, der in vereinzelten Böen über die Marsch fegte und die Regenschwaden mal hierhin, mal dorthin trieb. Alles war durchnässt und erschöpft und seltsam friedlich. Beric war zu seinen Lastponys zurückgekehrt, um noch mehr große Steine von jenseits der Marsch-Insel zu holen. Als er sich wieder dem Deich näherte, sah er mehrere Pferde dort stehen, von zwei Legionären beaufsichtigt. Vor der Stelle, wo der Deich gebrochen war, stand eine kleine Gruppe Offiziere.

Der große, gebeugte Mann, den er schon früher einmal gesehen hatte, war der Kommandant von Portus Lemanis, das wusste er. Dann waren da noch ein paar junge Stabsoffiziere, eng in ihre roten Mäntel gehüllt, und Justinius, der wie gewöhnlich mit den Händen auf dem Rücken dastand und im Kontrast zu dem Mann neben ihm noch kantiger und sturmerprobter aussah als sonst. Der hochgewachsene, unnahbare Mann neben ihm trug den vergoldeten Bronzeharnisch des Legaten.

Im Laufe der dramatischen Ereignisse der letzten Tage hatte Beric völlig vergessen, dass der Legat zur Inspektion der Deichanlagen herkommen wollte. Der Legat musste an der Schleuse gewesen sein, dort nur den Zenturio Geta und seine kleine Abteilung angetroffen und von ihm gehört haben, was hier draußen geschehen war. Nun war er gekommen, um es selbst in Augenschein zu nehmen. Da vorhin noch Flut gewesen war, hieß das, dass sie die Pferde entweder auf dem Laufsteg entlanggeführt hatten oder sie durch den flachen Entwässerungssee hatten waten lassen. Aber um den Legaten Cornelius Chlorus von einem einmal gefassten Plan abzuhalten, bedurfte es mehr als dessen, dachte Beric. Er blieb kurz stehen, ging dann aber verbissen weiter, umrundete das Loch, aus dem die Erde für den Deich geholt worden war, und gelangte an den Steinhaufen gleich neben der kleinen Gruppe, wo die Steinbrocken für den sofortigen Gebrauch entladen wurden.

«Und was für ein Sturm! Bei Zeus, so etwas habe ich noch nie erlebt!», hörte er die etwas brüchige Stimme des Kommandanten sagen, als er sein erschöpftes Pony zum Stehen brachte.

«Da bist du gewiss nicht der Einzige!» Der Legat stieß jenes harte, kurze Lachen aus, an das Beric sich so gut erinnerte. «Ich könnte mir vorstellen, dass wir einen jener Stürme erlebt haben, die in die örtliche Geschichte eingehen und von den Urenkeln der Männer, deren Lehmhütten er weggeblasen hat, als ‹Der Große Sturm› bezeichnet werden wird. Als ich heute morgen von Lemanis aufbrach, bezweifelte ich stark, dass ich noch etwas von deinen Befestigungsanlagen vorfinden würde, das muss ich dir gestehen, Kommandeur.»

«Zu einem gewissen Zeitpunkt kamen uns ähnliche Zweifel», bemerkte Justinius trocken.

Eine Pause entstand. Beric, der auf der einen Seite des Ponys ablud, während auf der anderen ein rotblonder Einheimischer arbeitete, wusste, dass der Legat die Männer oben am Dammbruch beobachtete.

«Wirst du das alles bis zur nächsten Flut gesichert haben?», hörte er ihn fragen.

«Unsere Reparaturen haben schon einer Flut standgehalten. Bevor die nächste steigt, ist der Deich wieder vollständig gesichert.»

«Ich bin zwar kein Fachmann, aber sollte der Deich an einer so ausgesetzten Stelle nicht höher sein?»

«Ja», erwiderte Justinius mit einer gewissen Schärfe in seiner tiefen Stimme. «Das sollte er, und mit der Zeit wird er es auch werden. Er wäre es jetzt schon, wenn man mir irgendwann einmal mehr als zwei Drittel der Männer bewilligt hätte, um die ich gebeten hatte.»

Beric zielte ungenau, sodass der Stein, den er geworfen hatte, wieder am Steinhaufen herunterpolterte und vor den Hufen des Ponys landete. Das Pferd warf schnaubend den Kopf hoch und begann zurückzuscheuen. Beric brachte es sofort wieder zum Stehen, merkte dabei aber plötzlich, dass der Legat, dessen Aufmerksamkeit durch die Bewegung abgelenkt worden war, sich vom Deichbruch abgewandt hatte und ihn beobachtete. Einen Augenblick lang schien sich sein Magen verkrampfen zu wollen; doch dann hob er den Kopf und blickte gerade in das harte Gesicht unter dem adlergeschmückten Helm. In das Gesicht des Mannes, der Jason umgebracht hatte – er und Porcus und Rom, alle drei hatten sie Jason auf dem Gewissen. Und Beric hatte versucht, Porcus zu töten, da er weder Rom noch den Legaten erreichen konnte. Doch bis auf die Erinnerung an Jason selbst kam ihm das alles jetzt fern und verblasst vor.

In den Augen des Legaten leuchtete kein Erkennen auf. «Harte Arbeit», sagte er kurz.

«Harte Arbeit», bestätigte Beric. «Aber ich habe schon härtere gekannt.»

In seiner Stimme schwang ein Ton mit, den der Legat offensichtlich nicht von einheimischen Arbeitern zu hören gewohnt war, wenn er sich herabließ, mit ihnen zu sprechen. Seine Brauen hoben sich ein wenig.

Da griff Justinius ein. «Darf ich dir Beric, einen Angehörigen meines Hauses vorstellen?»

Der Blick des Legaten drückte leichte Verwunderung aus, als Beric die Hand zum Gruß hob. Dann glitten seine Augen nachdenklich über die schlammbedeckte Gestalt und die Stelle, wo die durchnässten Überreste seiner Tunika von einer Schulter herabhingen, blieben an Berics Gesicht hängen und wandten sich dann Justinius zu. «Dein Sohn?»

«Erst seit dem Frühjahr», erklärte Justinius ruhig.

«So? Mir scheint, du holst die verlorene Zeit nach, indem du ihn gleich in die härtesten Seiten deines Berufes einführst.» Der kühle Blick glitt wieder zu Beric hinüber. «Wenn du dereinst selbst das Marschland des Imperiums trockenlegst, werden dir deine Männer wenigstens nicht nachsagen können, dass du etwas von ihnen verlangst, was du selbst nicht schon getan hast. Trägst du deinen Schild in meiner Legion? Der Schlamm verändert natürlich, aber ich glaube nicht, dass ich dich schon einmal gesehen habe.»

Beric schüttelte den Kopf. «Ich trage überhaupt keinen Schild, weder in deiner Legion noch in irgendeiner anderen.»

Der Legat hob seine Brauen noch eine Spur mehr. «Erstaunlich! Ich hätte doch gedacht, dass ein Sohn von Justinius, selbst einer, den es erst seit dem Frühjahr gibt ...» Er ließ den Satz unbeendet und wandte sich mit einem unbeteiligten, aber durchaus freundlichen Nicken Justinius zu, um irgendeine Frage nach seiner Arbeit an ihn zu richten. Kurz darauf zog die ganze Gesellschaft zum Außenpostenlager hinüber.

Hinter ihnen wandte Beric sich wieder ruhig seinem Pony zu. Die nasse, verlassene Marsch, die unter einem erneuten Regenschwall in Dunkelheit versank, schien plötzlich zu leuchten. Er fühlte sich leer, sauber und leicht. Das erinnerte ihn an jenen Augenblick in seinem Traum, als Jason gesagt hatte: «Schau nur, wir dachten, sie wären aus Eisen, und dabei waren sie die ganze Zeit aus Binsen.» Und er hatte hinuntergeblickt und festgestellt, dass seine Fesseln aus geflochtenen grünen Binsen waren, die er daraufhin mit einer Handbewegung zerbrochen hatte. Dann war er frei gewesen. Er wusste nicht genau, wann das geschehen war, und auch nicht warum. Er wusste nur, dass der Sturm und der Kampf um den Rhee-Deich und den grünen Marschstreifen irgendwie damit zu tun hatten, und auch die Herrin Lucilla und Hippias und ihre Laterne, und Rhiada, der mit Gelert auf den Fersen aus Berics altem Leben herausgetreten war und die Tür hinter sich offen gelassen hatte. Das waren die Dinge, die zählten. Aber erst jetzt, als Cornelius Chlorus, der nicht viel zählte, ihn angeschaut hatte, als hätte er ihn noch nie in seinem Leben gesehen, hatte Beric plötzlich begriffen, dass er frei war. Frei von den alten unglücklichen Erinnerungen und dem bitteren Gefühl, verraten worden zu sein, die sich wie böse Nebel zwischen ihn und die Welt geschoben hatten. Frei von der Wunde, die die Fessel an seinem Handgelenk zurückgelassen hatte.

«Na, träumst du einen guten Traum?», fragte der rothaarige Einheimische ungehalten. Und da merkte Beric, dass er bewegungslos dastand und den Stein in seiner Hand anstarrte, als hätte er noch nie zuvor so etwas gesehen. Der Stein hatte eine warme braune Frabe, und jetzt im Regen sah man, dass er gesprenkelt war wie ein Kiebitzei. Wunderschön.

«Ja, es war ein guter Traum», sagte Beric und warf den Stein auf den Haufen.

Im stillen grauen Licht des nächsten Morgens stand Beric mit Rhiada, Gelert und dem Knaben Kylan an der Stelle, wo der Weg vom Lager in den Wald hinaufführte. «Wenn du nur nicht gehen müsstest», sagte er. «Bleib doch noch eine Nacht und sing uns etwas vor.»

«Nein. Ich habe euch gestern Nacht vorgesungen, doch jetzt spüre ich, dass dies kein Ort für Lieder ist, und dort, wo ich nicht singen kann, will ich auch nicht essen. Ich gehe zum nächsten Dorf flussaufwärts, vielleicht hat der Sturm dort nicht so viel Schaden angerichtet, der sich zwischen die Menschen und meine Musik drängen kann.»

«Rhiada …», sagte Beric zögernd.

«Kleiner?»

«Rhiada, irgendwann wirst du doch wieder zurückkehren? Zum Stamm zurück?»

«Gewiss, wenn mein Weg mich wieder nach Westen führt.»

«Würdest du meiner Mutter Guinear eine Nachricht übermitteln? In jener Nacht, als sie mich ausstießen, versprach ich ihr, wenn ich bei meinem eigenen Volk ein neues Leben gefunden hätte, ihr eine Nachricht zu schicken – einmal nur und dann nie wieder, damit sie weiß, dass es mir gut geht.»

«Ich werde es ihr sagen», versprach Rhiada. «Soll ich ihr sonst noch etwas ausrichten?»

«Nein. Sage ihr, dass ich bei meinem eigenen Volk ein neues Leben führe, dass es mir gut geht und dass ich mein Versprechen nicht vergessen habe. Das ist alles.»

«Vielleicht ist es besser so», sagte der Harfenspieler nach kurzem Schweigen. Er streckte die Hände aus. «Ich wünsche dir gute Jagd, Beric. Sonne und Mond mögen auf deine Fährte scheinen!»

«Und auf die deine», sagte Beric heiser. «Und auf die deine, Rhiada.» Er ergriff die Hände des alten Mannes und drückte sie fest. Dann bückte er sich rasch, um Gelerts großen, struppigen Kopf zu streicheln.

Kurz darauf hatte sich Rhiada, mit einer Hand auf der Schulter des Knaben Kylan, umgedreht, um seinem eigenen Weg zu folgen, und Beric ging allein weiter. Hinter sich hörte er schrilles, protestierendes Winseln, auf das aber kein eiliges Pfotentappen folgte. Gelert hatte seine Wahl getroffen.

Der Sturm hatte hier weniger Schaden angerichtet als draußen auf der Marsch-Insel, doch in den Wäldern klafften Lücken, und überall leuchteten die weißen Wunden abgerissener Äste an den umgebenden Eichen und Dornenbäumen, und der Boden war mit einer dicken Schicht aus Blättern, geknickten Zweigen und Ästen bedeckt. Und doch, wie die Bäume so dastanden und ihre entblößten, zerfetzten Arme voll triumphierenden Mutes in die blauen, grauen und silbernen Streifen des bewegten Herbsthimmels reckten, erschienen sie Beric mindestens so schön wie im Schmuck ihres grüngoldenen Frühlingslaubes.

Der Windschutz hatte ebenfalls gelitten. Der größte Dornenbaum war gestürzt, und Justinius, der heraufgekommen war, um ein heißes Bad zu nehmen, stand daneben und sah sich das Gewirr der Zweige zu seinen Füßen an.

«Wir werden einen neuen pflanzen müssen», meinte er, als Beric neben ihm stehen blieb.

Beric nickte und betrachtete ebenfalls den knorrigen Stamm und die langen, windgekrümmten Äste, die nun im Gras lagen. «Hat der Hof sehr gelitten? Wie geht es Maia und dem Fohlen?»

«Maia und das Fohlen sind wohlauf, und dem Hof ist kaum etwas geschehen. Genau wie der Schleusendeich erhalten wir hier von der Stier-Insel einen gewissen Schutz.» Justinius wandte sich halb dem Haus zu und ließ dann den Blick über die sturmgezausten Wälder bis an die Flussmündung hinunterwandern. «Der Winter steht vor der Tür. Bald werden die Graugänse aus dem Norden heimwärts fliegen. Jede Nacht kann es so weit sein, dass wir sie über uns rufen hören.»

«Bevor es Zeit zum Pflügen ist, werden wir drei die lange Weide ganz vom Gestrüpp befreit haben», sagte Beric zufrieden.

Justinius schwieg eine Zeit lang und sagte dann, als sie beide zum Haus hinübergingen: «Beric, was würdest du davon halten, deinen Schild in der Legion zu tragen?»

Beric blieb wie angewurzelt stehen und starrte Justinius mit weit aufgerissenen Augen an. «Sagst du das, weil – weil der Legat gestern diese Bemerkung machte?», fragte er schließlich.

«In gewisser Beziehung, ja, aber ich habe auch schon vorher daran gedacht. Du hattest doch ursprünglich einmal vor, zu den Adlern zu gehen, nicht wahr?»

«Ja.» Beric rieb sich mit dem Handrücken über die Stirn. «Ja, das hatte ich. Doch das ist lange her, und dann – all das, was darauf folgte. Ich – ich hatte nicht daran gedacht –»

«Jetzt, da du frei bist, kannst du es dir ja noch einmal überlegen. Lass dir ruhig ein, zwei Jahre Zeit. Für das Zenturiat ist kein bestimmtes Eintrittsalter vorgeschrieben.»

Als sie das mit Büschen bewachsene Gras der langen Weide überquerten und sich dem in warmem Rotbraun leuchtenden Gehöft näherten, hatte Beric sich schon wieder beruhigt. Nach der ersten fassungslosen Überraschung war es ihm, als ob Justinius' Vorschlag nur etwas in ihm angesprochen hätte, das darauf gewartet hatte. Jetzt war ihm der Gedanke ganz vertraut. Mitten auf der langen Weide blieb er stehen und fragte: «Und was würdest du davon halten, Justinius?»

«Ich wäre sehr froh, wenn wir diesen Hof gemeinsam bestellen könnten», sagte Justinius ruhig. «Andererseits habe ich mich immer nach einem Sohn gesehnt, der meinen Platz in der Legion einnehmen und meine Aufgabe dort fortführen könnte.»

Schweigend gingen sie weiter.

Die mit goldgelben Flechten überwucherten Ziegel waren reihenweise von den Hofdächern herabgerissen worden, und in sämtlichen Ecken lagen Zweige, Blätter und kleine Äste, die dort warten mussten, bis Servius die wichtigsten Reparaturen erledigt hatte und Zeit finden würde, sie zu entfernen. Aber als sie das Ende der Terrasse erreichten, sah Beric, dass die Tamariske noch da war und dass ihre gefiederten dunklen Zweige immer noch mit blassen Blüten überpudert waren. Canog saß mit ihrem dicken Welpen vor der gekalkten Mauer in einem kurz auftauchenden Sonnenfleck.

Als Beric näher kam, hob sie den Kopf, ihr buschiger Schwanz klopfte leise, ihre Augen leuchteten aus ihrem kleinen wolligen Gesicht. Sie löste sich von ihrem Welpen und kam Beric entgegen, dann drehte sie sich zu ihrem Sohn um, packte ihn an der Speckfalte im Nacken, schleppte ihn, der eigentlich schon zu groß und schwer für sie war, mit Mühe über die Terrasse und ließ ihn mit einer Miene, die ausdrückte, dass sie Beric als Zeichen ihrer Liebe ihren wertvollsten Schatz anvertraute, auf seine Füße plumpsen.

Beric bückte sich, um das kleine dicke Geschöpf aufzuheben, und hatte plötzlich das Gefühl, von einer Reise nach Hause zu kommen.

«Ich gehöre hierher», dachte er. «Ob ich hierbleibe oder wieder weggehe, diesen Ort wird es immer geben. Er wird mir die Treue halten.» Und flüchtig wie der Schatten einer kreisenden Möwe, der über die Terrasse strich, streifte ihn die Erinnerung an Jasons Insel, eine Insel, auf der nach den Winterregen rote Anemonen aufleuchteten.

In den warmen Schatten hinter der offenen Tür leuchtete es gelb auf. Cordaella kam sanft mit schaukelnden Silberohrringen herausgewogt. «Euer Frühstück ist fertig», sagte sie, als hätte es überhaupt keinen Sturm gegeben. «Ich habe frisches Brot gebacken. Kommt lieber herein und esst es, solange es noch warm ist.»

Über die Autorin

Rosemary Sutcliff wurde am 14. Dezember 1920 als Tochter eines Marineoffiziers in Surrey geboren. Im Alter von zwei Jahren erkrankte sie an der fortschreitenden Stillschen Krankheit, einer Gelenkentzündung, und verbrachte die meiste Zeit ihres Lebens im Rollstuhl. Während ihrer frühen Kindheit musste sie ständig auf dem Rücken liegen und bekam von ihrer Mutter vorgelesen: Autoren wie Dickens, Thackeray und Trollope und auch griechische und römische Sagen. In der Schule machte sie, abgesehen vom Lesen, nur geringe Fortschritte, sie ging mit vierzehn Jahren ab und wechselte auf eine Kunstschule, dort spezialisierte sie sich auf Miniaturmalerei. In den Vierzigerjahren des vorigen Jahrhunderts stellte sie ihr erstes Bild in der Royal Academy aus und wurde gleich nach dem Zweiten Weltkrieg zum Mitglied der Royal Society of Miniature Painters gewählt.

1950 wurde ihr erstes Kinderbuch *The Queen's Story* veröffentlicht und von da an verbrachte sie ihre Zeit mit dem Schreiben historischer Jugendromane. Damit wurde ihr Name in der Kinderliteratur berühmt und höchst anerkannt. Ihre Bücher sind in viele Sprachen übersetzt und mehrfach ausgezeichnet worden.

1975 bekam sie «als geniale und kompromisslose Chronistin» den OBE *(Officer of the Order of the British Empire)* verliehen. Am 23. Juli 1992 starb sie im Alter von 72 Jahren.

Die Bücher von Rosemary Sutcliff im Verlag Freies Geistesleben: *König Artus und die Abenteuer der Ritter von der Tafelrunde, Tristan und Iseult, Beowulf der Drachentöter, Robin Hood, Randal der Ritter, Das Hexenkind, Morgenwind, Der Schildwall, Simon der Kornett, Lied für eine dunkle Königin, Die Häuptlingstochter* (Erzählungen), *Der Adler der Neunten Legion, Der silberne Zweig, Die Fackelträger, Troja und die Rückkehr des Odysseus*, auch in den illustrierten Einzelausgaben *Schwarze Schiffe vor Troja* und *Die Rückkehr des Odysseus*, sowie ihre Erinnerungen *Licht über fernen Hügeln*.

Die Suche nach dem verlorenen Adler

Aus dem Englischen von Astrid von dem Borne
316 Seiten, gebunden mit Schutzumschlag

Um das Jahr 117 n. Chr. marschierte die Neunte Legion des römischen Heeres in Nordbritannien in den Nebel hinein. Viertausend Mann verschwanden spurlos und mit ihnen die Adler-Standarte. Der junge Centurio Marcus will herausfinden, was aus seinem Vater geworden ist, der die Neunte Legion anführte. So bricht er zu einer riskanten Suche ins Unbekannte auf …

Rosemary Sutcliff «versteht es hervorragend, den Geist jener Zeit für heutige Leser zu beschwören. Obwohl dieser Verdacht bei historischen Romanen immer naheliegt (und Geschichtslehrer ihre Bücher gern empfehlen), überlagert der lehrreiche Aspekt niemals das Lesevergnügen.»
Susanne Gaschke, Hexen, Hobbits und Piraten. Die besten Bücher für Kinder

Verlag Freies Geistesleben

Der Adler kehrt zurück

Aus dem Englischen von Astrid von dem Borne
252 Seiten, gebunden mit Schutzumschlag

Als Justin und Flavius, zwei junge römische Offiziere, zufällig eine Verschwörung zum Sturz des Kaisers Carausius von Britannien aufdecken, werden sie in einen verzweifelten Machtkampf verwickelt. Gleichzeitig wird der Einfluss Roms schwächer, Gewalt und Intrigen unterminieren seine Herrschaft. Ihre Treue zum Kaiser hat für Justin und Flavius eine Reihe von Abenteuern zur Folge, die sie quer durch Britannien führen. Unter der verstümmelten Standarte der verschwundenen Neunten Legion, dem flügellosen Adler, sammeln sie eine Truppe von Getreuen, um die Ehre Roms zu verteidigen.